ダイバーシティ時代の行政学

多様化社会における政策・制度研究

縣 公一郎・藤井 浩司
Koichiro Agata, Koji Fujii
編

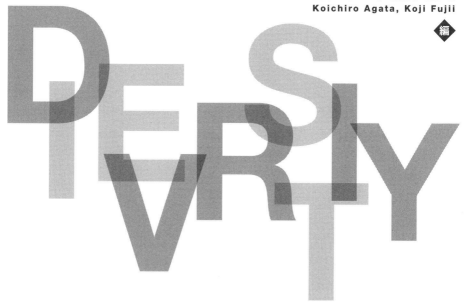

早稲田大学出版部

はじめに

　本書は，早稲田大学総合研究機構公共政策研究所，並びに同総合政策科学研究所の共催として，2013年に発案し，2014年から実施してきた研究会における研究成果の一端を纏めたものである。この研究会では，現代行政における多様性の位置付けに関して，研究会メンバー個々が日頃関心を深く抱き，専門的に考究しているそれぞれの政策分野の視座から議論を試みてきた。従って，本書は，研究会メンバーのうち，本書への執筆を快諾してくれた方々の貢献から構成されている。
　NPM の世界的潮流が日本に到達して以来，業績評価を中心として効率性を重視する社会の在り方が強調され，それ故に，社会内での様々な差異が，ともすれば格差と解釈すべき状況に至っている場合がある。もしそれが正しいとすれば，そうした状況から可能な限り脱却し，現代日本社会を多様な価値から成る社会として保持するためには，行政は，政治と社会との間で，どのような役割を担うべきであろうか。或いは，どのような共通のニーズを充足すべきであろうか。こうした問題意識が，この研究会の底流に存在している。かかる問題意識で研究を進めるにあたって選ばれたアプローチは，政策研究である。本研究会のメンバー個々が従来から関心を抱いて研究対象としてきた政策分野は，比較的多様であり，偶々相互に異なっている。そこで，それぞれの政策分野における政策研究からのアプローチを中心に，各政策展開を支える制度研究のアプローチをも併せて，社会多様性への対応を考察・展望しようとするのが本書の意図である。
　英語の diversity の語源は，ラテン語では diversitas に求められ，この言葉は，最初には，一致可能なものに反すること，矛盾，対立，不一致，といった消極的な意味を有したが，第二義的に，相違，多様，様々な形になる，という意味も併せ持っていた。17世紀になって，消極的な意味が失われ，現在のニュアンスになったとされている（Online Etymology Dictionary 参照）。また，diversity とは，相異なる要素を有する，もしくはそれから構成される状態であり，そこから更に，異なったタイプの人々をあるグループや組織に包摂すること，とされている

(Merriam-Webster 参照)。こうした点を背景として，本書の題目に使われているダイバーシティという言葉には，多様性，単一ではないこと，異質を認めること，寛容，そして包摂といったニュアンスが込められている。

『ダイバーシティ時代の行政学——多様化社会における政策・制度研究』と題された本書は，3部構成を採っている。理論と視座に関して議論を展開した第Ⅰ部「政策研究からのアプローチ」，個別の政策分野における分析を行った第Ⅱ部「ダイバーシティ時代の政策展開」，そして個別政策にむしろ共通した性格を持った諸制度の分析に当たった第Ⅲ部「ダイバーシティ時代の行政制度と政策」である。

第Ⅰ部では，3つの視座から政策研究を理論的に考察している。まず第1章では，いわば本書で取り上げるダイバーシティに関する概念として，社会問題解決にとってのダイバーシティの意義を，マネジメント，イノベーション，そしてガバナンスという3つの視点から考察している。ガバナンスというありかたを改善することで，ダイバーシティがイノベーションに繋がる，としている。第2章では，政策分析における実証的分析と規範的考察との関係に関し，政策過程における不確実性，及び価値判断，これら2つの側面の解釈を巡る多様性を議論した上で，論理性と活用性が政策分析に求められる要件である，と考察している。そして第3章では，政策を時間的文脈に置いて，時間軸における政策の政治的効果の分析を目的に据えた政策発展論を展開する。政策展開の長期的過程を一つの流れとして分析することで，政策がダイバーシティや寛容といった社会状況の変化を生み出す規範的ルールとして機能する，と理解するための視座が提供され得る。

ダイバーシティガバナンスの議論は，ガバメントの限界を克服するためのガバナンスの議論に根差し，更にガバナンス論の限界をも意識しつつ，ガバナンスネットワークに多様な視点が加わることで，イノベーションの契機となる，と示唆している。更に，実証的分析と規範的考察の関係は，あらゆる政策分析・研究にとって永遠の課題ともいうべき重要な論点である。これを議論する上で，分析自体が論理的であるか，そして分析自身が活用可能か，という観点からすれば，個々の分析が具備すべき必要条件に関するメタフィジカルなこの議論は，もしかすると本書それ自身に対する評価基準であるかもしれない。そして，政策発展論は，政策段階論ないしはロジックモデルと言われるシェーマを，時間軸で展開させ，政策の効果，そしてそれに対する評価とフィードバックというフェイズを動

態的に捉え，実際の政策の改善に資する議論を促そうとするものである。こうした理論的貢献は，今後の政策研究に少なからず影響を与えてくれると願っている。

個別政策を採り上げた第Ⅱ部では，6つの政策分野が議論される。少子化を巡って多様な課題に取組む初等中等教育政策の分野において，学校統廃合と小中一貫校の導入が，問題解決の一つの方法であることを示した第4章，高齢・人口減少社会を迎えて，地域医療・介護政策における地域包括ケアシステムを，多様なアクターが連携した施策と捉えて考察する第5章に続いて，第6章では，地域公共交通政策において，各輸送手段毎の多様なニーズを調整しつつ，総合的にしてかつ地域特性を踏まえた公共交通体系構築を促す横割り政策局の政策形成における役割が，議論されている。

第7章では，一気に多様かつ複雑なニーズが噴出する事態として，大洪水と大震災という災害を採上げ，それに対処する危機管理政策を日独比較のうちに議論している。既存かつ分権的体制のドイツと，新規かつ集権的体制の日本との対象を描いている。第8章で，現代社会における科学技術の多様性を議論し，そこでの安全規制政策を概観した後，原子力安全規制にスポットが当てられるのに対して，第9章では，都市インフラ政策を巡る価値観の多様性を採り上げ，経済性が重視される場合が多いインフラ経営にあって，安全性と高品質を重視した上水道政策の在り方が議論されている。

少子化，高齢・人口減少，交通手段の多様性とニーズの多様化，そしてインフラ経営に関する価値観の多様性は，現代社会が抱える日常的な変化であり，更なる変化への契機である。これに関して，初等中等教育，地域医療・介護，公共交通体系，そして上水道行政の具体的事例から，これまでの状況を分析し，一定の方向性を議論した。加えて，非日常的な変化としては，天災，そして人災とも称され得る災害を採り上げることができる。これに対する事前・事後の規制・管理の体制は，発災時の極めて多様なニーズへの対応の成否を決定づけ得る。その意味で，安全規制と危機管理の政策は，現代において極めて重要な分野であり，とりわけ現代日本における最喫緊の課題である。第Ⅱ部は，そうした日常的・非日常的状況での多様なニーズに対する政策対応に関し，一定の示唆を試みている。ただし，現在多くのコンテクストで醸されているダイバーシティのニュアンスとして，ジェンダー問題や共同参画といった側面を議論するには至らなかった。こ

の点は，本研究会の今後の大きな課題となるであろう。

　横断的な行政制度とそれに関する政策を扱った第Ⅲ部は，7章から成っている。住民ニーズの多様化・複雑化・増大に伴って，公務員の雇用形態が多様化している地方公務員制度の実態を，人員削減の影響と人材の多様化の観点から議論した第10章を皮切りに，学校評価制度を具体例として採り上げ，日英比較を通じて，公共サービス評価の多様性とそこにおける共通性を議論した第11章，そして，社会問題解決の一つの手段として，NPOの重要性に着目し，多様な価値観の表出等を通じた多元的社会の構築に向けたNPOの役割を，政府・NPO関係の再構築等の観点から考察した第12章が続く。

　更に，第13章では，社会におけるダイバーシティを現実の行政運営の範囲内に適合させていくことの必要性を指摘し，そのための仕組みとして，政府横断的な政策調整と管理機能の重要性が，内閣レベルの行政改革の分析を通じて説かれているのに対して，第14章では，中央政府が担う非常に多様な政策の実施機関としての独立行政法人制度を採上げ，任務，アクター，そして制度そのもの，この3側面の多様性の観点から議論している。また，第15章では，大都市それぞれの持つ多様性に対応した改革の必要性に鑑み，拠点性と一体性の観点からこれまでの大都市制度を整理し，今後の改革論議に必要な視座が纏められている。そして最後の第16章では，地方自治における自主性と自律性の観点から，これまでの地方分権化政策が評価され，地方の多様性に適合した今後の改革の方向性が考察されている。

　公務員制度，政策評価，NPO，総合政策調整，独立行政法人，大都市制度，そして地方分権化，これらは，行政にとって共通性を持つ横断的側面である。これらをどのように運営し，改善していくかにおいて，社会の多様なニーズを如何に反映し，どのように一定の政策に結実させていくのか，これが最重要観点の一つだろう。NPOとの関係において，多様な価値観の表出と感知が為され，公務員制度では，社会の多様性を構造的に反映させる傾向がみられる。独立行政法人では，各政策分野における具体的な個別の任務が規定され，それぞれ多様なコンテクストにおいて実現されていく。これに対して，総合政策調整では，多様なニーズを政府の制度内にむしろ適合させて政策に反映させる機能が重要となる。そして政策評価では，実現された政策の結果と成果を見極め，次の政策へのフィー

ドバックにおいて多様なニーズに如何に対応すべきかが議論される。そして大都市制度では，大都市内の多様なニーズを制度として如何に把握し，充足させていくのか，そしてその背景として，地方分権化の議論では，中央との関係において，地方の自律性と自主性を如何に伸張させるのか，こうした論点が重要であろう。この意味で，第Ⅲ部では，多様性の反映と多様性の集約という2つの方向からの議論が試みられる。

　本研究会での議論を展開する中で認識したことの一つは，多様性を一定の方向性を以て議論することは大変難しい，もしくは，そうした試みはむしろ回避されるべきかもしれない，ということである。少なくとも，多様性を高める，もしくは一定範囲に収める，という2つの方向性が提示され得るが，その判断は，各政策分野と個別制度において，それぞれ異なっている。

　加えて，矛盾・対立・不一致といった現代社会に伴う傾向を少しでも縮減することに，行政の本質的機能の1つを見出すとすれば，単一的価値観の下での調整によってではなく，包摂を念頭に置いたガバナンス機能の重要性が指摘できよう。その際，多様性を対象とするが故に，時代と時間の流れ，そして政策領域個々の特性からの拘束は避けられ得ない，と言える。その意味で，個別分析の蓄積と体系化が重要となるだろう。本書では，政策研究に関する理論的考究，個別的政策分野に焦点を当てた実践的分析，そして政策分野横断的な性格を持つ諸制度の考察が試みられた。これら3側面からの議論が，現代社会の多様性への行政による対応というテーマに対して，それぞれ個別に一定の貢献を為し得，蓄積の体系化に寄与するとすれば，編者として望外の喜びである。

　これまでの研究成果を本書として取り纏める段階に至って，多様性を前提として包摂を希求しているヨーロッパ社会の状況を目の当たりにすることとなった。偶々，本書各章の具体的内容は，主として日本社会を対象としてはいるが，多様性には矛盾・対立・不一致に陥る可能性が常に伴っていること，そして，それでもなお包摂の希求に人間としての重要な価値が見出され得ること，これらを念頭に置いておくことも，肝要と言えるのではないだろうか。

　　2016年9月

縣　公一郎

目　次

はじめに　　　　　　　　　　　　　　　　　　縣　公一郎　　i

第Ⅰ部　政策研究からのアプローチ——理論・視座編　　1

第1章　ダイバーシティガバナンスとイノベーション
　　　　　　　　　　　　　　　　　　　　　　風間　規男　　2

第2章　多様性のなかの政策分析と政策過程
　　　　——社会選択・論理性・活用性　　　　松田　憲忠　　22

第3章　政策発展論のアプローチ
　　　　——政策の長期的時間構造と政治的効果　西岡　晋　　43

第Ⅱ部　ダイバーシティ時代の政策展開——個別政策分析編　　61

第4章　教育政策——少子化社会における学校統廃合と小中一貫校の設置
　　　　　　　　　　　　　　　　　　　　　　橋本　将志　　62

第5章　地域医療・介護政策
　　　　——地域包括ケアシステムにおける自治体行政の役割
　　　　　　　　　　　　　　　　　　　　　　堀田　学　　83

第6章　公共交通政策——省庁横割り政策局の役割　松岡　清志　　103

第7章　危機管理政策——日本とドイツの危機管理体制の比較
　　　　　　　　　　　　　　　　　　　　　　寺迫　剛　　124

第8章　安全規制政策——科学技術の利用と規制システム
　　　　　　　　　　　　　　　　　　　　　　大藪　俊志　　148

第9章　都市インフラ政策——都市専門官僚制による経営
　　　　　　　　　　　　　　　　　　　　　　宇野　二朗　　168

第Ⅲ部　ダイバーシティ時代の行政制度と政策——制度分析編　189

第10章　公務員制度——地方自治体における任用形態と人材の多様化
　　　　　　　　　　　　　　　　　　　　　　　大谷 基道　190

第11章　行政統制——公共サービスの評価を通じた統制の多様な展開
　　　　　　　　　　　　　　　　　　　　　　　久保木 匡介　207

第12章　NPO——政治的・社会的機能の維持・発揮のための方策
　　　　　　　　　　　　　　　　　　　　　　　廣川 嘉裕　228

第13章　政策調整——政府横断的な政策調整・管理機能のあり方
　　　　　　　　　　　　　　　　　　　　　　　武藤 桂一　248

第14章　独立行政法人制度——多様性のなかの行政組織
　　　　　　　　　　　　　　　　　　　　　　　飯塚 俊太郎　267

第15章　大都市制度
　　　　——地方政府の政府間関係の分析を通じた新たな視座の提供
　　　　　　　　　　　　　　　　　　　　　　　上崎 哉　288

第16章　地方分権——分権改革のこれまでとこれから
　　　　　　　　　　　　　　　　　　　　　　　久邇 良子　308

おわりに　　　　　　　　　　　　　　　　　　　藤井 浩司　329

索　引　332

第Ⅰ部
政策研究からのアプローチ

理論・視座編

第1章
ダイバーシティガバナンスとイノベーション

風間　規男

【本章のねらい】本章では，ダイバーシティが公共的な課題の解決プロセスにとってどのような意味があるのかを考察する。まず，「ダイバーシティとは何か」を理解するために，ダイバーシティ自体に価値があるという議論や経営学で議論されているダイバーシティマネジメント研究を紹介する。そのうえで，ダイバーシティは，新しいアイディアを創出しパラダイムを乗り越える「イノベーション」を引き起こすために重要な「思考」と「対話」を促進する条件となることを指摘する。そして，ダイバーシティを意図的に確保して官民の多様な主体が公共的な課題を解決するアプローチを「ダイバーシティガバナンス」という概念で表現し，官僚制組織とネットワークを比較することで，ダイバーシティをイノベーションにつなげる方法を考える際の論点を提供したい。

1 なぜ「多様であること」が求められるのか

1　多様であること自体に価値がある

　社会科学の立場から「ダイバーシティ」という概念を理解しようとする時，「とにかく多様でなければならない」という前提で議論するダイバーシティ論と，「多様な方がメリットがある」という観点から議論を展開するダイバーシティ論があることを意識しておいた方がいい。

　多様であること自体に価値を見いだす議論は，たとえば，生物多様性の必要性が主張される場面でみられる。1992年6月に締結された「生物の多様性に関する条約」の前文は，「締約国は，生物の多様性が有する内在的な価値並びに生物の多様性及びその構成要素が有する生態学上，遺伝上，社会上，経済上，科学上，

教育上，文化上，レクリエーション上及び芸術上の価値を意識し」という表現から始められている。生物の多様性が内在的価値を持つことが前提となっている。一方で，生物多様性は，種の多様性・遺伝的多様性・生態系の多様性から議論されているが，いずれの側面からも，「なぜ多様である必要があるのか」について科学的な記述に基づいて説明することには成功していない（池田 2012）。

文化的多様性についての議論も同様である。2001 年 11 月に採択された「文化的多様性に関する世界宣言」の第 1 条では，「生物的多様性が自然にとって必要であるのと同様に，文化的多様性は，交流，革新，創造の源として，人類に必要なものである。この意味において，文化的多様性は人類共通の遺産であり，現在及び将来の世代のためにその重要性が認識され，主張されるべきである。」と規定されている。ここでも，人類にとって文化が多様であるべきだという前提でその方策が議論されている。

このような生物多様性や文化的多様性の理念が人間の多様性の議論にもつながっている。人間の多様な「生」を尊重するべきという議論は，近代思想よりもむしろポストモダンの思想に親和性がある。近代に生まれた人権思想は，多様な個人の存在を前提にしたものであったはずだが，国家を運営する中で，「国民」「国益」といった言葉が使用されると，とたんに多様な個人の存在は後景に追いやられる。たとえば，フランス市民革命の思想的支えとなったルソーによると，国家は，「一般意志」の下で形成される「一つの精神的で集合的な団体」であり，人間は国家の「政治的な身体」の一部として存在する（ルソー 1987）。国家の名の下に人権は保障されるが，もしも統治者が「お前が死ぬことが国家に役立つのだ」という時には市民は死ななければならないという。実際，国民国家が成立し，徴兵制が導入されていく歴史は，ルソーが描く国家と個人の関係と符合している[1]。

ポストモダンの思想家であるミシェル・フーコーは，「生権力」という概念を使って，多様な生を認めない国家の存在に深く切り込んでいく（フーコー 1986）。

---

[1] ハンナ・アーレントは，人権と人民主権の関係について，「人間は一切の権威と条件から解放され完全に孤立した存在として自己を確立し，この存在は自らの尊厳，新しい人間の尊厳を，他のより高いより包括的な秩序とは無関係に自分自身のうちに見出したのだが，この人間は次の瞬間にはこの孤立から再び姿を消し人民の一員に変身してしまったのである」と述べている（アーレント 1981）。

以前は，目に見える形で権力者が存在し，権力は，究極的には抵抗者を殺すことを目的として行使されてきた。しかし，国民国家においては，個人の生命を保証し増強させ社会に役立つことを要求する「生かす権力」の行使が行われるようになったとフーコーは主張する。国家は，人口動態や死亡率といった統計により国民を把握し，国家の政策はその統計データに向けて展開される[2]。フーコーの問題意識は，マイナンバー制度導入時の政府の説明を思い起こせば理解しやすい。国民について政府が保有している雑多な情報を1つの数字により一元的に管理することができれば，充実した公共サービスの提供にもつながるという論理である。そのような便利さと引き換えに，政府が自分たちを数値的に処理することを国民は受け入れるのである。フーコーの議論は，人間の生のあり方の多様性を否定する「生権力」への抵抗として理解することができる。

　一方，アマルティア・センは，平等論を展開する中で人間の多様性の大切さを説く（セン 1999）。彼は，多様性こそが人間の基本であり，人間の同一性を前提として平等を考察すると重要な点を見落とすことになると指摘する。たとえば「所得の平等」を取り上げて，それを実現しても，そのことが「機会の不平等」をはじめとする様々な不平等を生んでしまうのである。このような問題意識に立って，センが主張するのは，「潜在能力（capability）」の平等である。潜在能力とは，様々なタイプの生活を送る自由を実現する機能を意味している。各人の「選択の可能性」を拡大していくことが正義であり，かりに国家が個人から潜在能力を奪い選択の可能性を狭めるのならば，正義に適っていないことになる。

　以上のように，画一的な対応をとりがちな国家への批判を含みつつ人間の多様性を確保することには価値があると主張する思想が力を持ってきている。

2　多様だとパフォーマンスが上がる――ダイバーシティマネジメント論

　経営学などでは，よりプラグマティックな根拠をもって，ダイバーシティを確保する必要性が主張される。ダイバーシティマネジメント論がそれである。ダイバーシティの最も包括的な定義は，ハウエルとコストレーによるものであろう。

2　規格化される生をめぐるフーコーの議論については，金田が福祉国家の機能との関係で論じている（金田 2000）。

彼らはダイバーシティを「人々の間の社会的・文化的・物理的・環境的な違いを意味し，考え方・感じ方・行動の仕方に影響するもの」と定義し，人種・エスニシティ・性別・年齢・心理的体力的能力・性的趣向・宗教・社会階級などを含んでいると説明している（Howell & Costley 2006）。

　谷口真美は，アメリカのダイバーシティ研究を3つの段階に分けて説明している（谷口 2005）。公民権運動・女性運動が盛んになった1960年代の第1段階では，女性やマイノリティが企業組織にいかに参加していくかがテーマとなっていたが，第2段階では，雇用機会均等法の成立により，企業は多様な人材に門戸を開かざるを得なくなり，女性やマイノリティを白人男性中心の企業文化にいかに適応させていくかが課題となった。しかし，第3段階に入ると，ダイバーシティの受け入れが組織のパフォーマンス向上につながると主張されるようになった。当初，いかに女性の力を企業に生かすのかが議論の中心であったが，企業のグローバル化を背景に，多様な文化的背景を持った人材にまで対象が広がっている。

　このように，ダイバーシティマネジメントは，女性の社会進出やグローバル化により同一国籍の白人男性中心の企業組織に変革が迫られるという現実を前にした実践として始まった。しかし，ダイバーシティの確保を戦略の中心にすえて，ダイバーシティを企業の力に変えていると標榜する企業が出現し，「よき実践」の事例が蓄積されていく。たとえば，グーグルのホームページには，採用方針として「多様性を単に受け入れるだけでなく，Googleの社員，プロダクト，コミュニティの利益のために多様性を歓迎し，支持し，これを糧として発展します」と明示されている（Google 2015）[3]。産業構造審議会の新産業構造部会が2012年8月に発表した「経済社会ビジョン」にも，「多様化した市場で価値創造を目指すには，多様な人材の能力を最大限活用することが不可欠である」と記述されている（経済産業省 2012）。報告書は，好業績企業ほど外国人幹部候補人材の活用を進めているというデータや女性役員比率の高い企業は収益性が高いといったデータを示す一方で，日本は，男子正社員を中心とした同質的・硬直的な就業構造となっており，ダイバーシティの活用に成功していないと批判している。

---

[3] グーグルやフェイスブックのダイバーシティ戦略については，（Szczur 2014）参照。

2　公共政策学とダイバーシティ

1　政策の現場におけるダイバーシティ

　これまで紹介してきたようにダイバーシティは様々な捉え方がされているが，これが求められる最も本質的な理由は，視点の違う主体が「場」を共有することに意味があるからである。ダイバーシティマネジメント研究では，性別や文化的背景が違う人間が集まることで何が起こるのかが研究されている。属性の違った人間が同じ職場で働くことで，視点の違いが企業組織に持ち込まれる。ダイバーシティは，外形的には構成員の様々な属性から確認することができるが，重要な点は，ある課題をめぐる状況の認識や解決策の創出の場面で，多様な視点が共存し衝突し刺激し合う状況が存在していることである。

　公共的な課題の解決をめぐる政策過程においても，この意味でのダイバーシティが求められている。企業において女性の社会進出やグローバル化に対応する必要からダイバーシティマネジメントの導入が議論されたように，行政においても住民やNPOをはじめとする民間主体が政策過程に参加する「場」が整備されてきたことで，多様な意見の表出に対応する必要が生まれている。そして，先進的な企業がダイバーシティ戦略を展開するように，一部の自治体は，プラットフォーム方式を採用するなどして，敢えて多様な視点から公共的な課題をめぐって意見が交わされる「場」を作るようになってきている。

　たとえば，京都府の地域力再生プラットフォームは，そのような自治体ダイバーシティ戦略のひとつである。地域力再生プラットフォームは，「自治会やNPO，大学，企業，京都府や市町村などが，共通する課題に応じて集まり，それぞれが得意とするネットワークや知恵を活かしながら地域の課題解決や新しい価値創造に向けた施策や協働事業を生みだし，実行していく場」であるとされる（京都府2012）。地域の課題ごとに駅があり，多様な主体が自主的にその駅のプラットフォームに集まる。そして，プラットフォーム上で課題に関して話し合う。プラットフォーム上で多様な視点がぶつかり合うことで，行政担当者だけが議論していたのでは思いつかなかった様々なプロジェクトが考案される。

2 VUCA世界とイノベーション

　地域の政策現場でこの種のダイバーシティ戦略が試みられる背景には、従来の行政中心の政策形成過程が直面する行き詰まりを打破しようという意図がある。

　従来の政策過程が袋小路に迷い込んでいる最大の理由は、政策をめぐる複雑で流動的な環境に適応できていないからである。経営学では、このような状況を「VUCA（Volatility, Uncertainty, Complexity, Ambiguity）世界」という言葉で表現している（Ryan 2012）。状況が線形的に推移する安定的な世界では、「パラダイム」の存在が決定的に重要な役割を果たす。パラダイムとは、関係者の間で共有される思考の前提のことである。パラダイムが共有されていれば、直面している状況を同じ視点で捉えることができ、状況に適切に対応することができる。しかし、移ろいやすく不確実・複雑であいまいな世界では、構成員に共有されているパラダイムの存在が問題の認識及び解決策の案出を阻害する場面が多くなる。パラダイムが「思い込み」となって、問題の発見を遅らせ、深く考えもせず有効な解決策を排除してしまうことにつながるからである。

　VUCA世界に対応するためには、「イノベーション」が求められる。この言葉も多義的であるが、クロッサンとアパイディンによる定義が最も包括的であろう。彼らは、イノベーションを「経済的・社会的領域に価値を新たに付加する物の生産・採用・同化・活用、製品・サービス・市場の刷新・拡大、新しい生産方法の開発、新しい管理システムの確立」であると説明している（Crossan & Apaydin 2010）。すべてのタイプのイノベーションは、なんらかの形で「新しい価値」を付加するものであるが、VUCA世界への対応という点において最も重要だと思われるのは、複雑系理論でいう「創発」を伴う変化、従来の思考の延長線上では出現しない発想が生み出される非線形的な変化を引き起こすものである[4]。その意味で、パラダイムを意図的にシフトさせ新しい価値を生み出すものとしてイノベーションを捉えたドラッカーの理解は魅力的である（Drucker 1974）。

---

[4] 複雑系理論と公共政策論との関連については、別の論文で詳しく論じたことがあるので参照（風間 2011）。

3 イノベーションの2つの条件――「思考」と「対話」

　ダイバーシティは，創発を伴うイノベーションを引き出す要因となるといわれている。たとえば，スタークは，いくつかの実証研究を踏まえて，組織内の複数価値の並立がイノベーションを起こすことを明らかにしている（スターク 2011）。企業の研究開発では，創発を引き起こすために科学者と哲学者でチームを編成することがある。組織の中に異質な考え方を持つ人間が存在して1つの課題に取り組む状況を作ること，つまりダイバーシティを確保することが創発的なイノベーションを生むことが経験的にわかっている。

　イノベーションがパラダイムシフトを意味するのならば，特定のパラダイムに支配されない個人及び集団の存在が鍵となる。そのような個人や集団は，継続的な「思考」と「対話」から生み出される。

　「思考とは何か」については，哲学から認知科学まで人類史上様々な領域で議論が重ねられてきたが，ここでは，カントが『啓蒙とは何か』で展開した議論を取り上げよう（カント 2009）。カントによると，啓蒙とは「未成年状態」から抜け出すことである。未成年状態とは，他人の導きがないと自分自身の理性を使用できない状態であり，専門家に思考を委ねてしまうことをいう。

　思考のプロセスについては，ギルバート・ライルの議論が興味深い。ライルによると，思考とは，丸暗記とは違い新しい事象への対応を含む行為である（ライル 1997）。思考とは，状況の変化に敏感に対応し，すでに獲得した技術や経験に合わせて修正を加え，環境の変化が大きければ全く新しい技術・経験を生み出していく作業である。思考は，それまで自己の中で築き上げてきた認識方法や価値構造に，新しく獲得した知識をぶつける作業であるといえる。新しい知識は拒否されることもあるし，認識を変えることも，場合によっては価値構造の中に新しい価値観として組み込まれることもある。ライルの議論には，思考の「閃き」についての議論がないという批判があるが，そのような試行錯誤が「閃き」の必要条件であることはたしかだろう。[5]

　フリードリッヒ・ニーチェは，自己が分割不能な統一体であることを理想とする「魂の原子論」を否定し，自己において複数の主観の間で闘争と協調が繰り返

---

[5] ライルの思考に関する哲学的な議論については，池吉・中山（2007）を参照。

されている状態を理想とした（ニーチェ 1983）。異質な価値が共存する自己を認めることで，別の価値観を持つ他者に対する憎悪も抑制することができる。ニーチェは，自己の内部に共存する複数の主観の関係，及びそれらの主観と他者の主観の関係について考え続ける姿勢を人間に求めている[6]。自己の内部，自己と他者との関係における主観の複数性こそが，思考を条件づけるものである。1つの価値観に支配されている個人，1つのパラダイムに支配されている組織は，別の発想と対峙した時に感情的に反応しその場で思考が停止してしまう。

「対話」とは，思考したことを投げかけ合う作業である。ハンナ・アーレントは，人権の喪失とは権利のどれかを失うことではなく，人間世界における「足場」を失うことを意味するという。足場とは，人間がその行為と意見に基づいて他者から判断される関係が成立している場所のことである[7]。人間の尊厳にとっては，介入されない自由を持つだけでは不十分で，自分の話を傾聴し判断をする他者との間の「対話」の存在が必要なことを示唆している。また，デヴィッド・ボームは，「対話」とは，相手の考えを否定することなく，価値観の違いを受け入れたうえで，傾聴する行為を続けることで「意味の共有」が生まれていく現象であると説明している（ボーム 2007）。ハーバーマスがコミュニケーション的行為の積み重ねにより価値が創出される空間としてイメージした「公共圏」概念も，対話の重要性を示している（ハーバーマス 1985）。対話は，自分の意見や自己がこれまで築いてきた価値体系を相対化し思考につなげる刺激として作用する。

4　イノベーションを生み出すダイバーシティガバナンス

このような思考と対話の往復運動によって，新しいアイディアが創造されるイノベーションが引き起こされる可能性は高まる。

思考と対話は，多様な視点を持った人間が集まった時に活発化することは，逆のケースを想定すれば容易に理解できる。同じ視点を持った人たちがいくら集まっても，自己の中に構成された価値構造を揺るがすような刺激を受けないし，同

6　自己を複数のものとして捉えるニーチェの新規性については，齋藤（2008）の18頁以下を参照。

7　アーレントは，この議論を祖国の喪失との関係で論じているが，政治思想の世界では，より広い文脈で議論されている（齋藤 2008）。

じ物の見方をしている人の間ではボームの主張する意味での「対話」は必要とされない。対話は，考え方の違いを前提とし，人と人の間に特定の問題について意味が共有されていくプロセスだからである。

　ただし，違った視点を持った人間を集めたからといって，それだけでパラダイムを乗り越え新しいアイディアを生み出すようなイノベーションが起こるとは限らない。ダイバーシティを戦略的にイノベーションにつなげる調整システムが用意されなければならない。

　公共的な課題を解決するために，多様な視点を持つ人たちを集め，思考と対話の条件を用意することで，その課題にまとわりついているパラダイムを乗り越え，創発的な意味でのイノベーションを引き起こす活動を，ここでは「ダイバーシティガバナンス」と名づける。

　以下，ダイバーシティを調整する2つのスタイルである「官僚制」と「ネットワーク」を対比させつつ「ダイバーシティガバナンス」のあり方を浮かび上がらせたい。

3 官僚制にみるダイバーシティの調整

1 官僚制に内在するダイバーシティ

　現代社会における組織のあり方のプロトタイプとして官僚制組織がある。マックス・ウェーバーは，近代とは「脱魔術化」のプロセスであり，その意味で合法的な支配が最も純粋な形で実現したものとして「近代官僚制」を描いている（Weber 1978）。国家における官僚制の場合，その頂点には政治家が君臨し，次のような基準に従って官僚たちは編成され職務を遂行する。①非人格化された公職に関連する権威にのみ従属する。②明確に定義された職務のヒエラルキーの中に組織化される。③すべての職は法的に明確に定義された権限範囲を持つ。④職は自由契約に基づいて補充される。⑤試験や資格証明に基づいて選考され任命される。⑥定額の給与が金銭で支払われる。⑦在職中は職務に専念することが求められる。⑧年功や業績による昇進制度が作られている。⑨行政手段の所有は認められない。⑩厳格な綱紀の下に置かれる。アッシュクラフトは，官僚制を「権限のヒエラルキー，分業，雇用及び昇進のための技術的な資格審査，

行動のための公式化されたルールと手続，没個人的な関係によって特徴付けられた制度」と定義している（Ashcraft 2000）。

官僚制というと一枚岩のイメージで捉えられるが，ウェーバーが示した官僚制組織は，ダイバーシティを内在させていることがわかる。たとえば，官僚は，競争試験などによって能力を基準に選抜されるので，その国のあらゆる地域，階層出身の人間が職務につくことが想定される。また，官僚制には，徹底した分業体系が作られる。官僚制の各組織単位は，政策領域ごとに異なった政策理念や専門知識をもとに公共サービスを提供する。

官僚制は，構成員の出身や構成組織の分業というダイバーシティ要素を含んだシステムであり，それゆえにダイバーシティを調整する仕組みが埋め込まれている。

2　官僚制におけるダイバーシティの調整ツール

ウェーバーは，官僚制に内在するダイバーシティに対応するための方策を官僚制の基準の中にもぐり込ませている。たとえば，官僚としての公的な職務生活と個人としての私生活を分けている。公的なポストは，国家のものであり，個人が所有するものではないとすることで，私的な生活上の多様な関係を職務に持ち込むことを禁じている。また，官僚に対しては，「没主観的」に行動することを要求している。ヒエラルキー構造の中で，いわば機械の歯車のように行動することを要求しているのである。

そのうえで，ウェーバーは，次のようなダイバーシティの調整ツールを用意している。

第1に，「プログラム」による調整である。組織を意思決定の側面から分析したハーバート・サイモンによると，プログラムとは「あるシステムが複雑な課題環境に反応していく場合，その一連の反応を支配する詳細な規定あるいは戦略」である（Simon 1960：6）。意思決定の際に参照する前提としてプログラムをメンバーに与えることで，個別的な意思決定を組織全体のパフォーマンスにつなげることが可能となる。サイモンのいう意思決定の参照コードとしてのプログラムの中でウェーバーが重視したのは，「法」である。官僚制の外に位置する議会が制定する法を官僚が主観を徹底的に排しつつ適用する。官僚が没主観的にプログラ

ムに従うことで，個人の主観の多様性を克服しプログラムの作成者の意図に一律に沿う形で行政活動が展開されるのである。

第2に，「命令（ヒエラルキー）」による調整である。官僚制の基本構造は，独任制に基づくピラミッド型組織である。職務遂行の過程で個人と個人の見解が対立した時には職場の上司が，組織と組織が対立した時には，その上位の職にある者が上下の命令－服従関係の中で裁定を下す。このように命令－服従のチェーンが官僚制を縦に貫いていることで，多様な価値観や機能分化に伴う自律性の拡大が制御される。

3 官僚制におけるダイバーシティ調整の問題性

官僚制組織は，内在するダイバーシティを標準化と集権化による統合のベクトルで調整している。しかし，このようなダイバーシティ調整には限界がある。

第1に，複雑で流動的な職務環境において，プログラム化と命令服従関係を通じては，官僚制を構成する各組織の自律化を十分な形で制御することはできない。レナーテ・マインツは，官僚制を1つの目的を中心に一定の任務や機能を遂行する組織の緩やかな連合体である「組織のマクロシステム」と表現している（マインツ 1986）。官僚制組織において，専門知識を共有する同僚との間では専門用語が共有され職務遂行上価値を置く優先順位も共通化される。しかし，別の政策領域で活動する組織は，使用する業界言葉も異なり，別の価値観に基づいて判断する。このようにして，官僚制において専門性が高まるにつれて，コミュニケーションギャップが発生する。VUCA世界に対応するために組織単位は，自律性を必然的に高めていくことになるが，このような状況に対して，官僚制では，組織の上方に権限を集中させ自律性を制約する方法しか志向されず，複雑な状況に適合する調整ツールは開発されない。

第2に，このような統合志向は，官僚の思考停止を招き，職場における視点の多様性を排除する方向で作用する。たとえば，ロバート・マートンは，組織目的実現のために設定された規則がいつの間にか絶対視され，規則を守ること自体が目的化し，本来の目的の実現を阻害する「目的―手段の転移現象」を取り上げている（マートン 1961）。このような官僚制の逆機能は，プログラムや命令に従うことに慣らされて思考停止していることで発生しているといえる。これは没主観

的に行動することが要求される官僚制に本質的に内在している問題である。いつも単一視点で仕事を続けていることで，別の視点を排除する傾向が強まり，創発的なイノベーションに対する拒否反応が引き起こされる。

　第3に，官僚制内部のヒエラルキー関係は，政策の対象集団との関係にまで持ち込まれる。官僚は，法的な権限を背景に，規制といった政策手段を用いて強制的に対象集団を従わせることができる。規制という政策手段は，規制する側と対象集団との間に常に緊張関係を生む（風間 2008）。対象集団は，強制的な措置が控えているがゆえに規制に従うのであって，自ら進んで協力しているわけではない。このようにして，対象集団側に，公共的な課題を解決する主体はあくまで国や自治体であり，自分たちは規制される側・サービスを受ける側であるという自己認識が進み，当事者性は失われていく。また，フーコーが指摘したように，官僚制は統計データを通じて対象集団を把握し，データに対して政策を展開する傾向を持つ。データとして把握される集団との間に対話は起こりえないし，政策対象の集団・個人の多様性には通常配慮が及ばない。

　以上のように，官僚制組織は，思考と対話を阻害する方にベクトルが向きやすい。ルーティン化した公共サービスを提供する際には，この種の組織の方が効率的なのかもしれないが，VUCA 世界に対応し，斬新な政策アイディアを生み出していくためには，別のガバナンス構造も同時に考えていく必要がある。

4　ガバナンスネットワークにみるダイバーシティの調整

1　ガバメントの限界とガバナンスネットワーク

　近代国家においては，公共的な課題は，主に政府を通じて解決されてきた。政府に資金・権限・人材・情報などを集中させ政府が政策を形成・実施することで課題は解決されていく。ここでは，政府を通じた公共的課題の解決スタイルを「ガバメント」といおう。現在，このようなガバメントは，ある種の限界に直面している。

　第1に，ガバメントは，グローバルイシューを有効に解決することができない。ガバメントの管轄は，通常領土外には及ばず，他国の行動が自国に影響を及ぼすグローバル社会に対応することができない。現在，国境を越える政策空間が形成

され，グローバルイシューの解決に向けて各国政府のみならず，NGO・多国籍企業・専門家集団が対話を行う枠組みが作られている（山本 2008）。

第2に，公共的な課題を解決するのに必要な資源を政府に集中させることが難しくなっている。産業界はセクター化が進み，NPO などの非営利団体が存在感を高め，公共的な課題の解決に必要な資源は社会に分散し，ニクラス・ルーマンのいう「中心なき社会」が出現している（Luhmann 1995）。ヤン・コーイマンの言葉を借りれば，「社会における相互作用が分断化・複雑化・ダイナミック化する」事態に直面し（Kooiman 1993），政府（自治体）が集め保有している資源だけでは，公共的課題を解決に導くことができないケースが増えている。

グローバル・国・地域の各レベル，あるいはマルチレベルにおいて，目の前にある公共的な課題をめぐって，様々な主体との間で複雑な関係が形成され，その関係性の中で課題が理解され解決策が模索されている。このような状況において，「ガバメントではないガバナンス」の1つとして，官民のアクターがネットワークを形成し，課題に取り組むスタイルに注目が集まっている。この種の課題解決スタイルを「ガバナンスネットワーク」という。

2　ガバナンスネットワークとは何か

ガバナンスネットワークについても様々な定義が存在する[8]。ここでは，この言葉が「ネットワーク」と「ガバナンス」という2つの概念から構成されていることを手がかりに，その意味内容を明らかにしてみたい。

第1に，ガバナンスネットワークという以上，「ネットワーク」としての性質を備えている。金子郁容は，ネットワークを，固有の意思と主体性のある「ユニット」がそれぞれの自由意思で自主的に参加したまとまりであり，ユニット相互が違いを主張しながらも，何らかの相互依存関係を持ちながら結びつき，関係の

8　たとえば，ガバナンスネットワーク論の主導的な研究者であるソレンセンとトルフィンクは，ガバナンスネットワークを「①相互依存的であるが活動の上では自律的なアクターの比較的安定した水平的関係であり，②アクターは交渉を通じて相互作用を行い，③その交渉は規制的・規範的・認知的・想像枠組みの中で行われ，④枠組みは外部の主体により設定された制約内で自己規制的であり，⑤公的な目的を生み出すことに貢献するもの」と定義している。

中で意味と価値を作り出すことを可能にするシステムであると定義している（金子1986）。ガバナンスネットワークは，自律性を持ったアクター間の水平的な調整のための「場」である（Sørensen & Torfing 2007）。アクターの間に命令服従関係はなく，戦略的な行動をとりながら水平的な相互作用ゲームを繰り広げている。アクターは，ネットワークに必要な資源を提供しながら，自分たちの利益を実現し参加動機を満たそうとする。そのようなアクター間の調整ゲームを通じて，ネットワークがダイナミックに作用する。

第2に，ガバメントではなくガバナンスという言葉を使用する以上，政府の内部で自己完結するのではなく，官民両方のアクターがネットワークに関わっている状態が存在している。ガバナンスネットワークには，政府内の閉じた関係性よりもはるかに多様な視点が持ち込まれる。

ガバナンスネットワークには，多様なアクターが自分たちの視点を維持したまま関わり，当事者として相互作用を展開する。その意味でダイバーシティを取り込んだシステムであり，官僚制よりもアクターが自由に思考し対話する条件が用意されているようにみえる。

3　ガバナンスネットワークの失敗

しかし，ガバナンスネットワークにおける水平的調整ゲームは，放置すると，次のような方向に変容していき，イノベーションを生み出す力を失っていく。

第1に，ネットワークは，しだいに排他的になる傾向にある。ネットワーク内部のアクターにとって，相互作用の相手は固定されていた方が安心できるし，相手の考えや選好も容易に予測することができる。ネットワーク内部のアクターにとって新規参入者は波乱要因である。居心地のいい場に保つために，異質な参入者をできるだけ排除し，自分たちと考えが近い人間だけを受け入れようとする。このようにしてネットワークが本来持っていたダイバーシティが失われていく。

第2に，相互作用によって制度化が進行する。たとえば，原子力政策をめぐるガバナンスネットワークである「原子力ムラ」では，原子力発電は絶対安全であるという「神話」が作られ，作った本人たちがそれに縛られていった（吉岡2011）。その他にも，中央省庁から電力会社などへの天下りの慣例，科学者に用意される原子力関連ポストの慣例といったルールも作られていた。制度が累積し

ていくと、そこから利益を得ている人たちが制度を守ること自体を目的化させ、制度の存在を疑う人が少なくなっていく。つまり、制度がパラダイムとして機能し出す。このような制度化によりカント的な意味での理性を働かせて思考する力が奪われていく。

第3に、排他性が高まり制度化が進行すると、ボームがいった意味での「対話」が失われていく。各アクターには、ネットワークへの忠誠が求められ、同じ価値観を共有することが要求される。同じ視点でいくら議論しても、新しい意味空間を形成することはできない。コミュニケーションがしだいに形骸化していき、ネットワークのフィードバック機能は弱まり、新しい知識が入ってこなくなる。コミュニケーションの喪失によって、フィードバックを通じて自己修正していく「自己組織化」の力が失われていく（Jessop 1998）。

4 イノベーションを可能にするメタガバナンス

ガバナンスネットワーク論では、そのような「ネットワークの失敗」の可能性を想定し、その方向に行かないようにする活動を「メタガバナンス」と称して研究を進めている[9]。

ネットワーク内部の対立が激化し何も生み出せない場合には、制度化を進める方向でのメタガバナンスが展開される。たとえば、ネットワーク内部で物事を決める際の基本ルールを設定したり、紛争仲裁のための審判機能を創設したりする（Kickert & Koppenjan 1997）。

ダイバーシティとイノベーションの関係で重要なのは、制度化・構造化が過度に進行した時の非制度化ベクトルでのメタガバナンス活動である。たとえば、新規アクターの参入を促進したり、水平的調整ゲームが活発化するように資源を集めすぎたアクターから資源の乏しいアクターに資源の再配分を行ったり、場合によってはネットワーク構造を根本から変えてしまう。思考と対話を妨げている要因を取り除いていくことが、ネットワークのメタガバナンスにとって最も重要で

---

[9] メタガバナンスをジェソップは、「再帰的合理性回復のための自己組織の組織化」（Jessop 1998：42）、ソレンセンとトルフィンクは、「自己規制的なガバナンスネットワークの注意深く慎重なガバナンス」（Sørensen & Torfing 2009：243）と表現している。

ある。

　たとえば，ドイツ政府からの委託を受けてO・レンを責任者とする研究チームが1982年から3年にわたり実施したエネルギー政策に関する国民選好調査も，視点の違う関係者（利害関係者・専門家・一般市民）の対話を戦略的に仕掛けたものであった[10]。第1段階では，すべての利害団体を対象に，政策選択に際してどの価値を優先するのかの意向調査が実施され価値のツリー図が描かれた。第2段階では，価値ツリー図をベースに，研究チームと利益集団が政策選択の判断基準となる指標を検討し，考えられる限りのシナリオを作り上げた。それぞれの選択が与えるインパクトについては，異なった専門領域や見解を代表する専門家が集められ，小集団に分けてデータ解釈等の食い違いについて討論する集団デルファイを用いて確定していった。第3段階では，ランダムに選ばれた市民によるパネルが開催された。セミナー・現地視察などを通じて参加者に徹底した情報提供が行われ，多様な立場の専門家の意見も提供された。参加者は，ワークショップ・全体パネル・公聴会などを通じて議論を重ね，市民としての選好をまとめていった。25名が参加する25の市民パネルが開催され，最後に勧告が採択された。その内容は，原子力エネルギーは望ましくないが発電所の操業は停止するべきではなく，再生可能エネルギーが浸透するまでの間は，火力発電に対する環境規制を強化し，それに伴う価格上昇は受け入れるというものであった（Renn et al. 1993）。この結果は，ドイツのエネルギー政策に大きな影響を及ぼしたといわれる。

　ここで重要なことは，多様な視点の存在を前提として対話を行い「新しい意味空間」の創出を目指している点である。その意味空間は，ガバナンスネットワークの中に形成されたパラダイムに対抗する力となって作用し，創発的なイノベーションを生み出す可能性を秘めているのである。

【さらに理解を深めたい人のために】
齋藤純一（2008）『政治と複数性——民主的な公共性に向けて』岩波書店。
スターク，デヴィッド（2011）『多様性とイノベーション』マグローヒルエデュ

10　かつてこの選好調査をハーバーマスによる批判理論の公共政策の現場への実践例として取り上げたことがある（風間1997）。

ケーション。

谷口真美（2005）『ダイバシティ・マネジメント——多様性をいかす組織』白桃書房。

ボーム，デヴィッド（2007）『ダイアローグ——対立から共生へ，議論から対話へ』（金井真弓訳）英治出版。

参考文献

アーレント，ハンナ（1981）『全体主義の起源 2　帝国主義』（大島通義・大島かおり訳），みすず書房。

池田清彦（2012）『生物多様性を考える』中公選書，中央評論社。

池吉琢磨・中山康雄（2007）「思考についての哲学的探求——ギルバート・ライルの観点から」『大阪大学大学院人間科学研究科紀要』第 33 号，21-38 頁。

風間規男（1997）「公共政策論の新たな地平——公共政策の民主主義論」『近畿大学法学』第 45 巻第 1 号，55-122 頁。

風間規男（2008）「規制から自主規制へ——環境政策手法の変化の政治学的考察」『同志社大学政策研究』第 2 号，46-62 頁。

風間規男（2011）「公的ガバナンスと政策ネットワーク——複雑系理論をてがかりとして」新川達郎編『公的ガバナンスの動態研究——政府の作動様式の変容』ミネルヴァ書房，113-148 頁。

金田耕一（2000）『現代福祉国家と自由——ポスト・リベラリズムの展望』新評論。

カント，イマニュエル（2009）「啓蒙とは何か——『啓蒙とは何か』という問いに答える（1784 年）」『永遠平和のために／啓蒙とは何か　他 3 編』（中本元訳），光文社古典新訳文庫。

経済産業省（2012）『「成熟」と「多様性」を力に——経済社会ビジョン～価格競争から価値創造経済へ～』（伊藤元重監修），財団法人経済産業調査会。

齋藤純一（2008）『政治と複数性——民主的な公共性に向けて』岩波書店。

スターク，デヴィッド（2011）『多様性とイノベーション』マグローヒルエデュケーション。

セン，アマルティア（1999）『不平等の再検討——潜在能力と自由』（池本幸生・野上裕生・佐藤仁訳）岩波書店

谷口真美（2005）『ダイバシティ・マネジメント――多様性をいかす組織』白桃書房。

ニーチェ，フリードリッヒ・ヴィルヘルム（1983）「道徳の系譜――論争の書（1887年）」『ニーチェ全集第3巻（第Ⅱ期）道徳の系譜・ヴァーグナーの場合，残された著作』（秋山英夫訳）白水社，9-211頁。

ハーバーマス，ユルゲン（1985）『コミュニケイション的行為の理論』（河上倫逸他訳）未来社。

フーコー，ミシェル（1986）『性の歴史Ⅰ　知への意志』（渡辺守章訳）新潮社。

ボーム，デヴィッド（2007）『ダイアローグ――対立から共生へ，議論から対話へ』（金井真弓訳）英治出版。

マートン，ロバート（1961）『社会理論と社会構造』（森東吾・森好夫・金沢実・中島竜太郎訳）みすず書房。

マインツ，レナーテ（1986）『行政の機能と構造』（片岡寛光監修，縣公一郎訳）成文堂。

山本吉宣（2008）『国際レジームとガバナンス』有斐閣。

吉岡斉（2011）『原発と日本の未来――原子力は温暖化対策の切り札か』岩波ブックレットNo.802。

ルソー，ジャン・ジャック（1987）桑原武夫・前川貞次郎訳『社会契約論』岩波文庫。

Ashcraft, Karen L. (2000) 'Empowering Professional Relationships: Organizational Communication Meets Feminist Practice,' *Management Communication Quarterly*, vol.13, no.3, pp.347-392.

Crossan, Mary M. and Marina Apaydin (2010) 'A Multi-Dimensional Framework of Organizational Innovation: A Systemic Review of the Literature,' *Journal of Management Studies*, vol.46, no.6, pp.1154-1191.

Drucker, Peter F. (1974) *Management: Tasks, Responsibilities, Practices*, Harper & Row, Publisher.

Gervin, David A. (1993) 'Building a Learning Organization,' *Harvard Business Review*, vol.71, no.4, pp.78-91.

Howell, Jon P., and Dan L. Costley (2006) *Understanding Effective Behaviors for Leadership*, 2nd edition, Prentice Hall.

Jessop, Bob (1998) 'The Rise of Governance and Risks of Failure: the Case of Economic Development,' *International Social Science Journal*, vol.50, Issue 155, 1998, March, pp.29-45.

Kenis, Patrick and Volker Schneider (1991) 'Policy Networks and Policy Analysis: Scrutinizing a New Analytical Toolbox,' in Bernd Marin and Renate Mayntz eds., *Policy Networks: Empirical Evidence and Theoretical Considerations*, Westview Press.

Kickert, Walter J. M. and Joop M. and Joop. F. M. Koppenjan (1997) 'Public Management and Network Management: An Overview,' in Walter J. M. Kickert, Erik-Hans Klijn, and Joop F. M. Koppenjan eds., *Managing Complex Networks: Strategies for the Public Sector*, Sage Pub. pp.33-61.

Kooiman, Jan (1993) 'Governance and Governability: Using Complexity, Dynamics and Diversity,' in J. Kooiman ed., *Modern Governance: New Government-Society Interactions*, Sage Publications, pp.35-48.

Luhmann, Niklas (1995) *Social Systems*, translated by J. Bednarz, Jr., with D. Baecker, Stanford University Press, originally published in German in 1984.

March, James G. and Herbert A. Simon (1993) *Organizations*, Second edition, Blackwell.

Nathan, Max and Neil Lee (2013) 'Cultural Diversity, Innovation, and Entrepreneurship: Firm-level Evidence from London,' *Economic Geography*, vol.89, no.4, pp.367-394.

Renn, Ortwin, Thomas Webler, Horst Rakel, Peter Dienel and Branden Johnson (1993) 'Public Participation in Decision Making: A Three-step Procedure,' *Policy Sciences*, vol.26, pp.189-213.

Ryan, John R. (2012) *Leaders Make the Future: Ten New Leadership Skills for an Uncertain World*, Berrett-Koehler Publications.

Simon, Herbert A. (1960) *The New Science of Management Decision*, Harper & Row, Publishers.

Sørensen, Eva and Jacob Torfing (2007) *Theories of Democratic Network Governance*, Palgrave MacMillan.

Spitzley, Anne, Peter Ohlhausen, Dieter Spath (2010) *The Innovation Potential of Diversity: Practical Example for the Innovation Management*, Fraunhofer Verlag.

Szczur, Samantha（2014）'Innovation through Diversity: We Aren't Post-Politics,' in N. D. Erbe ed., Approaches to Managing Organizational Diversity and Innovation,' *Business Science Reference*, pp.24-41.

Weber, Max（1978）*Economy and Society*, edited by G. Roth and C. Wittlich, University of California Press.

京都府府民生活部府民力推進課（2012）「地域力再生プラットフォームのすすめ」http://www.pref.kyoto.jp/chiikiryoku/documents/chiikiryokupfsusume.pdf

グーグル（2015）https://www.google.co.jp/about/careers/lifeatgoogle/hiringprocess/（最終アクセス 2015 年 10 月 30 日）

第2章
多様性のなかの政策分析と政策過程
社会選択・論理性・活用性

松 田 憲 忠

【本章のねらい】行政研究の展開に向けて政策研究からのアプローチは有用である。本章では，政策研究のなかから政策分析を取り上げ，政策分析のあり方について論究する。政策分析において，実証的な分析と規範的な考察は，政策過程を取り巻く不確実性をめぐる解釈の多様性と政策評価や政策提言に関わる価値判断をめぐる解釈の多様性にそれぞれ直面する。政策分析における解釈の多様性を所与として，本章は，政策分析に求められる要件として論理性と活用性を如何に捉えるべきかという問いに取り組む。論理性をめぐってはトゥールミン・モデルが果たす貢献を，活用性をめぐってはユーザー指向に注目する意義を強調する。さらに，政策分析の要件を踏まえて，社会選択の特徴を有する政策過程を如何に設計するべきかについての示唆を提示する。

1 政策情報と政策分析

1 行政研究と政策研究

政策過程のなかにインプットされる情報（政策情報）の1つに，政策分析がある。政策分析は如何なる政策情報であるべきなのか。この問いについて考究することが本章の目的である。本章の焦点は，政策分析や政策過程といった「政策」に向けられる。そこで，本章は，行政研究において政策に着目することの意義を明らかにすることから始める。

行政研究では，行政を構造として捉えるアプローチと機能として捉えるアプローチが一般的である（縣 2001）。行政を構造面から分析する代表的な研究に官僚制研究がある。行政の機能に着目する研究は，例えば，行政以外の機能（立法と司法）との対比を通じて，行政の機能を規定する。

しかしながら，これら2つのアプローチのあいだには分析上の斉合性を見出すことが難しいという今日的な課題が存在する。構造のアプローチから描かれる行政構造が，機能のアプローチで規定された行政の役割を超える機能を果たしている一方で，機能としての行政は，官僚機構に代表される行政の構造によってだけでなく，NPO等の多様な組織によっても担われている。行政を取り巻くこうした今日的状況を踏まえると，「行政を構造として捉えても，また機能として捉えても，考察上の斉合性に関する困難を必ずしも常には克服できない」ことになろう（縣 2001：105）。

こうした行政研究の分析上の課題の克服に向けて，政策に焦点を当てるアプローチが注目される（縣 2001）。政策は，行政における戦略や計画，個々の意思決定，具体的な活動等を含む，いわば行政のコンテンツである。したがって，コンテンツとしての政策に着目する政策研究は，政策の形成や実施等に関わる構造の描出，それらの構造が担う機能の析出，そして構造のあいだのインターアクションの分析に大きく寄与するであろう。

2　政策分析と政策過程

政策研究が提供する知識は，政策過程との関わりの観点から「ofの知識」と「inの知識」の2つに区分される（秋吉他 2015）。「ofの知識」は政策過程に関する知識（knowledge of process）であり，政策が如何に形成・実施される（べき）かについての知識である。

政策過程では，政策の形成や実施等に関わる各段階において，さまざまな情報が用いられる（縣 2005）。具体的には，解決されるべき社会の問題についてのデータ・科学的知見・規範的理論や，行政機関が保有する資源や人員についての情報といった政策の技術的な側面に関わる情報もあれば，各政策案が及ぼす社会への影響や結果として生じる社会での利害対立に関わる政治的状況についての情報もある。

こうした多様な政策情報の1つとして，政策の中身についての知識，即ち「inの知識」（knowledge in process）がある。これには，個別政策領域に関わるものも政策全般に関するものも含まれる。政策過程のなかにインプットされる「inの知識」は，政策分析を通じて提供される。

本章は，「inの知識」を提供する政策分析に着目する。政策分析とは，「複数の選択肢についての評価を，ある1つの，もしくは複数の目標や価値を追求するうえでの有用性の観点から行って，それらの選択肢のなかから1つを選ぶ一連の作業」（Munger 2000：6）と定義され，政策評価や政策提言はその代表例である。

　政策分析における「個々の選択肢の有用性の評価」では技術的な観点が強調され，その意味で，政策分析は政策の技術的側面に（のみ）寄与し得るものと見られがちであろう。しかしながら，政策分析において重視されるべき観点は必ずしも技術面に限定されない。政策分析に基づく「inの知識」は，政策過程に関わる「ofの知識」を取り入れることで，政策過程に存在するさまざまなハードルを乗り越える実現可能な提案となり得る（秋吉他 2015）。こうした政策分析と政策過程との関連性を踏まえて，本章は，政策過程における政策分析のあり方について論究する。具体的には，政策過程の社会選択的な側面と政策分析をめぐる解釈の多様性に着目して（第2節と第3節），政策分析の要件を論理性と活用性の観点から探究する（第4節と第5節）。

　先述の行政研究における政策研究の意義は，政策を取り巻くさまざまな動きに焦点を当てるという意味で，「ofの知識」を想定しているといえるかもしれない。しかしながら，「inの知識」に目を向けることも，制度設計のための指針の提示等を通じて，行政研究に貢献し得る（縣 2001）。即ち，実証的な「ofの知識」の蓄積が「inの知識」の実現可能性に貢献すると同時に，「inの知識」のあり方についての論究も規範的な「ofの知識」の探究に寄与するのである。そこで，本章は，政策分析（「inの知識」）の要件をめぐる考察を踏まえて，政策過程の設計（「ofの知識」）についての示唆を引き出す（第6節）。

2　政策過程と社会選択

1　政策過程における社会選択と対立

　本節は，政策過程において政策分析が有する意義について，政策過程に登場するアクターの視点から論究する。政策過程には，議員や政党，官僚，そして市民・住民といったさまざまなアクターが登場する。その一方で，これらのアクターには1つの共通点が存在する。それは，いずれのアクターも複数の個人から成

る集団であるという点である。集団によって意思決定が行われるという意味で，政策過程における諸活動は社会選択としての特徴を有する。

デモクラシーにおいて，政策をめぐる社会選択が特定のメンバーによる独断とその判断への他のメンバーによる追従というかたちで行われることは稀であろう。換言すれば，政策過程における社会選択は，政策過程への影響力に決定的な差がない複数のアクターによる選択として描かれる。

個々のアクターは，自らを取り巻く環境のなかで固有の利害関係をもつと同時に，固有のイデオロギーを抱いている。利害関係とイデオロギーの固有性は，目標の固有性へ至る。各アクターの目標は，それぞれの利害関係者に配慮しつつ，自らのイデオロギーと調和的な社会の実現に寄与する政策の形成・実施となる。

このとき各アクターは不確実性に直面する（松田 2006a）。第1に，政策案の社会的・経済的影響に関する不確実性である。ある政策案が社会全体に及ぼすインパクトや，個々の市民や利害関係者が受けるインパクトについて，明確に予測することは殆ど不可能である。

第2に，政策のインパクトに対する個々の市民や利害関係者の反応をめぐる不確実性がある。例えば，政策をデザインする段階において，ある政策案がさまざまな市民や利害関係者に与えるインパクトをある程度予測できたとしても，政策実施後にそれぞれの市民や利害関係者がそのインパクトを如何に評価するかを，政策デザインの段階で的確に把握することは極めて困難である。

結果として，政策過程に関わる一般の市民は自らの将来の状況とそれに対する自らの評価をめぐる不確実性に直面する一方で，議員や官僚等は政策案の社会的なインパクトと個々の市民や利害関係者の反応を予測することが困難な状況に陥る。そこで，各アクターは，自らの目標を実現するために他のアクターとインターアクションを繰り広げるにあたり，それぞれが直面する不確実性に対して，何らかの想定を行う。その想定とは，将来の予測や，市民や利害関係者の行動様式の前提等である。

こうした政策過程における重要な問題の1つとして合意形成の困難性がある。なぜなら，アクターはそれぞれ異なる価値観や目標をもつと同時に，不確実性についての捉え方が異なるため，アクター間の対立や衝突の可能性が政策過程には伴うからである。

2 政策過程における政策分析の戦略的意義

　では，対立や衝突が避けられない政策過程において，各アクターは政策分析に如何なる意義を見出すのであろうか。政策分析は政策過程のなかで如何なる役割を担い得るのであろうか。

　政策過程に関わる各アクターは，不確実性に対して戦略的に対応しようとするかぎり，政策分析への需要をもつ（Matsuda 2008）。政策分析は，個々の政策案のインパクトについてのアクターの理解を深めるという意味において，不確実性の低減に貢献し得る情報である。換言すれば，各アクターは，公表される政策分析の内容等を踏まえて，さまざまな不確実性をめぐる想定を常にアップデートし続けることができ，結果的に早計な意思決定を回避できる。

　政策過程における政策分析への需要は，アクター間のインターアクションの観点からも導出される。例えば，あるアクターが，自らのイデオロギーや利害関係等の理由から，ある政策案を支持しているとき，このアクターは，同じ政策案を支持するようにと他のアクターを説得するであろう。こうした説得において，その政策案の効果を肯定的に評価する政策分析や，他の政策案の問題点を指摘する政策分析を用いることは有効な手段である。説得される側のアクターも個々の政策案のインパクトや市民等のニーズや反応等をめぐって不確実性に直面していることを踏まえると，政策分析に基づく説得は，これらのアクターの不確実性を低減させ，説得の目標である特定の政策案の支持の増大を齎し得る。こうした政策分析の有用性は，政策分析に対する高いセンシティビティを各アクターに与える。

　このように，政策過程において社会選択が行われるとき，政策分析は個々のアクターにとって戦略的な意義を有する。それは，アクター自身を取り巻く不確実性に対処するための情報としての意義であると同時に，イデオロギーや利害関係等が異なる他のアクターを説得するための情報としての意義である。その意味で，政策過程において政策分析に対する需要は存在するのである。

　さらに，こうした政策分析の戦略的意義には，政策過程の改善に政策分析が少なからず貢献し得ることが含意される。誤った情報が政策過程にインプットされれば，その情報に基づいて意思決定を行う各アクターは政策をめぐる誤った理解に陥り，他のアクターとの相互理解や多面的な意見交換等は難しくなる。政策分析は，アクターの誤解の回避やアクター間の建設的なインターアクションの推進

に寄与する政策情報として期待される。

3 政策分析と解釈の多様性

1 実証的な分析における解釈の多様性

本節は，政策分析を取り巻く状況を，政策評価や政策提言を念頭に置いて描出する。政策分析に求められる要件の1つに，論理性がある。論理的であるとは，信頼できる根拠ないしデータから妥当な推論が展開されることである。

政策評価や政策提言が論理的であるためには，少なくとも2つの論拠が求められる。第1に，実証的な分析である。ある政策の評価や提言は，現状と将来についての客観的な分析を必要とする。第2の論拠は，規範的な考察である。政策の評価や提言では，現状には如何なる問題が存在しているのか，如何なる社会が目指されるべきなのかといった問いが前提とされ，これらの問いは価値判断の基準についての規範的な考察を要求する。

しかしながら，これらの2つの考察には論拠として深刻な問題が存在する。まず，実証的な分析においては，その前段階として，仮説の設定という演繹的な思考が求められる。演繹的な思考とは，ある前提から論理的に結論を導き出す推論である。政策分析では，人間の行動や社会のダイナミクスを支えるメカニズムについての前提から仮説が導出され，この仮説の検証がデータの収集や解析を通じて行われる。

こうした実証的な分析は，今日のネットワーク化された社会のなかで，深刻な困難に直面している。今日，ある事象の生起は，物理的な距離に関係なく，あらゆるところに瞬時にインパクトを及ぼす一方で，如何なる事象も極めて多くのファクターの複雑な関係から生じている（國領 2006）。こうした社会の変化は，政策に関わる実証的な分析を「構造的不確実性（structural uncertainty）」（Steinbruner 1974）に陥らせる。構造的不確実性とは，起こり得る事象の生起確率が未知であるだけでなく，そもそも起こり得る事象の範囲すら知り得ない状況と定義される。

こうした深刻な不確実性のもとでは，社会のメカニズムやアクターの行動様式等について多様な想定が可能となる。このことは，仮説設定のための前提が多様

に存在することを意味する．結果的に，異なる前提から導出された異なる仮説に基づく多様なデータ解析等が進められる．このとき実証的な分析の論理性を確保するために分析の「再現性（replicability）」（増山・山田 2004）をどれほど強調しても，分析の結果は，設定された前提や仮説に応じて，大きく異なり得る．どの分析が望ましいかは論理性だけで量ることは難しく，それは不確実性に対する解釈を如何に評価するかにも大きく依存することになる．

　この不確実性に対する解釈の多様性の問題は，政策案のインパクト等の予測にも当て嵌まる．将来予測は演繹的な推論を伴うため，社会やアクターについて何らかの前提を設定する必要がある．しかしながら，構造的不確実性は多様な前提を認め，結果的に多様な将来予測が可能となる．

2　規範的な考察における解釈の多様性

　規範的な考察においては，実証的な分析の場合とは異なる意味での解釈の多様性が重大な意味をもつ．それは，価値判断のための基準の設定に関わる．この基準とは，「分析を行うための，即ち，ある政策案は他の政策案より望ましいと主張するための前提」となる（Munger 2000：8）．例えば，政策評価や政策提言を計量分析手法による実証的な分析に基づいて進めるとき，さまざまな係数が算出される．しかしながら，計量分析それ自体は個々の係数の大小を判断することはできず，その判断は各分析者の判断に委ねられる（山田 2007）．各分析者による判断の重要性は，とりわけ政策評価や政策提言において顕著となる．なぜなら，個々の係数の値が社会にとって如何なる意味をもつのかという規範的な解釈が，政策の評価や提言を支える論拠となるからである（松田・竹田 2012）．価値判断のための基準は，各分析者の倫理的な世界観を表す．したがって，各自の世界観を吟味するために規範的ないし哲学的な考察が，政策分析には求められる．

　社会にとって重要とされる価値は複数存在する一方で，複数の価値のあいだにはトレードオフの関係が見受けられる．ある価値を高める政策案は，殆どの場合，他のいずれかの価値を損なわせる．それゆえに，ある政策を支持することには，それらの価値に対する優先順位づけが伴う．

　ここで問題となるのは，個々人のなかでトレードオフを克服できたとしても，その克服の結果として設定される個々人の優先順位，換言すれば個々人の倫理的

な世界観ないし価値観が，他者と一致するとはかぎらないということである（足立1994）。即ち，価値判断に関わる解釈の多様性が存在するのである。となると，同一の事象や政策案をめぐって規範的な解釈が多様に行われ得ることになる。それらの多様な解釈は，それぞれの価値観から妥当なプロセスを経て導出されるかぎり，いずれも論理的なものとして評価される。多様な解釈から1つを選択するには，多様な価値観を論理性とは異なる観点から比較することが求められるが，多様な価値観が受容されている今日の社会ではそうした比較は非現実的であろう。

4 多様性のなかの政策分析の論理性

1 論理性の探究のための視点

政策分析には，実証的な分析においては不確実性をめぐって，規範的な考察においては価値判断をめぐって，解釈の多様性が必然的に伴う。こうした政策分析に対して，論理学で一般に想定される形式論理を期待することは難しい。

形式論理には少なくとも2つの条件が存在する。第1は，結論を導くための前提の少なくとも1つが全称命題であることが求められる。しかしながら，社会現象に関しては，法則というよりむしろ傾向を述べることしかできず，とりわけ今日の社会の状況を踏まえると，論理必然性を政策分析に要求することはほぼ不可能であろう。第2に，形式論理では，各概念が一義的でなければならない。この条件を充足することは価値観の多様性がみられる今日の状況では極めて難しい。

政策分析において解釈の多様性が不可避的に存在するがゆえに，形式論理的に妥当な議論が期待できないのであれば，政策分析は社会的な意義をもち得ないのであろうか。この疑問に対して，政策分析の社会的な有用性を積極的に評価する動きがみられる。強調されるべきは，形式論理性を欠く政策分析を一括して否定するのではなく，そのなかから社会的に意味のあるものを見出すことの重要性である。具体的には，政策分析の説得力の程度をその分析の前提の信頼性や結論の妥当性の観点から相対的に捉えるための視点の探究である（足立1984）。

2 政策分析とトゥールミン・モデル

政策分析の論理性の問題に取り組むためのモデルとして，トゥールミン・モデ

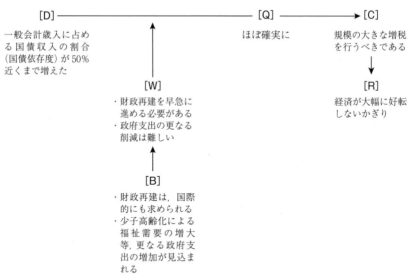

図1-1 議論のレイアウト

(出所) 松田 (2012：152)。

ルがある (Toulmin 2003)。このモデルは，元々は日常の議論における推論のプロセスを確認するためのものであったが，その後このモデルが政策分析に適用されたことによって (Dunn 1990, 1994)，政策分析の論理性の定式化に貢献するようになった。政策分析の検証におけるトゥールミン・モデルの有用性は，今日注目を集めている (足立 1984；小林 1986；松田 2012)。

トゥールミン・モデルによれば，政策分析の議論の構造は図1-1のようなレイアウトで描かれ，6つの要素の有機的な関連性から検証される。ある主張 (C) の導出には，根拠となるデータ (D) が求められる。このデータから主張への流れは，データの解釈を理由づける論拠 (W) によって支えられる。

データと論拠から必然的に結論が導きだされるのであれば，その議論は三段論法的に妥当である。しかしながら，社会問題や政策をめぐっては不確実性や価値判断をめぐる解釈の多様性が不可避的に存在するがゆえに，さらに3つの要素が求められる。第1は不確実性の程度を示す限定詞 (Q) であり，日常の言語や統計学的用語で表現される。第2の要素は，論駁 (R) である。不確実性の存在は，

その議論が想定する状況や解釈とは異なる事態が起こり得ることを意味する。政策分析の想定を覆す条件,即ち政策分析の説得力を無効にする条件が論駁である。第3に,とりわけ論拠を正当化するための裏付け（B）が明らかにされなければならない。なぜなら,解釈の多様性は,政策によって何を目指すべきなのか,如何なる社会が望ましいのかといった政策の目標をめぐっても避けられないからである。

　解釈の多様性が必然的に伴う政策分析であっても,それをトゥールミン・モデルに沿ってレイアウトすることによって,自身の議論だけでなく他者の議論に関する検証が促され,信頼性の高い分析と議論が実践され易くなる。トゥールミン・モデルは「演繹的に必然とはいえない結論を引き出す実際的な推論のプロセスを描くための有用な媒介」（Dunn 1990：323）として機能するのである。

　政策分析の議論の構造を検証するための項目としては,(1)完全性（completeness：議論における各要素は適切な考察を全て包含した統一体を構成しているか）,(2)結合性（cohesiveness：各要素は操作上関連しているか）,(3)協和性（consonance：各要素は本質的に一貫していて両立可能か）,(4)機能的規則性（functional regularity：各要素は期待されるパターンと一致しているか）,(5)機能的平易性・経済性（functional simplicity and economy：各要素は複雑でないかたちで編成されているか）,(6)機能的効力（functional efficacy：各要素は目標の効果的・効率的な達成に寄与しているか）が挙げられる（Dunn 1994：93）。これらの要素はあらゆる政策分析に当て嵌まり得る一方で極めて抽象的であるために,実際には,それぞれの分析の内容等に応じて具体的に検証される必要がある（Dunn 1994；足立 1984）。

3　政策分析の論理性と政策過程

　解釈の多様性を免れ得ない政策分析においては,立脚する前提が異なれば,分析結果も異なる。その一方で,異なる分析結果を比較することは,必ずしも明示化されない解釈の比較を伴うために,容易ではない。こうした解釈や前提が異なる政策分析を相対的に位置づけることに,トゥールミン・モデルは寄与する（松田 2012）。例えば,同一のデータから互いに対立する複数の主張が展開されることは,政策をめぐる検討では散見される。こうした対立をトゥールミン・モデル

図 1-2 議論の対立のレイアウト

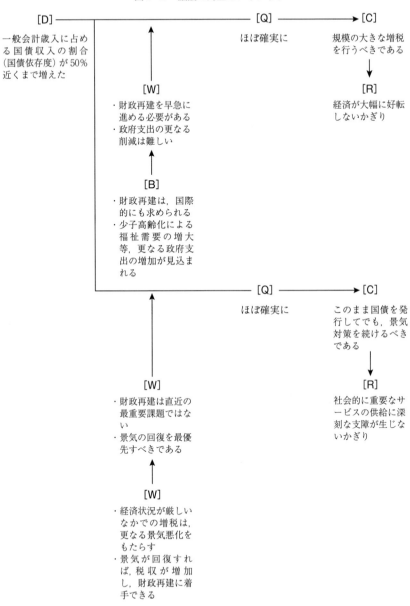

(出所) 松田 (2012：155)。

図1-3 異なるタイプの主張のレイアウト

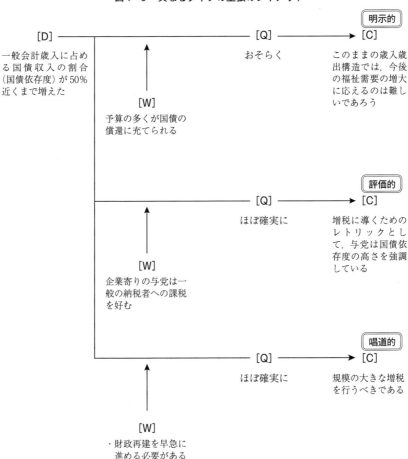

(注) 政策に関する主張の3つのタイプ
① 明示的主張 (designative claim):政策の結果等を解明・予測する主張
② 評価的主張 (evaluative claim):既に採用されている政策等の意義を評価する主張
③ 唱道的主張 (advocative claim):採用すべき政策を提言する主張
(出所) 松田 (2012:156-157)。

に沿って描くと（図1-2），論争の構図が明示化され，立場の違いが浮き彫りになり，論点が特定され易くなる。

図1-2のような対立は，同じデータの同じ側面に焦点を当てたうえで，異なる主張が展開される構図である。具体的には，歳入に占める国債収入の割合についてのデータを，採用すべき政策を提言するための根拠として用いている点で，これらの対立する議論は共通する一方で，望ましい社会の姿等に関わる価値判断の基準がこれらの議論のあいだで異なるのである。

しかしながら，あるデータを踏まえた政策分析が，そのデータの同じ側面に常に目を向けるとはかぎらない。図1-3は，同一のデータに依拠しながらも，そのデータの異なる側面に着目して，現状の把握や将来の予測，現行の政策の意義の評価，検討すべき政策案の提示といった多様な分析が行われるプロセスを描出している。

トゥールミン・モデルに基づく政策分析は，政策情報として，政策過程に如何なる貢献を果たし得るのであろうか。それぞれの政策分析が依拠する固有の解釈が明示化されることによって，政策過程に参加するアクターはさまざまな情報を相対的に位置づけることができ，結果的に政策をめぐる多面的な検討が容易になる。具体的には，第1に，不確実性に対する多様な解釈が明示化されることによって，各アクターは，自らが直面する不確実性を低減させ，誤った理解に基づく行動を回避することができる。第2に，他のアクターが立脚する解釈や価値観と自らの立場との比較が容易となるために，自らの立場の相対化とアクター間の相互理解が促され，対立を克服し得る落としどころの発見が期待される。

5 多様性のなかの政策分析の活用性

1 活用性の探究のための視点

政策分析に求められる要件は，論理性だけではない。政策提言や政策評価が如何に論理的に行われたとしても，それが政策過程において活用されないのであれば，その政策分析の有用性は低いといわざるを得ない。換言すれば，政策分析に活用性を期待することは，政策分析の問題解決能力の向上に寄与し，延いてはより良き社会の実現に向けた変革の可能性を高める（Zaltman 1979）。今日，政策

分析の活用性に着目する「知識活用（knowledge utilization）」の視点は，政策分析のあり方についての探究のなかで，重視されるようになっている（Radaelli 1995；秋吉 2013）。

知識活用論では，政策分析という知識の活用ないし適用（application）のための諸条件の解明に焦点が当てられる。具体的には，例えば，政策に関する知識の活用を，ある種のマーケットにおける財の消費活動に準えたうえで，このマーケットのメカニズム等についての考察を通じて，知識活用に関わるアクター，即ち知識を消費する議員や官僚等や知識を供給する政策分析者等の行動様式が析出されるとともに，このマーケットにおける取引（知識活用）のあり方が探究される（Guston et al. 1997；Matsuda 2008）。これは，政策分析のあり方をめぐる伝統的な論点が知識の生産（production）に関わってきたことと対照をなす（Dunn and Holzner 1988）。

2　政策分析とユーザー指向

政策の知識のマーケットにおいて，政策分析は如何なる特徴をもつ財であろうか。解釈の多様性を不可避的に伴う政策分析は，「具体的でない知識（nonpositive knowledge）」として捉えられる（Zaltman 1979）。具体的な知識（positive knowledge）が，直面する問題の指摘にくわえて，その問題を解決するための具体的な方策の提案を行うものであるのに対して，具体的でない知識とは，現行の政策の限界を科学的に論証する一方で，それに代わる政策案を明確に示すことができない知識である。

個々の政策分析はそれぞれの解釈に基づいて明確な解決策を主張することができるかもしれない。しかしながら，政策分析を全体として捉えると，多様な解釈を前提として多様な主張を展開するという意味で，具体的でない知識といえる。現行の仕組みの変更に対する抵抗が政策過程でよく見受けられることを踏まえると，現行の仕組みの問題点を指摘しながらも解決策を明確に示すことができない知識は，政策過程において活用されることは難しいであろう。

そこで，具体的でない知識の活用性を高めるためのアプローチの1つとして，ソーシャル・マーケティングに基づく知識活用論がある（Zaltman 1979）。ソーシャル・マーケティングとは，「マーケティングの原理を活用して，社会的に有

益なアイディアや目標・理想を売り込むこと」と定義される（Wiener and Doescher 1991：38）。政策の知識の活用にソーシャル・マーケティングの原理を適用するということは，知識の消費者についてのマーケティング調査を行い，その結果を知識の生産や供給方法に活かすことを意味する（松田 2008）。

ソーシャル・マーケティングの視点からは，政策分析における「ユーザー指向（user orientation）」の重要性が引き出される。ユーザー指向の政策分析とは，知識の消費者のニーズ・価値観・能力・環境等を考慮に入れて，知識の生産と供給を行う分析である（Rich 1991, 1997）。その意味で，知識活用は，分析者から知識の消費者への一方向的な移送（transfer）としてではなく，両者のあいだの双方向的な交換（exchange）として捉えられる（Zaltman 1979）。

3 政策分析の活用性と政策過程

双方向的な交換としての知識活用には，政策分析の進め方だけでなく，政策過程についての重要な示唆が含まれる。政策分析においてユーザーの存在を考慮するためには，政策分析者は政策過程のあらゆる場に積極的に関与することが求められる（松田 2006b）。政策分析者の役割は，政策の形成や実施等の現場に参加するアクターに対して，その現場から隔離されたところで進められた政策分析の成果を一方的に提供することだけではない。政策の形成や実施等に積極的に関与して，それらのアクターのニーズ・価値観・能力・環境等への理解を深めたうえで政策分析を行うことが，政策分析者には求められるのである（Matsuda 2007, 2008；松田 2008）。

ユーザー指向の政策分析は，政策分析者が政策過程の現場に参加し，政策の形成や実施等を担うアクターの学習やエンパワーメントを促すという意味で，「参加型政策分析（participatory policy analysis）」（Fischer 1993）の理念に通じる。また，政策過程への政策分析者の参加の重要性は，事例研究等で実証的に明らかにされているとともに（Heineman et al. 2002；Rich 2004），「唱道連携モデル（Advocacy Coalition Framework）」（Sabatier and Jenkins-Smith 1999）等によってもモデル化されている。

ユーザー指向を重視した政策分析は，いわゆる客観性ないし真理を追求する政策分析とは異なり得る。しかしながら，この違いは分析の論理性を否定するもの

ではない。政策分析におけるユーザー指向は，分析の論理性の観点からは，トゥールミン・モデルのなかの論拠や裏付けの役割を果たす。即ち，データの解釈や主張の導出における価値判断の基準の1つとして，ユーザー指向が機能するのである。ユーザー指向がトゥールミン・モデルによって明示化されることによって，多様な政策分析を，それぞれの活用性の前提を踏まえて比較することが容易となる。

　政策分析のユーザー指向が政策過程に対して果たす貢献は，政策分析を行う世界と政策の形成や実施等を行う世界との断絶を回避することにある。政策分析には，政策の形成や実施等を担うアクターにとって重要な戦略的な意義が見出される。しかしながら，もしアクターが政策分析を理解できないならば，政策分析の有用性が十分に活かされていないことになる。ユーザー指向が強調されることによって，政策過程において多様な政策分析が活用され，結果的に社会問題をめぐる不確実性や価値観の対立の問題に対する多面的な考察が促されることになろう。

6　多様性のなかの政策過程

1　政策過程におけるインクリメンタリズム

　政策分析の論理性と活用性をめぐる本章の考察から見えてくることは，政策分析という作業は，政策の形成や実施等と同様に，政策過程という大きなプロセスに含まれるということである（松田 2006b）。政策分析は政策の形成や実施等に少なからず影響を与える一方で，政策分析の活用は政策の形成や実施等のダイナミクスに大きく依存する。したがって，社会の問題の解決への政策分析の貢献についての探究には，政策過程における政策分析の位置づけについての検討が伴う。

　この政策分析と政策過程との関係を別の視点から捉えれば，社会の解決に寄与する政策過程の設計には，政策分析についての理解が欠かせないといえよう。そこで，この最終節では，本章で導出された政策分析の意義や要件を踏まえて，政策過程における政策分析の活用のあり方を探る。そのうえで，そうした活用が促される政策過程の設計についての示唆を提示する。

　政策過程に参加する各アクターは，政策分析を活用しながら，不確実性に対する想定をアップデートする。しかしながら，不確実性をめぐる解釈の多様性を免

れない政策分析は，不確実性を完全に除去し得る決定的な情報にはなり得ない。そこで各アクターに求められるのは，僅かな情報に依存するのではなく，なるべく多様な情報を収集し活用するとともに，不確実性に対する想定を抜本的に変更することは避けるということである。さもないと，現状の認識や将来の予測を大きく誤り，結果的に予期せぬネガティブな事態を招きかねない。

　政策過程において各アクターは，こうした不確実性の問題にくわえて，価値観の対立の問題に直面する。この問題に対して，政策分析は，対立の構図を明らかにすることによって，アクター間の相互理解を促進し得る。しかしながら，トゥールミン・モデルに基づいて政策分析が行われたとしても，その分析の活用が価値観の対立の解消を齎すとはかぎらず，むしろアクター間に存在する克服し難い溝を発見するだけかもしれない（松田 2012）。そもそも複数の価値を一元化したりヒエラルキー化したりすることが容易ではない状況では，それらの価値の優先順位づけは，具体的な状況に応じて個別的に行うことが現実的であろう（足立 1994）。こうした個別的な判断に貢献し得るのが，多様な政策分析の提供と活用であり，異なる立場のあいだで落としどころを探ろうとする姿勢である。

　政策分析の活用のこうした捉え方には，政策過程におけるインクリメンタリズムの有用性が含意される。インクリメンタリズムを多元論の立場から規範的に提唱したリンドブロム（C.E. Lindblom）は，価値の多様性と不安定性，そして人間の能力の限界を指摘したうえで，多様なアクターによる連続的な分析・評価と意思決定を強調する（Braybrooke and Lindblom 1963）。本稿で導出された政策分析の要件や意義は，インクリメンタルに進行する政策過程のなかでこそ，機能し得るといえよう。政策の形成や実施等に関わるインクリメンタルな決定には，継続的に行われる多様な政策分析が多様なアクターに活用されることが重要となるのである。

2　政策過程における選好の変容

　しかしながら，規範論としてのインクリメンタリズムは，実現可能性の観点から批判されている（Manley 1983）。インクリメンタルな政策過程の実現可能性を左右するファクターとして，政策過程に参加するアクターの姿勢がある。如何なる姿勢をアクターに求めるかによって，政策過程は大きく異なる。

政策過程に参加するアクターが私的な利益（私益）の実現を追求するとき，そのアクターは，自らの私益を増進する政策案を正当化するための「公益のヴェール」（山之内 1992）として，政策分析を活用する（Horowitz 1970）。なぜなら，解釈の多様性のもとでは，如何なる政策案も何らかの政策分析を論拠にすることによって公益性をもち得るからである。このときアクターは，自らの姿勢を変えることなく，自らの主張と調和する政策分析を探す存在として描かれる。

　こうした私益を追求する複数のアクターによるインターアクションが，完全競争市場における競争のように，「見えざる手」によって効率的な状態を齎すという主張もあり得よう。しかしながら，自らの立場を変えようとはせずに私益の増進を追求する姿勢を各アクターがとるかぎり，効率的な資源配分が達成されたとしても，対立の解消を期待することは難しい。

　対立の克服に向けて政策分析は，各アクターの理解を深めることを通じて貢献する。それぞれに異なる解釈に依拠する多様な政策分析を活用することによって，各アクターは自らの立場と他のアクターの立場を相対化して，多様な解釈が存在することを知る。そのうえで，それぞれのアクターは，他のアクターとのインターアクションを通じて，多様な価値観をもつ人びとから成る社会にとって望ましい政策案を模索することが期待される。

　この政策案の模索において重要となるのが，自らの立場に執着しない姿勢である。なぜなら，自らの立場に執着するかぎり，異なる立場の人びとには受け入れ難い政策が実現され，解釈の多様性の問題が放置されることになるからである。その意味で，他者を自らの意見に同調させようとする「説得」は，政策過程における政策分析の意義に反するものとして捉えられる。むしろ，「熟議」にも通じる「選好の変容」（田村 2008）こそが，政策過程に参加するアクターに求められる姿勢である。こうした姿勢を各アクターが獲得するための方策，即ち人材育成の方策について検討することが，政策分析の意義がインクリメンタルな政策過程のなかで発揮されるために重要となる。

　政策分析のあり方についての考究は，分析手法を検討することにとどまらない。政策評価や政策提言の戦略的な進め方を探究し，延いては政策過程の制度設計や人材育成についても示唆を与え得るのである。その意味で，政策分析に目を向けることは，政策研究全体の発展や行政研究の展開において不可欠であるといえよ

う。

【さらに理解を深めたい人のために】
秋吉貴雄・伊藤修一郎・北山俊哉（2015）『公共政策学の基礎　新版』有斐閣。
足立幸男（1984）『議論の論理――民主主義と議論』木鐸社。
足立幸男（1994）『公共政策学入門――民主主義と政策』有斐閣。

参考文献
縣公一郎（2001）「行政学の現状と課題――政策研究からのアプローチ」『年報行政研究』第36号，101-111頁。
縣公一郎（2005）「政策情報――その論理的シェーマの構成」北川正恭・縣公一郎・総合研究開発機構編『政策研究のメソドロジー――戦略と実践』法律文化社，30-46頁。
秋吉貴雄（2013）「政策分析の方法論的転回と政策決定――政策科学「第三世代」における合理性リニアモデルの超克」『季刊行政管理研究』第141号，4-16頁。
秋吉貴雄・伊藤修一郎・北山俊哉（2015）『公共政策学の基礎 新版』有斐閣。
足立幸男（1984）『議論の論理――民主主義と議論』木鐸社。
足立幸男（1994）『公共政策学入門――民主主義と政策』有斐閣。
國領二郎（2006）「ネットワークと総合政策学」大江守之・岡部光明・梅垣理郎編『総合政策学――問題発見・解決の方法と実践』慶應義塾大学出版会，95-125頁。
小林秀徳（1986）「政策科学方法論（三）」『成城大学経済研究』第93号，107-128頁。
田村哲樹（2008）『熟議の理由――民主主義の政治理論』勁草書房。
増山幹高・山田真裕（2004）『計量政治分析入門』東京大学出版会。
松田憲忠（2006a）「イシュー・セイリアンスと政策変化――ゲーム理論的パースペクティブの有用性」『年報政治学』2005-II，105-126頁。
松田憲忠（2006b）「政策過程における政策分析者――知識活用とガバナンス」『年報行政研究』第41号，193-204頁。
松田憲忠（2008）「市民参加と知識活用――政策分析者に期待される役割とは何か？」『北九州市立大学法政論集』第36号，91-151頁。

松田憲忠（2012）「トゥールミンの「議論の技法——トゥールミン・モデル」」岩崎正洋編『政策過程の理論分析』三和書籍，149-165頁。

松田憲忠・竹田憲史編（2012）『社会科学のための計量分析入門——データから政策を考える』ミネルヴァ書房。

山田真裕（2007）「政治参加研究における計量的アプローチとフィールドワーク」『リヴァイアサン』第40号，145-151頁。

山之内光躬（1992）『財政過程——利益集団の財政論』成文堂。

Braybrooke, David and Charles E. Lindblom (1963) *A Strategy of Decision: Policy Evaluation as a Social Process*, New York: Free Press of Glencoe.

Dunn, William N. (1990) 'Justifying Policy Arguments: Criteria for Political Discourse,' *Evaluation Program Planning*, 13, pp.321-329.

Dunn, William N. (1994) *Public Policy Analysis: An Introduction*, Second Edition, Englewood: Prentice Hall.

Dunn, William N. and Burkart Holzner (1988) 'Knowledge in Society: Anatomy of an Emergent Field,' *Knowledge in Society: The International Journal of Knowledge Transfer*, 1, pp.3-26.

Fischer, Frank (1993) 'Citizen Participation and the Democratization of Policy Expertise: From Theoretical Inquiry to Practical Cases,' *Policy Sciences*, 26, pp.165-187.

Guston, David H., Megan Jones and Lewis M. Branscomb (1997) 'The Demand for and Supply of Technical Information and Analysis in State Legislatures,' *Policy Studies Journal*, 25, pp.451-469.

Heineman, Robert A., William T. Bluhm, Steven A. Peterson and Edward N. Kearny (2002) *The World of the Policy Analyst: Rationality, Values, and Politics*, Third Edition, New York: Chatham House.

Horowitz, Irving Lewis (1970) 'Social Science Mandarins: Policy Making as a Political Formula,' *Policy Sciences*, 1, pp.339-360.

Manley, John F. (1983) 'Neo-Pluralism: A Class Analysis of Pluralism I and Pluralism II,' *American Political Science Review*, 77, pp.368-383.

Matsuda, Noritada (2007) 'Citizens' Governability and Policy Analysts' Roles in the Policy Process: A Theoretical Examination,' *Interdisciplinary Informa-*

tion Sciences, 13, pp.117-127.
Matsuda, Noritada (2008) 'Policy Information Market: Policy Analysts' Strategies for Knowledge Utilization,' *Interdisciplinary Information Sciences*, 14, pp.155-165.
Munger, Michael C. (2000) *Analyzing Policy: Choices, Conflicts, and Practices*, New York: W.W.Norton.
Radaelli, Claudio M. (1995) 'The Role of Knowledge in the Policy Process,' *Journal of European Public Policy*, 22, pp.159-183.
Rich, Andrew (2004) *Think Tanks, Public Policy, and the Politics of Expertise*, New York: Cambridge University Press.
Rich, Robert F. (1991) 'Knowledge Creation, Diffusion, and Utilization: Perspectives of the Founding Editor of Knowledge,' *Knowledge: Creation, Diffusion, Utilization*, 12, pp.319-337.
Rich, Robert F. (1997) 'Measuring Knowledge Utilization: Process and Outcomes,' *Knowledge and Policy: The International Journal of Knowledge Transfer and Utilization*, 10, pp.11-24.
Sabatier, Paul A. and Hank C. Jenkins-Smith (1999) 'The Advocacy Coalition Framework: An Assessment,' in Paul A. Sabatier (ed.) *Theories of the Policy Process*, Boulder: Westview Press, pp.117-166.
Steinbruner, John D. (1974) *The Cybernetic Theory of Decision: New Dimensions of Political Analysis*, Princeton: Princeton University Press.
Toulmin, Stephen E. (2003) *The Uses of Argument: Updated Edition*, Cambridge: Cambridge University Press (First edition published in 1958). (戸田山和夫・福澤一吉訳 (2011)『議論の技法——トゥールミンモデルの原点』東京図書。)
Wiener, Joshua Lyle and Tabitha A. Doescher (1991) 'A Framework for Promoting Cooperation,' *Journal of Marketing*, 55, pp.38-47.
Zaltman, Gerald (1979) 'Knowledge Utilization as Planned Social Change,' *Knowledge: Creation, Diffusion, Utilization*, 1, pp.82-105.

第3章
政策発展論のアプローチ
政策の長期的時間構造と政治的効果

西岡 晋

【本章のねらい】本章は，多様な視座の設定がありうる行政学のなかでも政策研究に焦点を当て，とりわけ，アメリカの政治学者ピアソン（Paul Pierson）の議論に依拠しつつ，「政策発展論（policy development）」という新しいアプローチについて論じる。政策発展論は2つの基本的な視座をもつ。第1に，政策を制度とみなし，その政治的効果の解明を分析の主たる目的にしている。政策を政治の産物としてではなく，逆に政策が政治を生み出すものとしてとらえるのである。第2に，政策を時間的文脈に置く。政策選択の「瞬間」に何が起きたのかよりも，政策選択に至るまでの「以前」に何があったのか，あるいは政策選択「以後」に何が生じたのかに着目し，政策形成に及ぼす長期的時間構造の影響を重視している。

政策発展論の視座を踏まえると，政策が社会のダイバーシティや寛容性を育む，あるいは逆にそれを制約する社会の規範的ルールとして機能することがいっそう理解できるだろう。政策が長い時間を経て，民主政治の土台となる社会的環境や国民の規範を形成するのである。

1 政策研究の意義

1 行政と政治

行政とは何か。その理解の仕方は論者によって異なるが，片岡寛光は「政治社会を構成する人びとがその政府を通じてさもなくば達成されえないような社会全体としての共同目標や公共目的ないし共通善を達成し，ひいては社会正義を実現

---

1 本章では，政策発展論について，その一部を論じるに過ぎない。本章と重複する箇所もあるが，より網羅的な議論は別稿（西岡 2014）を参照されたい。

していこうとする集合的営為」と定義する（片岡 1976：14）。このような行政のとらえ方は広義の政治，少なくとも古典的政治学において政治と呼ばれていたものと同義であるが，あえて行政と政治を区別するならば，前者が「公共目的を追求する集合的営為そのもの」を指すのに対して，後者は「この目的のために人びとの力を結集し，意思決定の構造を確立して人びとの間の役割配分を確立するとともに，必要な支持を調達する過程」を意味する（片岡 1976：16-17）。

　この区分法にしたがえば，行政学は公共目的を追求する集合的営為自体に関心を有し，目的達成に向けた具体的な手段，そのための能率的な方法の探索，それに関わる行政組織や人員，金銭などの財の効果的管理，活動の「公共性」を保障するための正統性の確保，民主的統制といった事柄が考察の主たる対象となるだろう。これに対して政治学は，公共目的追求の集合的営為に向けた支持や正統性の調達のあり方に目を向け，それにともなう政治的資源の動員から，政治的対抗，合意形成，意思決定に至る一連の過程に注意を払う。

2　政策志向の政治学

　行政学と政治学とでは研究関心が異なるものの，公共政策は両者がともに分析の対象としうるフィールドである。行政学は制度学・管理学・政策学に分解しうるが（西尾 2001：50-51），近年では政策学の志向を強めている。政策研究の有意性は少なくとも以下の2点において明らかである。第1に政策が行政にとって対外的な活動の核そのものであり，それ無くしては行政の存在それ自体が無に帰してしまう，その本質的な意義に加えて，第2に行政学に対する貢献が期待できるという研究上の意義も認められる（縣 2001；藤井 1994）。

　政治学の一環としても政策に焦点を絞った研究の重要性を指摘できよう。ロートステイン（Bo Rothstein）は，民主的正統性に関する従来の政治学の議論は政治システムへのインプットに着目し，わけても選挙を考察の主たる対象として定めているものの，実際には政治のアウトプット，すなわち政府が何をするのか，「政府の質」が民主的正統性の確保に大きく寄与すると述べる（Rothstein 2009）。政府の質を判断する際の材料の1つが公共政策である。政策は政府の実際の活動内容そのものであり，政府の質を表すからである。政策の成否が当該政府に対する国民の信頼や支持を左右する。

政策は政治的環境を造成し，政治過程に影響を及ぼすフィードバック効果を有することにも目を配る必要がある。政策が集合的営為の支持調達過程に影響を及ぼすのである。このことからも，政治学で政策が真剣に検討される意義が見出される。

　実際，最近のアメリカの政治学コミュニティでは，政策の政治的効果に焦点を当てることを提唱する，「政策志向の政治学（policy-focused political science）」あるいは「政策中心パースペクティブ（policy-centered perspective）」といった新たな理論的展開がみられる（Hacker and Pierson 2014；Soss, Hacker, and Mettler 2007）。ハッカー（Jacob S. Hacker）とピアソンは，これまでの主流派政治学が最も注意を払ってきた選挙以上に，むしろ政策こそが政治アクターの行動を左右するカギを握っているのだ，と指摘する。ダウンズ（Anthony Downs）のモデルに依拠した選挙志向型の政治学ではなく，政策の政治的効果をいち早く見抜いていたシャットシュナイダー（E. E. Schattschneider）の所説を改めて見直し，政治学に「政策を呼び戻す（bringing policy back in）」ことを訴えている（Hacker and Pierson 2014）。

2　制度としての政策

1　政策の社会的効果

　政策発展論は，政策を制度としてとらえること，換言すれば政治の従属変数ではなく独立変数としてとらえることを，その第1の特徴とする。

　このような視座の設定の背景として，1990年代以後の現代政治学における「新制度論（new institutionalism）」の理論潮流の形成があげられる。それ以前の研究において主流であった行動主義に対抗する形で登場した新制度論は，アクターの行動を規定する「ゲームのルール」としての制度の役割に改めて焦点を当て，「制度こそ重要（institutions matter）」との認識を広めた。

　そこで論究される「制度」とは何か，という点についてはさまざまな見解があるが，代表的なのは，1993年度にノーベル経済学賞を受賞した，制度派経済学の第一人者であるノース（Douglass C. North）によるものである。ノースは「制度は社会におけるゲームのルールである」と簡潔に制度を定義づけ，公式の制度

と非公式のそれとの双方を含むものとして，非常に包括的にとらえている（ノース 1994：3-4）。ノースの定義は政治学の研究でも頻繁に参照されてきたが，新制度論の分析の対象となってきた「制度」の多くは，執政制度や選挙制度などの狭義の政治制度である。公共政策が「制度」の一種として扱われることは稀であった。

こうした傾向に対して，ピアソンは公共政策もまた「制度」の1つであるとみなすことができると主張する（Pierson 2006）。アクターの行動を規定する「ゲームのルール」として制度をとらえるならば，政策も同様に社会のゲームを規定するルールとして機能しているからである。より具体的にいえば，「政策は法律にもとづいているだけではなく，国家の強制力に支えられており，何を行う必要があるか，何を行ってはいけないのかについてのシグナルをアクターに与え，ある行動に対する賞罰の基準を定める」のである（Pierson 2004：35〔2010：43-44〕）。

政策は諸アクターを一定の方向に誘導して行動の相互不確実性を低減させ，社会の安定性を支える。社会のなかで大きな役割を果たしているのである。ピアソンが指摘するように，「現代社会において市民や組織の生活を形成するのに直接的に役立つ，政治上創出された『ゲームのルール』の大部分は，実際のところ公共政策なのであ」り，「現代の市民たちが自分たちの日常生活を営む際にほとんど直接的，集中的に影響を及ぼす制度とは実際のところ公共政策であって，政治学者を夢中にさせてきた公式の政治制度ではないのである」(Pierson 2006：115-116〔強調は原文〕)。政策は，選挙制度などのような政治制度以上に私たち市民の日常生活に大きな影響を与えている。このことから，政策を制度としてとらえることの必要性が認められる。

2　政策の政治的効果

政策は政治舞台上の「ゲームのルール」という機能をも有し，社会的な効果だけでなく政治的な効果ももつ。この側面に目を向けるのが政策発展論の大きな特徴である。確かに，政策に焦点を当てた研究はこれまでの政治学のなかでも数多く行われてきた。しかし，従来の政治学や行政学では，政策は政治過程の産物であると論じられてきた。民主主義政治のもとでは，政治的資源の動員を通じて必要な支持を調達し，合意形成を経たうえで，政策が決定される。政治が政策を規

定する，いわば政治を独立変数に，政策を従属変数とみなす考え方である（Pierson 2006）。このような見解は一般的であるし，誤りであるということではもちろんない。

　しかしながら，政策は単なる政治過程の産物であるだけにとどまらず，政策自体が政治過程を作り出すという側面をも有する（Skocpol 1992；Pierson 1993）。古くはシャットシュナイダーによる「新しい政策が新しい政治を生み出す」との言葉に表れているように（Schattschneider 1935：288），アウトプットとしての政策が，実際のところ，政治システムへのインプットとしての機能をも果たしている。長期的な視座に立てば理解できるように，過去に行われた政策選択が，時を経て将来の政策選択の過程に影響を及ぼしている。「公共政策は政治過程の単なる帰結というだけではなく，しばしば社会的，経済的，政治的諸条件を劇的なしかたで作り変えることで，政治過程の重要な貢献要因にもなっている」のである（Pierson 1994：39-40）。換言すれば，行政における集合的営為が支持調達過程としての政治のありようを規定するのだ，ともいえるだろう。すなわち，政策を制度の1つとしてとらえる見方は，単に政策が社会のルールを形成するというだけではなくて，政治のルールとしても機能していることをいっそう重視することを意味する。

　要するに，従来の一般的見解とは逆に，政策を独立変数，政治を従属変数としてとらえ直し，政策の政治的帰結を分析する視座が必要なのである（Pierson 2006）。第1節でも触れたように，ピアソンら「政策志向の政治学」の論者はそのような見方を重視しており，このアプローチの「最大の売りは，いかにして政治過程が作用しているのかを分析するための立脚点として公共政策を用いることにある。換言すれば，いかにして政治的諸力がガバナンスを形成し，いかにして政府の行為が社会や政体を作り直すのか，これらに関する広範な分析のための中心点として政策は役に立つ」と指摘する（Hacker, Mettler, and Soss 2007：14）。

3 時間のなかの政策

1 政治学の「時間論的転回」

政策発展論の第2の特徴的な視角は，政策の時間的文脈を重視する点にある。

その理論的な背景を理解するには，政治学の「時間論的転回（temporal turn）」について触れておく必要があるだろう。

現在の政治学では計量分析や数理的研究，実験的方法に基づく研究が一般化し，歴史学者ブローデル（Fernand Braudel）の言葉を借りれば，歴史的説明を忌避した，「現在化」あるいは「数学的形式化」の傾向が著しい（ブローデル 2013［1958］：52）。しかし，こうした潮流に抗するかのように，近年では歴史的制度論やアメリカ政治発展論，比較歴史分析など，歴史的説明を重視する新たなアプローチも登場している。最近では，さらに進んで，歴史そのものの重要性を説くだけでなく，事象のタイミングや配列なども含む時間的文脈に目を向けはじめ，「時間こそ重要（time matters）」が合言葉になってきた。

比較歴史分析では，研究の時間志向性がいっそう明確化されている。『比較歴史分析の展開（*Advances in Comparative-Historical Analysis*）』の編者であるセーレン（Kathleen Thelen）とマホニー（James Mahoney）は，「比較歴史分析の研究者は，時間的過程の究明が現実社会の政治的帰結を的確に理解し説明するためには不可欠であると考える」と明言し，比較歴史分析の特色の1つが「時間志向の研究（temporally oriented research）」にあることを謳う。時間に目を向ける理由は，第1に，個々の変数の効果は時間的文脈に左右され，同じ変数であったとしてもそれが「いつ（when）」生じたのかによって異なる効果をもちうるためであり，第2に，変数や過程それ自身が独自の時間構造をそれぞれに有しており，したがって，原因や結果の時間構造が政治現象の説明にとって重要な意味をもつためである（Thelen and Mahoney 2015：20ff.）。

2　スナップショットから「動画」へ

こうした，政治学での「時間論的転回」の潮流に即して，政策研究においても時間的文脈の重要性が語られるようになってきている。

確かに歴史学的な関心に基づく政策史の蓄積はあるものの，現代の政策過程を対象とする研究，あるいは主流派政治学の代表的な理論枠組みである合理的選択論や統計的手法に基づく計量分析の多くは，ある時点での政策選択の瞬間に焦点を合わせ，時間を輪切りにしたような「スナップショット」による分析である。「有力な政治的アクターが自分の要求に役立たせるためにある瞬間にどのように

して政策を選択するのか」という点に分析の照準を定めてきたのである（Pierson 2004：165［2010：217-218］〔強調は原文〕）。

こうした，極端なまでに「現在化」された政策研究に抗して，ピアソンは「スナップショット」ではなく「動画」による分析の必要性を強調する。動画として分析するということは，「特定の瞬間（現時点も含む）を事象の時間的配列や長期的過程の一部として系統的に位置づけることを意味する」（Pierson 2004：2［2010：2］〔強調は原文〕）。

なぜ，長期的な時間構造を踏まえて分析を行う必要があるのか。「公共政策の形成はある時点の瞬間における『政策選択』の問題にとどまらない。選択の瞬間は，私たちがかなりの犠牲を払って分析から排除している，それ以前やそれ以後の出来事や過程によって規定されている」からである（Pierson 2005：42）。逆に政策選択の「瞬間」に照準を定めたスナップショットの分析では，それ「以前」に何があったのか，それ「以後」に何が生じたのかが目に入らなくなってしまう。ピアソンは，「政策選択の瞬間に没頭すると，分析の視点は劇的な事象に向かう一方で重要な事象からは離れがちになる」と指摘する。はじめは小さくても時間を経て重要性を増す政策もあれば，逆にはじめは大きな変更を成し遂げた政策であっても長期的には衰退していくものもあり，政策を長期的な視点から見てみなければ，その本質的理解には程遠いのだ（Pierson 2004：166［2010：218］）。

その上，政策選択にはそれ以前までに長期的に徐々に累積してきた原因が作用しているかもしれない。反対に，政策選択が行われた後の結果が長期間にわたり積み重なり，次の時点の政策選択を左右するかもしれない。現在生起している社会的・政治的事象は過去から現在に至るまで連綿と受け継がれ推移してきた時間的流れのなかの一コマなのであって，その時間軸上の前後の文脈に対する洞察を抜きにしては，諸事象の本質を十分に理解することはできない。出来事の原因と結果の双方がともに時間経過が短いことを前提としたスナップショットの研究では，長時間かけてきわめて緩慢に生じる現象が研究者の「レーダー画面」に映らず，取りこぼされてしまうだろう（Pierson 2004：14［2010：18］）。長期的視野に立って政策過程を分析すること，換言すれば，時間のなかに公共政策を位置づけることが必要なのである（真渕 2012）。

4 政策フィードバック

1 政策の長期的影響

　政策選択の「瞬間」に目を向けた場合，それは政策を従属変数として扱うことを含意する。これに対して，政策選択を「動画」でとらえるという発想に立った場合には，政策は独立変数として扱われることになる。スコッチポル（Theda Skocpol）が指摘するように，「政策は事前の制度や政治から生まれてくるだけでなく，制度や政策を再形成したりもする」（Skocpol 1992：531）。それゆえに，政策選択の「下流効果」，すなわち政策選択が行われた結果何が生じ，次の政策選択にどのような政治的影響を及ぼすのか，を解明することが政策発展論の主要な任務の 1 つとなる（Pierson 2004：ch. 5 ［2010：第 5 章］）。そこで注目されるのが政策フィードバック論である。

　政策フィードバック（policy feedback）は，「従前に実施された政策が将来の政治行動や政策選択に与えるインパクト」にかかわる概念であり，換言すれば「長期的に政策が政治を形成するという事実を指し示す時間的概念」である（Béland 2010：570）。端的にいうと，「以前に実施された政策が次の時点での政治過程を再構築する」という側面に着目するのが政策フィードバック論である（Skocpol 1992：58）。ある時点で選択され実施に移された政策が行政機構，利益団体，国民などのアクターに政治的効果を与え，後の政策選択を左右する。政策が選択さ

　2　厳密にいえば，t-1 時点での政策選択に t-0 時点の政策選択のフィードバック効果が影響していると考える場合，t-0 を分析の出発点に据えると政策選択の「以後」の長期的結果の過程を分析することになり，逆に t-1 を出発点とすると，t-1「以前」の長期的原因の過程を分析するということになる。

　3　政策フィードバック論に関する最近の優れたレビューとして，Béland 2010, Mettler and SoRelle 2014, Moynihan and Soss 2014 などがあげられる。

　4　フィードバックという言葉は，一般的には，出力されたものが入力側に反映されることを指し，政策フィードバック論でも政策の自己強化メカニズムに着目する場合は同様の意味で用いられる。ただし，政策フィードバック論では，ある政策から出力されたものが同じ政策の入力側に還元される現象だけではなく，本文で後述するように，それが政治参加を促進したり，他の政策分野の入力に反映されることなども含めて，フィードバックと呼んでいる。

れた「後」の，長期的な政治的効果を分析するのが政策フィードバック論のねらいである。つまり，これまでの研究が政策を政治の従属変数と見なしていたのとは逆に，政策を政治の独立変数としてとらえるのである。

一度形成された政策は自己強化メカニズムが作用して「ロック・イン」されるため，大きな改革や廃止の動きに対して抵抗力を示し，その結果として政策は長期的に持続し発展することが，政策フィードバック論では重視される。一度敷かれた経路は容易には変更できない。別の言葉でいえば，「経路依存性（path-dependency）」が生まれるのである（Pierson 2004：ch. 1 ［2010：第1章］）。

政策フィードバックはどのようにして起こるのか。フィードバックが生じる回路として，①国家，②利益団体，③一般国民，の3つがあげられる。これらの回路で，物質的な次元あるいは理念的な次元を介してフィードバック効果が生まれる。第1に政策を通じて諸資源の配分，現金や現物の給付といった物質的利益がもたらされ，当該政策を支持するようになる。第2に政策が施行されることによって諸個人や諸集団のアイデンティティが形成されたり，価値基準や規範が設定されたりして，当該政策に愛着がわき，それを持続させるインセンティブが働く（Pierson 1993）。

2　行政機構を通じたフィードバック

第1の回路は国家，行政機構を通じたフィードバック効果である。政策フィードバックに早い時期から着目してきたスコッチポルは，「新しいあるいは旧来の行政機構を用いて新しい政策を実施する行政機構の取り組みゆえに，政策は国家の能力を転換したり拡大したりする」と述べ，政策それ自体が後続の段階での国家の政策形成能力を高めると論じている（Skocpol 1992：58）。

日本の児童手当制度は1972年の施行以来90年代に至るまで長期間にわたって抑制基調が続き，所得制限の強化などによって拡大が阻まれてきた。児童手当に対する反対論も根強く，「ばらまき」批判も繰り返され，「児童手当の歴史は，廃止論との闘いの歴史である」とも指摘される（横山 1990：75）。にもかかわらず，結果として廃止には至らず，今日まで制度は存続してきた。廃止圧力にさらされながらも制度が存続した1つの理由は，児童手当制度を所管する部局が厚生省児童家庭局に設置され（児童手当課），同局の官僚を中心に制度を守るためのさま

ざまな努力がなされてきたためである。

　行政機構は政策の企画立案のみならず，その実施主体であることもまた，彼らに権力を与える大きな要素である。日本の国民健康保険制度が市町村に「ロック・イン」された要因として，長期間にわたって政策の実務を担うことを通じて，もはや他の行政機構がそれに代替することが困難なまでにその政策実施能力を高めたことがあげられる（北山 2011）[6]。

　これらの事例が表すように，「公共政策は政治や政策形成に直接的なインパクトをもたらす影響力のある官僚組織内支持基盤の発展を促進する」（Béland 2010：572）。政策の実施にともなって行政組織上の土台が整備され，官庁が所管の政策の維持・発展に尽力するとともに，政策実施に関するノウハウや情報を蓄積する結果，政策の経路が定着して持続性をもつようになるのである。

3　利益団体を通じたフィードバック

　第2にあげられるフィードバック回路は利益団体の形成・発展にかかわるものである。たとえば，日本の医療供給体制の特徴の1つとして，公的医療機関主体ではなく，中小規模の私的医療機関を中心に発展してきたことがあげられるが，その要因も政策フィードバックの観点から説明できる（大西 2014）。日本では1874（明治7）年に医制が発布され，近代医療制度の整備がスタートし，当初は官立病院の設立が急ピッチで進められた。しかし，早々に官立病院の経営は行き詰まり，政府はむしろ開業医による私立病院の設置の方を後押しするようになる。それ以来，民間医療機関中心の供給体制が整えられていくなか，1916（大正5）年には，開業医の組織として大日本医師会が発足する。大日本医師会はその後変遷を遂げ，今日の日本医師会へと発展していくが，同会が主として開業医の利害を反映した組織であることが，日本の医療供給体制が私的医療機関中心であることに大きな影響をもたらしたといってよいだろう。第2次世界大戦後には政府は公立医療機関主体の体制へと転換させる方針をとっていたが，日本医師会の反対

5　現在は内閣府子ども・子育て本部が所管している。
6　なお，国民健康保険制度は2018年度に都道府県に移管されることになっているが，市町村も引き続き，事務の一部を担当する予定である。

などにあって，挫折するに至る。医師会は大きな資金力と集票力を保持し，政治的影響力も絶大である。民間医療機関の整備に力点を置いた明治期の医療供給政策が利益団体を形成・発展させ，今日の政策形成にも影響を与えているのである。

日本では，農協（農業協同組合）の存在が日本型福祉国家の特徴である公的年金制度の分立化につながったとする見解もある（城下・近藤 2011）。1950 年代当時農協では共済事業が中核事業として主要な収益源となっており，そのため農業者の資金が共済から公的年金制度に流出することを懸念した農協は 59 年の国民年金制度の創設時に無拠出制の導入を強く主張するなど消極的な態度に終始した。それに加え，農協職員に公務員並みの生活保障を提供するための農林年金制度を独自に設置することにも成功した。農業生産力の増進や農業者の経済的社会的地位の向上を目的にして設立された農協が，農業政策とは直接的には関係のない政策分野であるにもかかわらず，年金政策にも相当の政治的影響力を行使した。利益団体の存在が別の政策分野の政策過程に影響を及ぼしたのも，一種のフィードバック効果といえる。

4　一般国民を通じたフィードバック

第 3 のフィードバック回路は一般国民を媒介したものである。公共政策は強制的・誘導的な手段を通じて人びとの行動を一定の方向性に規定しようとするとともに，現金給付や現物給付といった形で物質的な資源を配分して利益をもたらす。それのみならず，理念の次元でのフィードバック効果，換言すれば規範的効果をも公共政策はもつ。

オイルショック以後，福祉国家において，財政逼迫を背景として福祉バックラッシュや「納税者の反乱」が起こったのは社会支出が高水準である社会民主主義レジーム諸国ではなく，むしろ，それが低水準にあった自由主義レジーム諸国であったことはきわめて逆説的な現象である。エスピン-アンデルセン（Gøsta Esping-Andersen）は福祉国家制度の階層的性質，すなわち中間階級を包摂することで人口多数派の支持調達に成功しているか否か，階級連合的な制度設計の有無がそうした逆説を説明するのに有効だと述べる（Esping-Andersen 1990 [2001]）。実際，スウェーデンでは普遍主義的福祉制度の存在が，国民のあいだに連帯の規範を醸成するとともに，政府への信頼と支持を広範化することを通じ

て，福祉国家制度の盤石性，安定性を生み出してきた（Rothstein 1998）。別の計量分析でも，普遍主義的な福祉制度と選別主義的なそれとの比較を通じて，前者の制度がポジティブ・フィードバック効果を生み出し，国民の福祉国家支持につながっていることを明らかにしている（Jordan 2010, 2013）。

　普遍主義的な制度では誰もが社会的サービスを享受できるがゆえに，財源の主たる担い手となる中間層からも支持を調達することがより容易であり，低所得層に対する社会の寛容性を育むことも可能である。それによって，社会的連帯の基盤が形成される。これに対して，利用者を特定の貧困層に絞り単純な再分配効果を狙った選別主義の場合には，受益感のない中間層からの反発や不信を招き，社会保障受給者に対するバッシングを生じさせる恐れすらある（井手 2012：255 以下）。

　財政学者の佐藤滋と古市将人は日本で租税負担が諸外国よりも低水準にあるにもかかわらず国民のあいだで痛税感が非常に高く「租税抵抗」が強いのは，中間層に対しては安易な減税策をとる一方で，普遍的なニーズを充足させるための社会的サービスを拡充させずにきた，制度設計のあり方にその原因があると論じている（佐藤・古市 2014）。

　財政学者の野村容康は，戦後日本において所得税と法人税を基幹とする直接税中心の税体系が長期間にわたり維持されてきた背景として，累進課税を通じた垂直的公平性を志向する社会的規範の存在をあげている。さらに，高度経済成長に伴う自然増収を原資とした減税政策が繰り返されることによって，「税制改革といえば減税」という固定観念が国民のあいだに浸透し，その結果，高度経済成長が終焉した後も増税を目的とした税制改革を実施することが困難になったと指摘する（野村 2013）。

　政策の制度設計は国民のあいだの政府への信頼感の醸成やさらには政治参加にも影響を与える。ソース（Joe Soss）はアメリカの AFDC（Aid to Families with Dependent Children：要扶養児童家族扶助）[7] と SSDI（Social Security Disability Insurance：社会保障障害保険）という 2 つの福祉政策を比較して，それぞれの受

7　AFDC は 1996 年の法律改正で廃止され，TANF（Temporary Assistance for Needy Families：貧困家族一時扶助）という新しい制度に再編されている。

給者の政治参加にどのような影響を与えているのかを分析している（Soss 1999）。公的扶助プログラムの1つであった AFDC は選別主義的な制度であり，その実施にあたり行政機関の第一線職員の裁量が大きく，ケースワーカーが受給者の生殺与奪の権利を握っているため，彼らは受け身の存在とならざるを得ず無力感に苛まれる。その結果として，AFDC 受給者は政府に対して不満を抱く者も多く，政治参加も低調になる。これとは対照的に，SSDI は社会保険制度でありケースワーカーによる厳格な適格審査を受ける必要はなく，したがって受給者は無力感を抱かずにすみ，政府に対しても肯定的な評価を下しており，政治参加にも積極的であるという。これらの研究は，政策の制度設計のあり方が国民の価値観や規範を醸成する「規範的フィードバック（normative feedback）」効果をもつことを証拠づけている（Svallfors 2010）。

5　結びにかえて

　本章では政策研究の新しいアプローチとして政策発展論の枠組みを提起した。これまでのスナップショットの研究の「レーダー画面」には映らなかった時間的文脈に注意を払うことによって，新たな問いや解釈を生み出し，政策研究を豊饒化させることが可能となるだろう。

　本書全体を貫くテーマである社会のダイバーシティの促進についても，政策発展論は示唆を与える。政策フィードバック論に基づく研究でも明らかなように，市民による政府や政治に対する意見の形成は，メディアによる報道なども大きな契機となるが，政策を通じてなされることも十分に考えられる。行政サービスを実際に経験した結果，政府に信頼感をもったり逆に不信感を募らせる。自分たちが政府によってどのように扱われているのか，身をもって知るのである。政策がフィードバック効果を通じて市民の価値観や政治参加にも影響を及ぼすのだとすれば，政策デザインのあり方こそが民主主義を支えるための基本的要素でもあるといいうる（Schneider, Ingram, and deLeon 2014）。

　シュナイダー（Anne Schneider）とイングラム（Helen Ingram）は，「政策は政府が何をしようとしているのか，市民のうち誰が支援に値するのか（誰がそうでないのか），どのような態度や参加のパターンが民主主義社会にふさわしいのか，

といったことに関するメッセージを伝える」と指摘している（Schneider and Ingram 1993：334）。政策が社会や市民に対する政府のメッセージであるとするならば，政策の決定・実施を通じて，市民は政府の真の考えを知ることになる。

　ダイバーシティとの関わりでいえば，社会のダイバーシティを促進する方向で政策がデザインされているのか否かが重要となる。ダイバーシティを促進する政策が整備されれば，政策の規範的フィードバック効果を通じて，市民のあいだにも寛容性が育まれ，さらに次の時点でのダイバーシティ促進政策の選択につながる。それとは反対に，ダイバーシティに対して非寛容な政策が実施されれば，市民のあいだにも寛容性は醸成されず，次の時点でのダイバーシティ促進政策の選択につながらない負のループができあがってしまうだろう。

　政策発展論の観点からすると，政策のデザインは近視眼的な目先の利害にとらわれるのではなく，フィードバック効果を踏まえた，より長期的な視点で熟考される必要がある。明示的であれ黙示的であれ，社会のあるべき将来像が政策には投影されている。今の時点の選択が数年後，数十年後の選択を規定するのである。政策のデザインにあたっても，時間を輪切りにしたスナップショットではなく，時間の流れを意識した動画の視点が不可欠なのである。

【さらに理解を深めたい人のために】

北山俊哉（2011）『福祉国家の制度発展と地方政府――国民健康保険の政治学』有斐閣。

佐藤滋・古市将人（2014）『租税抵抗の財政学――信頼と合意に基づく社会へ』岩波書店。

ピアソン，ポール（2010）『ポリティクス・イン・タイム――歴史・制度・社会分析』（粕谷祐子監訳）勁草書房。

参 考 文 献

縣公一郎（2001）「行政学の現状と課題――政策研究からのアプローチ」日本行政学会編『年報行政研究 36　日本の行政学――過去，現在，未来』ぎょうせい，101-111 頁。

井手英策（2012）『財政赤字の淵源――寛容な社会の条件を考える』有斐閣。

大西香世（2014）「戦後日本における分散型の医療供給体制の再生産——診療所の 48 時間収容制限の努力規定化とその政治過程を中心に」『大原社会問題研究所雑誌』第 673 号, 46-61 頁。

片岡寛光（1976）『行政国家』早稲田大学出版部。

北山俊哉（2011）『福祉国家の制度発展と地方政府——国民健康保険の政治学』有斐閣。

佐藤滋・古市将人（2014）『租税抵抗の財政学——信頼と合意に基づく社会へ』岩波書店。

城下賢一・近藤正基（2011）「日本型福祉国家と農業団体——農協共済制度の経路依存性効果と分立型年金への道」『創造都市研究』第 7 巻第 2 号, 19-28 頁。

ノース, ダグラス・C（1994）『制度・制度変化・経済成果』（竹下公視訳）晃洋書房。

西尾勝（2001）『行政学［新版］』有斐閣。

西岡晋（2014）「政策研究に『時間を呼び戻す』——政策発展論の鉱脈」『季刊行政管理研究』第 145 号, 16-30 頁。

野村容康（2013）「なぜ日本は増税できなかったのか——戦後租税政策の形成過程」井手英策編『危機と再建の比較財政史』ミネルヴァ書房, 298-320 頁。

藤井浩司（1994）「組織統合の政策過程——下水道行政の一元化をめぐって」片岡寛光編『現代行政国家と政策過程』早稲田大学出版部, 395-424 頁。

ブローデル, フェルナン（2013［1958］）「長期持続」E・ル＝ロワ＝ラデュリ／A・ビュルギエール監修『叢書『アナール 1929-2010』——歴史の対象と方法 Ⅲ　1958-1968』（浜名優美監訳）藤原書店, 35-78 頁。

真渕勝（2012）「〔連載〕公共政策を考える　第 2 回　時間のなかの公共政策」『書斎の窓』第 619 号（2012 年 11 月号）, 13-16 頁。

横山和彦（1990）「児童手当における改革の軌跡」『総合社会保障』第 28 巻第 4 号（1990 年 4 月号）, 73-79 頁。

Béland, Daniel (2010) 'Reconsidering Policy Feedback: How Policies Affect Politics,' *Administration & Society*, 42(5), pp.568-590.

Esping-Andersen, Gøsta (1990) *The Three Worlds of Welfare Capitalism*, Princeton: Princeton University Press.（岡沢憲芙・宮本太郎監訳（2001）『福祉資本主義の三つの世界——比較福祉国家の理論と動態』ミネルヴァ書房。）

Hacker, Jacob S., and Paul Pierson (2014) 'After the "Master Theory": Downs, Schattschneider, and the Rebirth of Policy-Focused Analysis,' *Perspectives on Politics*, 12(3), pp.643-662.

Hacker, Jacob S., Suzanne Mettler, and Joe Soss (2007) 'The New Politics of Inequality: A Policy-Centered Perspective,' Joe Soss, Jacob S. Hacker, and Suzanne Mettler (eds.) (2007) *Remaking America: Democracy and Public Policy in an Age of Inequality*, New York: Russel Sage Foundation, pp.3-23.

Jordan, Jason (2010) 'Institutional Feedback and Support for the Welfare State: The Case of National Health Care,' *Comparative Political Studies*, 43(7), pp. 862-885.

Jordan, Jason (2013) 'Policy Feedback and Support for the Welfare State,' *Journal of European Social Policy*, 23(2), pp.134-148.

Mettler, Suzanne, and Mallory SoRelle (2014) 'Policy Feedback Theory,' in Paul A. Sabatier and Christopher M. Weible (eds.) *Theories of the Policy Process*, 3rd ed., Boulder, Westview Press, pp.151-181.

Moynihan, Donald P., and Joe Soss (2014) 'Policy Feedback and the Politics of Administration,' *Public Administration Review*, 74(3), pp.320-332.

Pierson, Paul. (1993) 'When Effect Becomes Cause: Policy Feedback and Political Change,' *World Politics*, 45(4), pp.595-628.

Pierson, Paul (1994) *Dismantling the Welfare State? Reagan, Thatcher, and the Politics of Retrenchment*, Cambridge: Cambridge University Press.

Pierson, Paul (2004) *Politics in Time: History, Institutions, and Social Analysis*, Princeton: Princeton University Press.（粕谷祐子監訳（2010）『ポリティクス・イン・タイム——歴史・制度・社会分析』勁草書房。）

Pierson, Paul (2005) 'The Study of Policy Development,' *Journal of Policy History*, 17(1), pp.34-51.

Pierson, Paul (2006) 'Public Policies as Institutions,' in Ian Shapiro, Stephen Skowronek, and Daniel Galvin (eds.) *Rethinking Political Institutions: The Art of the State*, New York and London: New York University Press, pp. 114-131.

Rothstein, Bo (1998) *Just Institutions Matter: The Moral and Political Logic of the Universal Welfare State*, Cambridge, Mass.: Cambridge University Press.

Rothstein, Bo (2009) 'Creating Political Legitimacy: Electoral Democracy Versus Quality of Government,' *American Behavioral Scientist*, 53(3), pp.311-330.

Schattschneider, Elmer E. (1935) *Politics, Pressures and the Tariff: A Study of Free Private Enterprise in Pressure Politics, as Shown in the 1929-1930 Revision of the Tariff*, New York: Prentics-Hall.

Schneider, Anne, and Helen Ingram (1993) 'Social Construction of Target Populations: Implications for Politics and Policy,' *American Political Science Review*, 87(2), pp.334-347.

Schneider, Anne L., Helen Ingram, and Peter deLeon (2014) 'Democratic Policy Design: Social Construction of Target Populations,' in Paul A. Sabatier and Christopher M. Weible (eds.) *Theories of the Policy Process*, 3rd ed., Boulder, Westview Press, pp.105-149.

Skocpol, Theda (1992) *Protecting Soldiers and Mothers: The Political Origins of Social Policy in the United States*, Cambridge, Mass.: The Belknap Press of Harvard University Press.

Soss, Joe (1999) 'Lessons of Welfare: Policy Design, Political Learning, and Political Action,' *American Political Science Review*, 93(2), pp.363-380.

Soss, Joe, Jacob S. Hacker, and Suzanne Mettler (eds.) (2007) *Remaking America: Democracy and Public Policy in an Age of Inequality*, New York: Russel Sage Foundation.

Svallfors, Stefan (2010) 'Policy Feedback, Generational Replacement, and Attitudes to State Intervention: Eastern and Western Germany, 1990-2006,' *European Political Science Review*, 2(1), pp.119-135.

Thelen, Kathleen, and James Mahoney (2015) 'Comparative-Historical Analysis in Contemporary Political Science,' James Mahoney and Kathleen Thelen (eds.) *Advances in Comparative-Historical Analysis*, Cambridge: Cambridge University Press, pp.3-36.

第 II 部
ダイバーシティ時代の政策展開
個別政策分析編

第4章
教育政策
少子化社会における学校統廃合と小中一貫校の設置

橋 本 将 志

【本章のねらい】日本では2000年代以降，少子化によって各地で学校統廃合が進められてきた。教職員の人件費の削減等，財政の観点から学校統廃合が求められているが，学校統廃合により学校が閉校した場合，地域の衰退につながる可能性がある。このため，地域の拠点として学校が果たしてきた役割等の地域の維持を考慮した学校統廃合の計画策定が求められる。

　本章では，小中一貫校の導入がこうした多様な課題に取り組む方法の1つであることを示すため，千葉県鴨川市における小中一貫校の設置過程を取り上げる。小中一貫校の導入については学校統廃合の実施や小中一貫教育の準備等が指摘されているが，鴨川市の設置過程において，首長や教育委員会等のアクターの果たした役割など，その政策過程の特徴を明らかにする。そして，近年の中央政府の教育政策の動向を取り上げ，市町村の学校統廃合の際に求められるものを考察する。

はじめに

　日本の少子化は今後も継続することが予測されている。日本の年少人口（0～14歳）は，総務省が発表した2014年10月時点の人口推計では1623万人であり，国立社会保障・人口問題研究所の将来推計人口によれば，2046年には1000万人台を下回り，2060年には791万人の規模になるとされている。[1]

　この少子化の影響を受ける政策分野の一つが教育政策である。少子化により小中学校に在籍する児童・生徒数が減少したため，全国的に小中学校数が減少して

1　国立社会保障・人口問題研究所「日本の将来推計人口Ⅱ　計測結果の概要」http://www.ipss.go.jp/syoushika/tohkei/newest04/con2h.html

いる。これは，市町村が後述の学校の適正規模よりも児童・生徒数が少ない小中学校，すなわち小規模校を統廃合の対象としたためとされている。小規模校の統廃合については，教職員の人件費や学校の運営費が削減されることで，教育財政を効率化するものと考えられている。しかし，小中学校は旧町村単位で設置された場合が多く，廃校によって地域の拠点や特色が失われると共に，子どもを持つ世帯の転出などによって，地域の衰退につながる可能性があるため，統廃合は地域社会の反発を受けることが多い。

　市町村は学校統廃合において，学校の地域の拠点としての役割に配慮すること，過剰に小規模化した学校を統廃合し，一定の規模の学校を設置すること，統廃合後に学校を可能な限り維持していくこと等の課題があり，住民など多様なアクターと共に課題に取り組むことが求められている。本章で取り上げる小中一貫校はこうした多様な課題に取り組むための方法の1つである。

　小中一貫校は2015年に学校教育法の改正によって，小中一貫教育を行う義務教育学校が市町村の判断で設置が可能となった。そして，小中一貫校は小中一貫教育の実施形態の1つであり，その設置に当たって小中一貫教育の教育内容の準備，新たな施設の整備，学校統廃合の実施等が求められる。小中一貫校の数は全国で148校[2]であり，様々な導入があるが，本章では少子化が進行した自治体における事例を取り上げ，その設置において，首長や教育委員会，住民など関連するアクターの果たした役割や設置に係る政策過程の特徴を明らかにする。

　本章では，まず戦後以降の日本の児童・生徒数と小中学校数の推移を取り上げると共に，学校統廃合が進められた時期とその要因を確認していく。次に市町村の学校統廃合の計画策定において考慮される検討課題を取り上げ，小中一貫校がこうした検討課題に取り組むための方法の1つであることを示す。そして，小中一貫校が設置された事例として千葉県鴨川市の長狭学園を取り上げ，設置に至るまでの首長などの関連するアクターの果たした役割とその政策過程の特徴を明らかにする。最後に，近年の国レベルの教育政策の動向を取り上げ，学校統廃合等，今後の自治体の教育政策に与える影響を考察していく。なお，本章では小中学校

2　文部科学省（2015）「小中一貫教育等についての実態調査」42頁の「施設形態ごとの校舎の整備状況の施設一体型の件数」を小中一貫校の件数とした。

図 4-1 公立小中学校の児童・生徒数（1948 年から 2014 年まで）

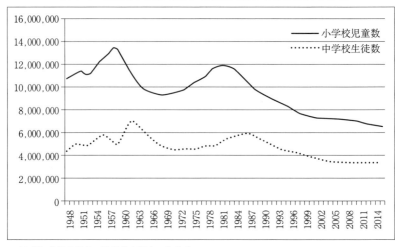

（出所）文部科学省　学校基本調査より作成。

の統廃合について論じるが，市町村が所管する公立の小中学校のみを対象とする。

1　公立小中学校の児童・生徒数と公立小中学校数

1　人口変動と小中学校の児童・生徒数の推移

戦後の日本の人口構成では，第 1 次ベビーブーム世代（1947 年から 1949 年の出生数が 250 万人を超えていた時期）と第 2 次ベビーブーム世代（1971 年から 1974 年の出生数が 200 万人を超えていた時期）において，それぞれ人口のピークが形成され，文部科学省の学校基本調査によれば，公立小中学校の児童・生徒数も図 4-1 のように，こうした人口構成の影響を受けたものとなっている。

公立小学校の児童数については，1948 年以降，第 1 次ベビーブームの世代が入学する時期にかけて増加を続け，1958 年に約 1340 万人と第 1 のピークを迎えた。その後は減少に転じたが，第 2 次ベビーブームの世代の入学によって増加に転じ，1980 年前後に約 1182 万人に達する第 2 のピークが形成された。その後は減少を続け，1996 年には 800 万人を下回り，2014 年約 648 万人となっている。

公立中学校の生徒数についても，第 1 次ベビーブームの世代が入学する時期に

図 4-2 公立小中学校数の推移（1948 年から 2014 年まで）

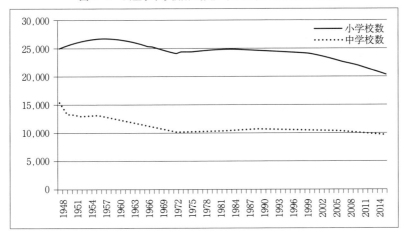

（出所）文部科学省　学校基本調査より作成。

かけて増加を続け，1962 年に約 703 万人と第 1 のピークを迎えた。また，第 2 次ベビーブームの世代の入学を迎えて増加し 1986 年に約 589 万人と第 2 のピークを迎えた後は，小学校の児童数と同様に減少を続け，1999 年に 400 万人を下回り，2014 年に約 322 万人となっている。

2　公立小中学校数の推移

公立小中学校数の推移については図 4-2 のとおりであるが，児童・生徒数とは異なった推移を見せている。公立小学校数については，1948 年以降，増加を続け，1957 年には 2 万 6755 校となった後は減少に転じ，1972 年には 2 万 4092 校となった。1973 年以降は児童数の増加を受け，1984 年に 2 万 4822 校となった。その後は緩やかに減少したが，1990 年代後半からその傾向が大きくなり，2000 年には 2 万 3861 校と 1984 年と比べて約 1000 校減少し，2014 年には 2 万 558 校と 3000 校以上の減少となった。

中学校については，1948 年に 1 万 5326 校であった，翌年の 1949 年に 1 万 5317 校となった後は減少が続き，1958 年には 1 万 2694 校，1972 年には，1 万 42 校となった。その後は，緩やかな増加に転じ，1992 年に 1 万 596 校となるま

第 4 章　教育政策　65

で増加したが,再び減少に転じ,2014年には9707校となった.

3 昭和の大合併による学校統廃合

公立小中学校の学校数の推移は,上記のように,必ずしも児童・生徒数の推移を反映したものではなかった。例えば,1948年から1949年にかけて公立中学校数が大きく減少したが,これは1947年に新制中学校制度が成立したことによって,多くの市町村において中学校が新設されたことが影響していた。新制中学校の設立は市町村の財政を圧迫したことから,3町村以上が組合をつくり中学校の設置単位となり,中学校の新設と維持管理を行うという対処策が奨励されたため(若林1999:23),公立中学校が統廃合されることとなった。

戦後日本の公立小中学校の学校統廃合については,次の3つの段階に整理されている(若林2008:30-31)。

第1の段階は1950年代の昭和の大合併に基づく学校統廃合である。1953年の町村合併促進法に基づいて昭和の大合併が進められたが,合併町村の規模は8000人以上が標準とされていた。新制中学校の運営上,理想的な規模であるということが,この規模が標準とされた理由の1つであった(若林1999:42)。

また,町村合併促進法の失効後,1956年に制定された新町村建設促進法の第8条において小学校及び中学校の統合等が含まれていたこと,同じ年に中央教育審議会から出された「公立・小中学校の統合方策についての答申」において合併の機運とあわせた小規模学校の統合の促進が記されていたこと,そして,1957年にこの答申に基づき文部省が「学校統合の手引き」を作成したこと(若林1999:43-44)から,学校統廃合を推し進めることとなった。

この第1の段階において,1957年に公立小学校の数は2万6755校であったのが,新町村建設促進法が失効した翌年の1962年には2万6379校となり,公立中学校については1957年には1万2913校であったのが1万1951校と,公立小学校以上に統廃合が進むこととなった。

4 過疎地域における学校統廃合

第2の段階は,1970年以降,過疎化が進行した農山漁村における学校統廃合である。この学校統廃合は,危険校舎を改築する場合,国庫補助率は3分の1で

あったのに対して，学校統合で整備する場合，国庫補助率が3分の2であったことが遠因とされる。そして，過疎地域においては学校統廃合の動きを受け，統廃合に反対する住民の子どもによる同盟休校や，学校存続のために分村運動が行われ，学校統廃合に対する紛争が発生した（若林1999：73-81）。このため，文部省は1973年に「公立小・中学校の統合について」という通達を出し，その中で，「学校規模を重視する余り無理な学校統合を行い，地域住民等との間に紛争を生じたり，通学上著しい困難を招いたりすることは避けなければならない」ことや，「小規模学校には教職員と児童・生徒との人間的なふれあいや個別指導の面で小規模学校としての教育上の利点も考えられるので，総合的に判断した場合，なお小規模学校として存置するほうが好ましい場合もあることに留意すること[3]」が示された。この通達によって，児童・生徒数の少ない小中学校であっても，自治体の判断によって，学校の維持が認められることとなった。

この時期の小学校数について1970年の2万4558校から，文部省の通知が出る前年の1972年には2万4092校に，中学校については1万1380校から，1万42校に減少した。ただし，1976年以降はどちらも増加に転じている。これは，過疎地域では学校数が減少したものの，三大都市圏等で人口が増加していた都市部において学校の新設が増加したためと考えられる。例えば東京都では1970年に小学校数は1124校，中学校数は506校であったのが，1980年には小学校数は1256校，中学数は613校に増加した[4]。これに対して，過疎化が進行した鳥取県では，1970年には小学校が229校，中学校が66校であったのが，1980年には小学校が200校，中学校が58校に減少した[5]。

そして，第3の段階は少子化という人口構造の変化による全国的な学校統廃合の進行である。この現在の学校統廃合について，次節で詳しく論じていく。

---

3 文部省初等中等教育局長・文部省管理局長通達「公立小・中学校の統合について」1973年．
4 東京都教育委員会「平成26年度 公立学校統計調査報告書【学校調査編】第32表」に基づく．
5 鳥取県統計課「学校基本調査：時系列データⅠ 統計表 1学校数」に基づく．

2 自治体における学校統廃合の基準と統廃合計画における課題

1 学校の適正規模と学校運営のコスト

　市区町村が学校統廃合を検討するのは，小中学校の児童・生徒数や学級数等が適正規模を下回り，小規模化したと判断する場合である。そして，市町村において，次の2つの国の基準を学校の適正規模とすることが多い。1つには，学校教育法施行規則の第41条の「小学校の学級数は，12学級以上18学級までであること」という規定である。2つには，公立義務教育諸学校の学級編成及び教職員定数の標準に関する法律第3条によって定められた1学級の人数，すなわち，小学校の1年生が35人，それ以外の小中学校の各学校では40人を1学級の人数の基準とするという規定である。ただし，少人数学級を導入した自治体や市町村の事情によって，これらの基準を下回る規模の学校でも維持される場合もあるので，全国一律の基準というわけではない。

　小規模化した学校の統廃合については，学校運営にかかるコスト，特に教員の人件費の削減を促すことが指摘されている。例えば，財務省の財政制度等審議会は，2007年に「学校規模の適正化に関する調査」において，次の調査結果を示した。この調査は2005年4月に開校した全国すべての公立小中学校を対象とし，統合前では学校運営費が全体で487億円であったのが，2006年度には317億円へと170億円の削減がなされ，その中でも，人件費については統合前の448億円から，286億円へと162億円削減されたことを示した。ただし，教員の人件費を負担しているのは国や都道府県であり，小中学校を設置している市区町村は，独自に教職員を採用している場合を除き，教員削減の効果は生じない。

　人件費以外にも学校統廃合が市区町村の財政にもたらす影響については，次のことが指摘されている。統廃合は，学校単位で生じる教職員の人件費等の学校のランニングコストの削減をもたらす一方で，実施後に生じる不可避的費用は自治体負担の経常経費として教育費を固定化するという。この費用は基本的に国や都道府県などの補助対象とならないため，自治体の自主財源で賄うことになり，教育費の削減には寄与しないことが示されている（櫻井 2012：110-111）。

2　学校統廃合の基準と統廃合計画における課題

　学校の適正規模や学校運営のコスト削減は，市区町村にとって小規模校に対して維持か統廃合かを判断する上で重要な基準となるものであるが，その他の基準も存在する。学校の維持・統廃合の判断に際して，「『適正規模』の維持による教育効果の重視か，小規模・少人数教育による教育効果の重視か」といった軸と「学校統廃合による費用節減か，施設数の維持による利便性の確保か」といった軸が併存し，市町村の政策決定に当っては，「地域の拠点」という側面を検討する余地があることが指摘されている。そして，学校統廃合の議論における「合理的基準」はそれほど明確ではなく，どの条件を重視し，どれを諦めるかは個別自治体の抱える条件と政策的判断に委ねられているという（川上 2015：188）。

　これまで学校統廃合に対しては，廃校によって学校という地域の拠点が失われることから，学校の地域住民による反対を招いてきた。近年，学校統廃合後，廃校の校舎を公民館や福祉施設などの別の用途に用いる廃校活用が各地で行われているが，こうした活用は学校の有していた地域の拠点としての機能を維持するものと言える。地域の拠点として維持されてきた小中学校の廃校は地域の衰退を招くため，学校統廃合の計画策定において廃校活用などによって，地域の拠点としての役割を維持することが求められる。

　また，保護者にとって，次のような子どもに関する不安，すなわち，通学距離の延長による通学時の安全や，少人数の授業から集団授業への移行等の教育方法や人間関係の変化等，新たな教育環境に対する不安を生むものとなる。こうした不安を解消するために，スクールバスの導入や統廃合後に共に学ぶ児童，生徒との交流を段階的に行うなど新たな教育環境への適応に向けた措置が必要となる。

　このように，市区町村には，小規模校を維持するか，統廃合するかを判断するに当たり，費用削減だけでなく様々な判断の観点がある。そして，学校を統廃合する場合も，統廃合によって生じる変化に対する措置が求められる。こうした学校統廃合に係る問題に取り組む方法の一つとして，小中一貫校を取り上げていく。

3　小中一貫教育と小中一貫校

　小中一貫校とは小中一貫教育，すなわち，小中学校が目標を共有し，その達成に向けて9年間を通じた教育課程を編成し，それに基づいて行う系統的な教育の

1つである。小中一貫教育はその実施形態として，施設一体型，施設隣接型，施設分離型があり，小中一貫校はこのうちの施設一体型のものを指す。

小中一貫教育は2000年に広島県呉市で研究開発学校制度によって導入され，この制度と構造改革特区制度の教育特区によって全国的に導入が進められた。ただし，小中一貫教育を導入した市区町村の多くは，こうした制度上の特例を利用せず，現行の学習指導要領が許容する範囲内で，教育目標や教育課程等を一本化し，運用や指導体制を一体化することで一貫教育に取り組んでいた（高橋2014：26）。

小中一貫教育に向けた国の取組は，2005年に中央教育審議会が行った答申「新しい時代の義務教育を創造する」から始まっている。この答申において，義務教育を中心に学校間の連携，接続に大きな課題があるという指摘を踏まえ，義務教育9年間の達成目標を明確にし，設置者の判断で学校種間の連携・接続を改善する仕組みについて検討する必要があることが指摘された。また，2006年に教育基本法が改正され，旧教育基本法において保護者の義務として普通教育を受けさせる期間を「9年」と明記していたものが削除され，「別に法律で定める」と改められ，義務教育の目的が明記されることとなった。

この教育基本法の改正を受けて，2007年に学校教育法も改正され，第29条において，小学校の目的が従来の「初等普通教育」を施すから「義務教育として行われる普通教育のうちの基礎的なもの」を施すと改められ，第45条では中学校の目的が「中等普通教育」を施すから（小学校における教育の基礎の上に，心身の発達に応じて）「義務教育として行われる普通教育」を施すと改められ，小学校と中学校が「義務教育」として一貫した課程とされた。こうした小中一貫教育に向けた動きは中央政府だけでなく，2006年度には東京都品川区が区内全てで小中一貫教育を導入するなど自治体で先駆的な小中一貫・連携の取組が進み，国の法令改正を契機として全国的に組織化されていった（高橋2014：6-9）。

小中一貫教育の効果について，小学校から中学校へ進学する際の環境変化やいじめの増加などの「中1ギャップ」の解消に役立つとされている。[6] 文部科学省は

---

[6] 小中一貫教育の効果については否定的な見解もある。例えば，山本・藤本・佐貫（2011）等。

2015年2月に，小中一貫教育に関する調査の結果[7]において，調査対象の1743市町村のうち，小中一貫教育を導入したのは211団体と全体の12%にとどまったものの，小中一貫教育を導入した自治体の96%が小中一貫教育の効果を認めていた。具体的な成果として，「中学進学への不安を感じる児童が減った」，「中1ギャップが緩和した」が90%を超えていた。また，小中学校の教員間の相互理解や連携が高まったことなども成果として挙げられていた。

しかし，実施自治体の77%が「課題がある」と回答し，その課題として指摘されたのが「小中の教員間の打合せ時間の確保」と「教職員の負担感・多忙感」で最多の77%となり，次いで，「小中合同の研修時間の確保」が68%，「9年間で系統的な指導計画の作成や教材開発」が63%であった。こうした教職員の重い負担が，一部の自治体において小中一貫教育の導入の敬遠につながったと考えられる。

また，小中一貫校の設置により同レベルの学校の統合時よりも，学校の維持可能性は高まるものの，校舎の新設等の負担が予測される。では，実際に小中一貫校を設置した自治体はこうした課題にどのように取り組んだのか。次節ではその事例として千葉県鴨川市の長狭学園の設置を取り上げる。

3 小中一貫校の設置の政策過程
――千葉県鴨川市の長狭学園の事例

1 学校統廃合の政策過程

小中一貫校については，上記のような小中一貫教育の教育内容の準備だけでなく，新たな施設の整備，学校統廃合の実施等が求められるため，市町村にとってその設置は小中一貫教育の導入以上に困難と考えられる。ただし，こうした準備等をへて，小中一貫校が設置された市町村がある。そうした事例の1つとして，千葉県鴨川市における小中一貫校の長狭学園の設置について取り上げ，その政策過程の特徴を明らかにしていく。

長狭学園の設置においても学校統廃合が実施されたことから，学校統廃合の政

---

[7] http://www.mext.go.jp/a_menu/shotou/ikkan/1357575.htm

策過程としてその設置過程を検討していく。小中学校の学校統廃合の政策過程については，①発議（アジェンダ設定），②意見聴取，③検討組織における議論，④（計画）案の文書化，⑤計画の策定過程の議決・決済，⑥計画決定の段階があるとされている。そして，全ての段階において教育委員会などの教育アクターが関与して影響を与え，①や⑥では首長も，②や③では保護者や地域自治会関係者等も影響を与えるとされている（阿内 2012：96-99）。長狭学園の設置過程におけるこうしたアクターについても注目していく。

2　市長によるアジェンダ設定

　鴨川市は千葉県の南東部に位置する自治体であり，主な産業は観光，農業，漁業である。1971 年 3 月に安房郡鴨川町，江見町，長狭町が合併し，鴨川市となった。そして，この鴨川市が 2005 年に安房郡天津小湊町と合併し，現在の市域となった。小中一貫校が検討された 2005 年から 2007 年にかけては鴨川市の経常収支比率が約 93％であり，財政状況が豊かとは言い難かった。[8]

　鴨川市において小中一貫校が設置された過程は次のとおりである（高橋 2014：58-63）。2003 年 3 月，2002 年度の市議会定例会において，市長は幼稚園や小中学校の統廃合に関する質問に対して，5 年後，現在より小学校で 130 名，中学校で 100 名程度の人数が減少することが予想されているという現状認識を示した。そして，2003 年度に教育委員会を中心として少子化対策委員会を設置して，幼稚園，小中学校の統廃合プランを作成すること，市内の小中学生の人数から見て，小学校は 5 校から 6 校，中学校は 1 校から 2 校が適正な学校数であるという旨の答弁を行った。その後，2003 年度に設置された「鴨川市少子化対策検討委員会」は同年度内に「長期的な少子化による公立学校の小規模化が学校の活力を失っており，新しい学校づくりに向けた教育環境の整備が必要」という提言を行った。

　2006 年 7 月，「第 1 次学校適正規模検討委員会」という，市議 4 名，学校関係者 4 名，民間有識者 7 名から構成される委員会が設置された。委員会の審議では，幼稚園や小学校，中学校の適正規模・適正配置や幼保一元化が取り上げられた。

---

[8]　経常収支比率については総務省の指導によれば，市区町村は 75％を上回らなければよいとされている。

この委員会は，2007年1月まで開催された後，同年2月に答申において，義務教育9年間の学びの連続性を大切にする「小中一貫教育」を考える必要を指摘した。小中一貫校の設置に関しては，① 長狭中学校と長狭地区の3小学校を統合し，小中一貫校とする，② 施設は，現在の長狭中学校が持つ広大な敷地を活用し，校舎を増築する形とする，③ 実施時期は，長狭地区の幼保一元化の完全実施年度との関係から，2009年度を目処に開校するとした。
　答申後，2007年3月の市議会において，長狭地区の3つの小学校が2006年度にいずれも児童数が100人に満たない規模であり，地区の少子化傾向が進行する見込みであること等，小中一貫校の設置に関する説明が教育長から行われ，長狭中学校の敷地内に校舎を増築し，小中一貫校を設置することを含んだ予算案が2007年3月に市議会で可決された。
　このように，鴨川市では市長が学校統廃合の方針を示してアジェンダ設定を行ったことで小中一貫校の導入に向けて動き出すこととなった。また，鴨川市少子化対策検討委員会や第1次学校適正規模検討委員会といった臨時の審議会組織が設置され，学校関係者等から意見聴取が行われ，検討組織における議論によって，学校統廃合後に小中一貫校を設置するという具体的な計画が示された。また，こうした鴨川市の小中一貫校の設置に向けた動きは教育特区等の制度上の特例を利用しない運用による取組であった。

3　地域住民，保護者への説明

　学校統廃合の政策過程において，臨時の審議会組織の設置と住民からの意見聴取は別々の時期に行われるが，2006年7月に第1次学校適正規模検討委員会に諮問した直後から，教育委員会は保護者や地域住民等に対して，小中一貫教育と小中一貫校設置について，市の考えを説明すると共に，意見を聞く機会を20回余り設けた。その際，地域住民や保護者等から多く出されたのは，①「小中一貫教育」や「小中一貫校」への理解が不足していることから来る不安や実際の取組内容に関する質問，② もともと合併前の旧町村単位に小学校があったため，小学校の統合により地域から学校がなくなることで，地域の活力が失われるのではないかとの不安，③ 通学距離が長くなることによる，スクールバスの運行に関する質問や意見であった。

教育委員会は地域から学校がなくなるという声に応えるために，地域の要望を聞いて跡地活用を図ることを前提とした。ただし，これは教育委員会だけでは対応しきれないことから，企画政策課が担当になり，市役所のワーキンググループが聞き取り調査をし，区長会に要望を出してもらうこととした。

　閉校となる1つの学校については地元にある私立学校に校舎は無償譲渡し，体育館，幼稚園，敷地等は30年間無償貸与として，私立学校が耐震補強等を行うこととした。また，もう1つの閉校対象の学校は，幼保一元化施設として改修されることとなった。

　また，小中一貫教育に向けて，子どもの適応を促すと共に，子どもたちの心理面に配慮するために先に小学校を統合し，1学期間生活した後に中学生と一緒に生活を始めた。そして，中学校に配置されているスクール・カウンセラーを小学校でも活用することとした。[9]

　鴨川市教育委員会は，学校統廃合の検討組織における審議と並行して住民への説明を行うという通常の学校統廃合の政策過程とは異なる手続を行い，廃校利用の方法や小中一貫教育を段階的に慣らし措置等を学校統廃合計画に組み込んでいった。[10]

4　小中一貫校の設置とアクターの役割

　2008年3月の市議会定例会において，長狭地区に小中一貫校を設置するための工事費などを計上した2008年度予算が可決された。そして，同年4月，鴨川市教育委員会は「長狭地区小中一貫校整備推進委員会設置要綱」を策定した。同要綱によれば，この委員会は，長狭地区小中一貫校に関する整備を推進することを目的とし，小中一貫校の教育構想，その他小中一貫校開設に伴う諸問題が検討された。この委員会は市議4名，地元区長会から3名，小中PTAの代表4名，学校関係者4名（小中学校長），民間有識者4名，合計19名で構成され，同年5

9　平成23年度　第3回栄町学校規模適正化検討委員会　平成23年9月4日　会議録。
10　市民グループによる小中一貫校の設置に対する反対の署名活動が行われたという（房日新聞の2008年3月17日）。また，権安理（2013）144頁によれば，閉校となった学校の1つでは反対運動が起きたが，区長会は賛成，PTAは反対というように，地域内でも意見が分かれていたという。

月に第1回会議を開催してから，翌年の2009年7月までに11回の会議が行われた。会議では市の小中一貫教育の設計コンセプト，施設の配置，小中学校における取組・検討推進体制，一貫校設置に向けた課題の整理，開校時期，学校名・校章・校歌の検討と選定，通学バスの運行，学校運営評議委員会の設置などが検討された。

　2008年9月の第3回市議会定例会において，鴨川市立小学校設置条例の一部を改正する条例の制定が可決され，長狭小学校が長狭中学校と同じ敷地に設けられることとなった。同年11月には小中一貫校の校舎の整備に着手されたが，事業費総額は2億7615万円であり，その内訳は国の交付金8363万6000円，市の負担額1億9251万4000円であった。そして，2009年4月に長狭地区の3つの小学校が合併して鴨川市立長狭小学校が開校し，長狭中学校との小中一貫校の長狭学園となり，同年6月に敷地内の校舎が完成し，小中一貫教育が本格的に始まることとなった。こうして議会などでの議決を経て，小中一貫校の設置に向けた計画が進められていった。

　小中一貫教育の内容については，長狭学園の開校前の2005年度に鴨川市教育委員会は市教育政策研究委員会を設置し，準備を進めていた。市教育政策研究委員会は市立小学校長を委員長，同中学校長を副委員長，教頭を事務局長とし，小中学校の教員を委員や協力員とする組織であった。

　また，市教育政策研究委員会は2005年から2006年の2年間で，「鴨川市における小中一貫校教育課程構想」をまとめると共に，小中一貫教育各教科・領域等の全体構想を『小中一貫校教育モデル──地域に根ざした新しい学びを拓く』にまとめ，鴨川市の小中一貫教育への取り組みに影響を与えると共に，その後も研究を重ね，長狭学園も含めて鴨川市の小中一貫教育を支える役割を果たした。

　長狭学園へ統合された各小学校は上述のように児童数が100人に満たなかったが，長狭学園は2015年10月時点での生徒数が274名であり，各学年が30人前後の生徒数であるので集団授業が可能となり，学校の維持可能性は以前よりも高まったと言える。

　鴨川市の小中一貫校の設置過程において，関連したアクターは次の役割を果たしたと思われる。市長は市議会で学校統廃合の方針を打ち出すなど，小中一貫校の設置に向けたアジェンダ設定がなされた。また，臨時の審議会組織や住民説明

会によって，統廃合に対する意見が出されると共に，住民の意見の聴取が行われ，小中一貫校という案の提示がなされた。教育委員会は臨時の審議会組織の設置，審議会委員への説明，住民説明会の設定，小中一貫教育の導入に向けた研究組織の設置や運営等の役割を果たした。そして，本事例の学校統廃合の政策過程としての特徴は，学校統廃合や小中一貫校の設置計画の審議と同時に，住民に対する説明会を実施し，廃校の跡地活用等，住民の不安への対案を計画に組み入れたことである。こうした対応によって，計画に関する住民の反発を和らげる効果があったと思われる。

4 今後の市町村における学校統廃合

1 市町村の学校配置に関する選択肢の多様化

最後に，近年の教育政策や関連分野の動向を取り上げ，今後の市区町村における学校統廃合に与える影響を考察する。

第1に，冒頭で述べたように，小中一貫教育が国レベルで制度化されたことである。2011年，中央教育審議会初等中等教育分科会に設置されていた「学校段階間の連携・接続等に関する作業部会」は小中一貫教育に関する審議を行い，その結果として「小中連携・一貫教育に関する主な意見等の整理」という報告書が公表された。2014年になると，教育再生実行会議による第5次提言である「今後の学制等の在り方について」において小中一貫教育を制度化するなど学校段階間の連携や一貫教育を推進することなどが明記され，同じ年に，文部科学大臣はこの提言を受けて中央教育審議会に制度の具体化などについて諮問した。そして，中央教育審議会は，小中一貫教育の制度化とその推進方策に関する答申をまとめ，2015年に学校教育法が改正され，2016年度から小中一貫教育を実施する「義務教育学校」が制度化された（高橋 2014：10-16）。これによって，市町村においてより小中一貫教育の導入が進むと考えられる。

第2に，学校の適正規模に関して，2015年1月に「公立小学校・中学校の適正規模・適正配置等に関する手引き」という文部科学省の学校の適正規模の通知が改訂されたことである。この改訂によって，小学校では6学級以下，中学校では3学級以下というクラス替えのできない規模の学校については，「学校統廃合

等により適正規模に近づけることの適否を速やかに検討する」こととされた。また，通学範囲については，小学校で4km以内，中学校では6km以内という条件を残すと共に，「おおむね1時間以内」とする条件が追加された。

　その一方で，「小規模校を存続させる場合の教育の充実」，「休校した場合の再開」など，統廃合を行わない場合の選択肢について触れられ「学校は地域コミュニティーの核」として，統廃合が難しい中山間地やへき地における学校の重要性も指摘し，「市町村の判断も尊重される必要がある」とされた。このように手引きの改訂については，通学時間の点での変更によって，学校統廃合が促進される側面があると言えるが，地域の拠点としての学校の役割に触れられ，小規模であっても統廃合が困難な学校への配慮も見られ，より市町村の実情に合わせた学校配置を認めるものとなっている。

　第3に，以前より各地で導入されている小規模特認校である。小規模特認校とは従来の通学区域は残したままで，特定の学校について通学区域に関係なく，当該市区町村内のどこからでも就学を認めるものである。[11]この制度は1977年に札幌市で導入され（門脇2005a：36-37），現在，文部科学省の定める「学校選択制」（自由選択制，ブロック選択制，隣接区域選択制，特認校制，特定地域選択制の5種類）[12]の一形態である「特認校制」において，「小規模校」として取り入れられたものである。

　小規模特認校は，札幌市のように都市周辺の山間地域の小規模校だけでなく，都市中心部の小規模校の存続や，大規模校を標準規模化するために隣接する小規

11　文部科学省HP「学校選択制など　よくわかる用語解説」（http://www.mext.go.jp/a_menu/shotou/gakko-sentaku/06041014/002.htm）で特認校制は学校選択制の一類型と位置づけられている。

12　①自由選択制とは，当該市町村内の全ての学校のうち，希望する学校に就学を認めるもの，②ブロック選択制とは，当該市町村内をブロックに分け，そのブロック内の希望する学校に就学を認めるもの，③隣接区域選択制とは，従来の通学区域は残したままで，隣接する区域内の希望する学校に就学を認めるもの，④特認校制とは，従来の通学区域は残したままで，特定の学校について，通学区域に関係なく，当該市町村内のどこからでも就学を認めるもの，⑤特定地域選択制とは，従来の通学区域は残したまま，特定の地域に居住する者について，学校選択を認めるものである（文部科学省　2004年「小・中学校における学校選択制等の実施状況について」より）。

模校への入学を認める取り組みとして，制度を導入した自治体とされている（門脇 2005b）。このように小規模特認校は，小規模校の維持と共に，市町村内の学校間の規模を標準化する方法の1つとなるものである。

以上のように，市町村は小中学校の配置に関して多様な選択肢が生じ，これまで以上に地域の実情にあわせた政策選択が求められている。

2　教育委員会制度改革とその影響

近年，自治体の教育政策を担う教育委員会制度が改革され，これまで教育委員会制度に期待されてきた役割に変化の生じる可能性が指摘されている。

これまで教育委員会については，「一般行政からの独立」，「政治的中立性」の確保，「安定性・継続性」等の役割が期待されていた。1956年の地方教育行政法の成立以後は，「一般行政からの独立」，すなわち，教育長が首長と法制度上，対等の執行機関である点が担保された。また，「政治的中立性」を確保するため，地方教育行政法において，教育委員会の教育委員の過半数が同一の政党その他の政治的団体の役員となることや，積極的に政治的活動をしてはならないとされている。さらに，教育行政に「安定性・継続性」を与えることで「政治的中立性」を担保する仕組み，すなわち，首長が変わっても前の首長が選んだ委員が残ることや任期満了の時期をずらすことで，一度に委員を入れ替えることができないような制度設計になっていた（植竹 2014：17-21）。

教育委員会は2014年6月の地方教育行政法の改正によって，制度改革がなされたが，次の4つの点がその要点とされている。第1に現行の教育委員長と教育長が一本化され，常勤の新「教育長」は首長が議会の同意を得て，直接任免することとなり，教育長の任期は3年となった。第2に教育行政の大綱や教育の条件整備などに関して首長と教育委員会が協議・調整を行う総合教育会議が新設された。第3に教育行政の基本的方針である大綱を定める権限が教育委員会から首長に移された。首長は大綱について総合教育会議で教育委員会と協議・調整を行うが，両者の調整がつかなかった場合でも首長が大綱を定めることができることとなった。第4に児童・生徒の生命または身体への被害の拡大または発生を防止する緊急の必要がある場合に，文部科学大臣は教育委員会に対して指示できることとなった（村上 2014：78-79）。

この地方教育行政法の改正等の教育委員会に関する近年の改革については，次の4つの論点が指摘されている。第1に，大綱と総合教育会議について，現行の仕組みと比べて，教育行政に対する首長の権限が強まっているという。大綱の策定に当たっては，首長は総合教育会議で教育委員会と協議・調整を行うことになっているが，協議や調整が整わなかった場合には，首長が自らの意向に沿って決定を行うことが可能となった。大綱の決定に教育委員会が関わることができないため，首長の意向が強く働くと同時に，教育の政治的中立性や安定性・継続性の観点からも問題が多いという。また，大綱については，文部科学省が2014年7月に各都道府県・政令市の首長・教育委員会に出した通知によれば，大綱となる事項の例として学校の耐震化，学校統廃合，少人数教育の推進などが挙げられている。第2に，教育委員会が教育長に対する指揮監督権を失ったこと，教育委員会が教育長の任命・罷免に関与できないこと等から，教育長へのチェック機能が弱まっているという。第3に，緊急の場合の措置について総合教育会議で対応を行うとしているが，協議・調整の場であるこの会議には大津市のいじめ自殺事件のような事案に適切に対応できるかは不明確な面があるという。第4に，制度改革によって教育現場にどのような影響が現れるかという点である。首長や教育長個人の意向がこれまでより重要になるため，予測不能な面が強くなり，従来に比べて首長の交代による影響が強くなるという。たとえば，学校統廃合や教科書採択で現場に影響が生じる可能性があるとされている（村上2014：79-85）。

　このように教育委員会制度の改革によって，大綱の決定に首長の意向が強く働くと共に，大綱となる事項に学校統廃合が含まれるため，これまで以上に首長による学校統廃合の発案や，策定される学校統廃合計画のより詳細な内容にも首長の意向が反映されることが予測される。

　また，教育政策と他の政策分野との融合が進むことが考えられる。例えば，多くの自治体においてファシリティマネジメントが導入され，自治体の所有する施設を一括して管理する動きが広まっている。学校の校舎は自治体の所有する施設の中で大きな割合を占めており，施設の耐用年数等の観点から学校統廃合が求められる場合や，空き教室や廃校の有効活用のために，福祉施設や公民館等との複合施設化が進む場合が考えられる。

3　市町村合併などの影響

　これまで学校統廃合については，市町村合併の影響が指摘されてきた。2000年以降に学校数が減少したのと同時期に平成の大合併が生じたため，学校統廃合への影響が考えられる。全国の市町村教育委員会に対して行われたあるアンケート調査では「小中学校統合への市町村合併の影響を感じられない」という見解を48.9％の教育委員会が肯定し，中でも人口1万人未満の自治体では，52.2％が肯定したこと等，ほぼ半数の教育委員会が，学校統廃合に市町村合併が影響を与えたという見方を否定していることが示されている（葉養 2009）。一方，関東地方のある地域において市町村合併と学校統廃合がほぼ同時期に行われた際，学校統廃合に伴う学校建設費等の財源に関して，その相当程度が合併特例債によって賄われていたこと等を明らかにし，平成の大合併が学校統廃合に与えた影響が示されている（新藤 2014）。このように平成の大合併の学校統廃合への影響については，合併が行われた自治体での学校統廃合の事例を論じる際には，その影響の検討が必要と思われる。

　全国的に少子化が進み，財政が悪化した自治体が多いことから，各地で学校統廃合の検討がなされている。学校統廃合においては，一定の学校規模を回復し，学校運営コストの効率化を進めることと共に，これまで学校が果たしてきた地域の拠点としての役割も考慮すること等，多様な課題に対応することが市町村に求められている。本章ではその方法の一つとして小中一貫校を取り上げたが，どのような方法で取り組むとしても，鴨川市の事例のように，地域住民と意見交換を行う機会を設け，学校統廃合計画に住民の不安を解消する案を組み込んでいくことが，学校統廃合を実施する場合にも，そして，統廃合後の地域社会の維持のためにも重要と思われる。

【さらに理解を深めたい人のために】

青木栄一（2013）『地方分権と教育行政——少人数学級編成の政策過程』勁草書房。

丹間康仁（2015）『学習と協働——学校統廃合をめぐる住民・行政関係の過程』東洋館出版社。

若林敬子（1999）『学校統廃合の社会学的研究』御茶ノ水書房（新版は 2012 年）。

参考文献

青木栄一（2013）『地方分権と教育行政――少人数学級編成の政策過程』勁草書房．

阿内春生（2012）「教育振興基本計画と学校統廃合計画の策定過程にみる地方教育ガバナンス」『早稲田教育評論』第26巻第1号，91-106頁．

植竹丘（2014）「教育行政の基本的仕組み」村上祐介編著『教育委員会改革5つのポイント 「地方教育行政法」のどこが変わったのか』学事出版，10-22頁．

押田貴久（2009）「政策プロセス」小川正人編集代表・品川区教育政策研究会編『検証 教育改革――品川区の学校選択制・学校評価・学力定着度調査・小中一貫教育・市民課』教育出版，158-164頁．

小野まどか・植田啓嗣・阿内春生・時田詠子（2014）「学校統廃合計画における地域教育ガバナンスに関する研究」『早稲田大学大学院教育学研究科紀要』別冊第21号-2, 59-70頁．

門脇正俊（2005a）「小規模特認校制度の意義，実施状況，課題」『北海道教育大学紀要 教育科学編』第55巻第2号，35-50頁．

門脇正俊（2005b）「小規模特認校の類型論的考察」『北海道教育大学紀要 教育科学編』第56巻第1号，47-60頁．

川上泰彦（2015）「地方教育委員会の学校維持・統廃合判断に関する経営課題」『日本教育経営学会紀要』第57号，186-194頁．

久保富三夫（2015）「「小規模特認校」制度の先進事例に関する調査研究」『和歌山大学教育学部教育実践総合センター紀要』39-50頁．

権安理（2013）「廃校活用の公共性と有効性――千葉県鴨川市（旧）大山小学校活用における〈時/空間〉をめぐって」『応用社会学研究』第55号，141-153頁．

櫻井直輝（2012）「学校統廃合政策の財政効果――基礎自治体に着目した事例分析」『日本教育行政学会年報』第38号，99-115頁．

新藤慶（2014）「「平成の大合併」と学校統廃合の関連――小学校統廃合の事例分析を通して」『群馬大学教育学部紀要 人文・社会科学編』第63巻，99-115頁．

高橋興（2014）『小中一貫教育の新たな展開』ぎょうせい．

丹間康仁（2015）『学習と協働――学校統廃合をめぐる住民・行政関係の過程』

東洋館出版社。

葉養正明(2009)「「公立小中学校統廃合は政治過程」という視野の政策フレームとしての意味」『日本教育行政学会年報』第38号,99-115頁。

葉養正明(2011)『人口減少社会の公立小中学校の設計——東日本大震災からの教育復興の技術』協同出版,2011年。

村上祐介(2014)「教育委員会改革からみた地方自治制度の課題」『自治研究』第430号,75-91頁。

安田隆子(2009)「学校統廃合——公立小中学校に係る諸問題」『調査と情報 Issue Brief』第640号。

山本由美・藤本文朗・佐貫浩編(2011)『これでいいのか小中一貫校——その理論と実態』新日本出版社。

若林敬子(1999)『学校統廃合の社会学的研究』御茶ノ水書房(新版は2012年)。

若林敬子(2008)「学校統廃合と人口問題」『教育社会学研究』第82号,27-42頁。

第5章
地域医療・介護政策
地域包括ケアシステムにおける自治体行政の役割

堀田　学

【本章のねらい】日本が少子高齢社会，人口減少社会となって久しい。15歳から64歳までの生産年齢人口の減少が現実のものとなり，社会保障制度をどう維持していくのかが大きな関心事となってきている。また，それに伴って高齢者人口が増大し，近年では「社会保障と税の一体改革」に代表されるような社会保障改革や，年金，医療，介護といった社会保障にかかる費用をどう抑制するかが議論となっている。そこで，「病気予防」や「介護予防」といった取り組みが重視されている。また，家族形態が多様化していくなかで，病気になった人をどのように地域で支えていくのかも重要になってきている。

　そこで，地方自治体や病院・施設といったひとつのアクターだけではなく，多様なアクターや人々が関わって構築され，基礎自治体を単位として展開される「地域包括ケアシステム」を通じて，ダイバーシティ（多様性）について考察していくことが本章のねらいである。

1　高齢化に伴う社会保障費の増大

1　医　　療

　わが国は，2008年に人口減少時代へと大きく環境が変わった。今後，2050年〜60年にかけて高齢化がさらに進行する。特に，10年後の日本は，いわゆる「団塊の世代（1947年〜49年生まれ）」が75歳以上の後期高齢者となり，年金のみならず，医療や介護なども含めた社会保障給付費の急激な増大が予想されている。社会保障費の増大は，今後の政策選択の幅を狭め，政策の硬直化をもたらす可能性が高い。そこで近年の取り組みとして「予防」に主眼を置いた地域医療が

模索されている。また,「医療」と「介護」の連携も模索されている。実際の取り組みは,地方自治体,特に基礎自治体であるが,人口変動に伴う日本という国全体の機能変化をもたらすものと考える。

2012年度の社会保障給付費は108兆5568億円であり,国民1人当たり85万1300円である。そのうち,年金が53兆9861億円と49.7%を占め,医療が34兆6230億円(31.9%)となっている。また,高齢者関係給付費(年金保険給付費,高齢者医療給付費,老人福祉サービス給付費,高年齢雇用継続給付費)は,74兆1004億円と社会保障給付費の67.4%を占め,このような負担割合においても高齢者偏重の支出構成であることがわかる(社会保障入門編集委員会編 2015：34-35)。1947年〜49年に生まれた「団塊の世代」が75歳以上の後期高齢者になる2025年度の社会保障給付の負担額は,146兆2000億円と推計されており,今後さらなる高齢者に対する社会保障給付が日本の財政を圧迫することが想定されている(社会保障入門編集委員会編 2015：36-37)。

日本の医療制度は,「フリーアクセス制」と呼ばれ,加入している健康保険の保険証を持参すれば,医療機関にかかることができる。一般的にヨーロッパでは,「家庭医制度」が主流であり,日本のように診療ごとに医療機関を変えて受診する制度ではない。

また,日本の医療保険は1961年に「国民皆保険」を実現し,国民全員が何らかの医療保険に加入していることとなっている。しかしながら,現状としては,1990年代以降の雇用形態の変化,多様化により,この国民皆保険の前提が大きく崩れている。医療保険は,大きく分けると,民間企業に勤務しているサラリーマンを中心とする健康保険組合は1419組合あり,本人・家族含めて2927万人が加入している。中小企業の従事者が加入する全国健康保険協会(協会けんぽ)は本人・家族含めて3564万人が加入,国家公務員,地方公務員などが加入する共済組合は合わせて84共済組合あり,891万人(本人・家族)が加入している。自営業者,専業農家,失業者,フリーターなど,先に記した健康保険組合,協会けんぽ,共済組合に加入していない人を包含する市町村が保険者となる国民健康保険組合が1717あり,3397万人が加入している。この他に医師,薬剤師,美容師,理容師などの業種ごとに作られた国保組合が164,75歳以上の高齢者が加入する後期高齢者医療制度が47ある。これら医療保険は,企業別,職域別に林立して

いることが多く，全国で約 3400 の医療保険が存在する（厚生労働省 2015：27）。

　これら医療保険には，公費が年間 11 兆 6000 億円ほど投入されている。また国民健康保険に対して健康保険組合や協会けんぽなどの被用者保険から 3 兆 7000 億円程度の「交付金」，そして後期高齢者医療制度へは国保・健保・協会けんぽから総額約 6 兆円の支援金も発生している。そもそも「保険」とは，『岩波国語辞典［第 7 版新版］』では，「火災・死亡・病気等の偶然の事故による損害を補償するため，多数者が一定の資金（保険料）を出し合い，実際に事故があった時その者に一定金額（保険金）を与える制度」とされている。自動車保険等を見ればわかるように，リスクと保障は関連しており，十分な保障を受けるためには多額の保険料を支払うことが保険の原則であり，リスクの高い人もその分多くの保険料を支払うのが原則である。このようなことから医療保険を見ると，保険料だけで医療保険の運営が行われているわけではなく，公費負担や他の保険からの財政移転もあり，純粋な「保険」とはいえない状況が生じている。このため健康保険組合が解散する事例も多くあり，「国民皆保険は世界に誇れる日本の医療システム」と形容するには無理がある。

　雇用形態の多様化によって大きな影響が出てきたのは，国民健康保険であろう。先述のとおり，国民健康保険は市町村によって運営されているが，加入者は失業者やフリーター，パートタイム労働者の割合が多くなってきている。また，高齢化の進展により前期高齢者の割合も増えている。厚生労働省保健局が 2012 年 1 月 24 日に発表した「市町村国保の現状について」では，市町村国保の構造的な問題として，①年齢構成が高く，医療費水準が高い，②所得水準が低い，③保険料負担が重い，④保険料（税）の収納率低下，⑤一般会計繰入・繰上充用，⑥財政運営が不安定になるリスクの高い小規模保険者の存在，⑦市町村間の格

1　2014 年度予算ベースで，市町村国保（3 兆 5006 億円），協会けんぽ（1 兆 2405 億円），組合健保（274 億円），後期高齢者医療制度（6 兆 8229 億円）である（厚生労働省「我が国の医療保険について」）。http://www.mhlw.go.jp/stf/seisakunitsuite/bunya/kenkou_iryou/iryouhoken/iryouhoken01/index.html（最終アクセス 2016 年 3 月 23 日）

2　厚生労働省「我が国の医療保険について」。http://www.mhlw.go.jp/stf/seisakunitsuite/bunya/kenkou_iryou/iryouhoken/iryouhoken01/index.html（最終アクセス 2016 年 3 月 23 日）

差，を挙げている。このような財政負担に人口規模の小さな自治体では保険料の引き上げによって対応してきたが，それも限界に近づいてきており，2012年の「社会保障と税の一体改革」，そして2015年通常国会では「持続可能な医療保険制度を構築するための国民健康保険法等の一部を改正する法律（医療保険制度改革関連法）」が成立し，2018年度から国保の運営が市町村から都道府県へ移されることになる。

　患者の自己負担率も現役世代は3割になっているものの，70歳から74歳までの高齢者の自己負担率は，法律上2割負担となっているにもかかわらず，特例で1割となっていた。それを本来の2割に戻したのは2014年度からであり，その部分はやはり各保険と公費により負担されていた。

2　介　　護

　今後の日本が直面する高齢化では，介護の問題も大きなもののひとつである。1963年に老人福祉法が制定され，1970年代から80年代にかけては，認知症の高齢者をどう支えるのかが考えられるようになった。まだ国や地方自治体の制度も未整備の部分が多く，認知症の高齢者の介護は主に「長男の嫁」に押し付けられる傾向が強かった。そのため「介護地獄」という言葉も出てきた。そのような社会変化を受けて，1989年には厚生省がゴールドプランと呼ばれる「高齢者保健福祉推進10ヵ年戦略」を策定し，特別養護老人ホーム・デイサービス・ショートステイの整備やホームヘルパーの養成などが施策として掲げられた。1994年には新ゴールドプランと呼ばれる「高齢者保健福祉5ヵ年計画」，2001年には「ゴールドプラン21」が策定された。2000年からは介護保険制度が始まった。この介護保険制度は，「介護の社会化」を目指すものであり，介護が家族・家庭に内包していた状況を改め，社会全体で支えようとした。運営は原則として市町村であるが，広域連合や一部事務組合での運営も認められている。加入者は65歳以上の第1号被保険者と40歳以上65歳未満の第2号被保険者からなる。介護保険制度が開始されて15年経過するが，特に2000年代以降悪化してきた国家財政，地方財政も影響し，保険料が値上がりしている。介護保険の総費用は，制度が開始された2000年度は3.6兆円であったが，2012年度は8.9兆円と2.5倍となった。また，65歳以上の第1号被保険者が支払う保険料は，2000年度〜02年度の

第1期が全国平均で月額2911円であったが，2012年度～14年度の第5期では月額4972円と1.7倍となっている。介護保険給付費は，国の負担は25％，都道府県が12.5％，市町村が12.5％となっており，50％が公的支出による負担となっている。残りの50％のうち，21％が第1号被保険者，29％が第2号被保険者の保険料負担である。将来予測として，2025年度の介護保険給付費は改革シナリオで総額21兆円程度とされており，保険料は全国平均で月額8200円程度とされている。国立社会保障・人口問題研究所「日本の将来推計人口」（平成24年1月推計）出生（中位）死亡（中位）推計によると，2015年に1646万人と推計されている75歳以上の人口は，2020年に1879万人，2025年には2179万人，2030年には2278万人と2015年から2025年の10年間に533万人増加すると推計されている。また，保険料を負担する40歳以上の人口は，2015年に7645万人，2020年に7787万人，2025年に7769万人，2030年に7626万人と2025年以降は減少する推計がある。

　利用者人数は，2012年度で452万人で，現状投影シナリオで2025年度に663万人，改革シナリオで657万人と予測されている。そして，介護に従事する職員数は，2012年度は149万人であるが，2025年度には237万人～249万人が必要となる見込みである。

　これから高齢者，特に後期高齢者が増えていくことに関して，介護職の不足が懸念されている。地方の高齢化が問題として取り上げられることが多いが，今後は大都市部，そして大都市周縁部（埼玉，千葉など）の高齢化が深刻である（増田 2014：27）。これらの場所では，土地に限りがあるため施設の建設を大幅に増やすことは困難であると考えられ，在宅の介護を中心として対応せざるを得ないであろう。そして，膨大な介護を必要とする高齢者に対して介護の担い手が充足できるのかも大きな問題である。2014年に大きな話題となった増田レポートで

3　厚生労働省「介護保険財政」（http://www.mhlw.go.jp/topics/kaigo/zaisei/sikumi.html）による（最終アクセス2016年3月23日）。
4　社会保障審議会介護保険部会（第46回）参考資料1「介護保険制度を取り巻く状況等」2013年8月28日，9頁。
5　同上，2頁。
6　同上，10頁。

は，消滅可能性自治体が注目を集めているが，人口が減少する要因のひとつとして 20 歳から 39 歳の女性が少なくなることで，出生率が減少し，最終的に自治体が消滅するというものであった。この 20 歳から 39 歳の女性が行く先は東京などの大都市であり，その誘因は地方では高齢者も 20 年後には減少傾向になり，介護の仕事も少なくなり，その仕事で生計を立てていた人びとは職を求めて大都市へ向かうということであった。

3 医療と介護，福祉の課題と連携

日本の社会保障の大きな課題は，医療と介護，福祉がそれぞれ別の制度として存立していることである。そしてそれぞれが必ずしも連携が取れているわけではなく，本来介護に担わせるべき人を医療が担っていたりしている。その典型が「社会的入院」の問題である。社会的入院とは，「不適切な入退院」であり，「社会的妥当性を欠く，新規入院，入院継続，転院，退院」と定義される（印南 2009：2）。また，社会的入院という言葉は 1940 年代後半ごろから，生活保護受給者の医療扶助に関連して使用されはじめ，精神保健領域，高齢者医療領域と拡大してきたという（印南 2009：7）。厚生労働省は 6 か月以上の入院を社会的入院として捉えている（印南 2009：3-6）。

病床区分については，介護保険とともに大きく変わってきている。2000 年に一般病床と療養病床の 2 つに分けられ，一般病床は急性期治療を行うものであり，療養病床は長期にわたり療養を必要とする患者を入院させるための病床である。そして，療養病床は医療保険が適用される医療型療養病床，介護保険が適用される介護型療養病床に分けられ，2006 年の医療制度改革において 2012 年には介護型療養病床が廃止されることとなった。日本の病床の問題として，急性期の患者に対しての一般病床が実際は必ずしもそうした急性期の患者への病床に特化していないことであるという（印南 2009：25-27）。

また，介護の領域においても，急増する高齢者の介護に関しては在宅介護を主として対応せざるを得ないだろう。居宅型，地域密着型，施設型の 3 つに大きく分けることができる。社会的入院との関連では，介護老人福祉施設である特別養護老人ホームの入所待ちが多く，「待機老人」と呼ばれる状況が生じている。

2 地域包括ケアシステム

1 介護から介護予防へ

　近年,地域包括ケアシステムという言葉を目にする機会が多い。この地域包括ケアシステムは,医療と介護の連携が主な内容といえるが,いつごろからいわれるようになったことばなのであろうか。

　地域包括ケアシステムという概念が導入されたのは,2005年に成立し,2006年に施行された介護保険法改正からである（川越 2008）。この改正は,2000年に介護保険制度が始まってから5年目の介護保険法改正であり,予防重視型システムが導入された。そして,この改正では,要支援・要介護になる前からの介護予防を推進するとともに,地域における包括的・継続的なマネジメント機能を強化する観点から,市町村が実施する「地域支援事業」が創設された（厚生労働省 2006：146）。この2005年の改革を,宮本太郎は「介護予防の強化のなかで結果的に生活支援のサービスが抑制されることになり,家族がいる場合はその負担が増大し,単身の高齢者の生活維持が難しくなった」（宮本 2014：9）と指摘している。この当時も高齢化による社会保障費の増大が懸念され,予防によってその増加幅を圧縮することを目的としていたと考えられる。しかし,その後も社会保障費は増大しており,2006年の小泉内閣による「骨太の方針」によって,社会保障費の自然増分（約1兆円）のうち,2200億円圧縮することが決まったものの,各方面からの反発とリーマン・ショックによる不況,そして2009年からの民主党政権によって実現されることはなくなった。

　1947年〜49年に生まれた団塊の世代が定年退職を迎え,前期高齢者である65歳以上に差し掛かってきた2010年代に入ると,その世代が後期高齢者である75歳以上になる2025年が近年,注目されるようになってきた。後期高齢者になるとそれ以下の世代に比べて格段に疾病罹患率が高くなり,介護も必要となる人数が増えてくる。現在でも毎年約1兆円ほど自然増の社会保障費がさらに上昇するのではないかという懸念もある。

2　社会保障と税の一体改革

　このような状況のなかで，社会保障改革は数年に一度政治日程にのぼってきている。「百年安心の年金」や「マクロ経済スライドの導入」が行われた2004年の年金制度改革，先述の地域包括ケアシステムの概念が導入された2005年介護保険法改正，そして後期高齢者医療制度の創設や療養病床の削減を求めた2006年医療制度改革などが代表例であろう。2008年には社会保障国民会議が発足した。2009年秋に政権交代で民主党政権が誕生し，2011年には野田内閣が成立した。さらには，当時衆議院と参議院の多数派が異なるいわゆる「ねじれ国会」の下，民主党・自民党・公明党の3党合意により，「社会保障と税の一体改革」が行われることとなり，2012年8月には社会保障制度改革推進法が成立した。そして，この法律を受けて，社会保障制度改革国民会議が設置され，子ども・子育て，年金，医療・介護などの改革を検討することとなった。

　このような政治状況においても介護保険法は改正されている。2011年に成立し，2012年から施行された介護保険法改正は，第5条に「国及び地方公共団体は，被保険者が，可能な限り，住み慣れた地域でその有する能力に応じ自立した日常生活を営むことができるよう，保険給付に係る保健医療サービス及び福祉サービスに関する施策，要介護状態等となることの予防又は要介護状態等の軽減若しくは悪化の防止のための施策並びに地域における自立した日常生活の支援のための施策を，医療及び居住に関する施策との有機的な連携を図りつつ包括的に推進するよう努めなければならない」と明記された。ここまでの地域包括ケアの内容は主に介護の分野であったが，この後の議論では医療と介護の連携が本格的に登場する。

　2012年の社会保障と税の一体改革によって社会保障制度改革国民会議が2012年11月に設置された。総選挙の結果，民主党から自民党への政権交代があったものの，2013年8月に報告書が安倍首相に提出された。

　この報告書では，社会保障制度改革の方向性を「1970年代モデル」から「21世紀（2025年）日本モデル」へと示されている。「1970年代モデル」は，男性労働者の正規雇用・終身雇用と専業主婦が前提であり，社会保障は「年金」，「医療」，「介護」がその中心であったが，「21世紀（2025年）日本モデル」は，現役世代の「雇用」，「子育て支援」，「低所得者・格差の問題」，「住まい」の問題も大

きな課題であるという（社会保障制度改革国民会議 2013：7-8）。また，「地域づくりとしての医療・介護・福祉・子育て」として，「住み慣れた地域の中で患者等の生活を支える地域包括ケアシステムの構築が不可欠である」とし，また，「地域内には，制度としての医療・介護保険サービスだけでなく，住民主体のサービスやボランティア活動など数多くの資源が存在する。こうした家族・親族，地域の人々等の間のインフォーマルな助け合いを『互助』と位置づけ，人生と生活の質を豊かにする『互助』の重要性を確認し，これらの取組を積極的に進めるべきである」とされ，さらに「このような地域包括ケアシステム等の構築は，地域の持つ生活支援機能を高めるという意味において『21世紀型のコミュニティの再生』といえる」という（社会保障制度改革国民会議 2013：11-12）。

　この観点は，非常に重要である。現在の労働者のうち，非正規労働者に従事している割合は，約40％である。また，解雇規制や年功賃金で保障されている正規労働者に比べて，非正規労働者は定められた雇用期間やその更新，経済環境が悪化した際の「調整弁」としての役割を担わされている部分も大きく，不安定な立場である。このようななかで，日本の社会保障制度は非正規労働者にとって必ずしも使い勝手のよい制度であったとはいえない。また，晩婚化，未婚化，少子化，単身世帯の増加は，これまで家族内での扶助を基本としていた日本の社会保障，そして1980年代に注目された「日本型福祉社会」の前提がもはや存在しないといっても過言ではない状況となっている。実現するには多くの困難があると思われるが，このような報告書に明記されたことは評価すべきことであろう。さらに，急増する高齢者に対応するための社会保障に費やす財源も限られていることから，医療と介護の連携，そして地域とのつながりというものも今後ますます重要になっていくものと考えられる。

　その後，この社会保障制度改革国民会議の報告書を受けて，「持続可能な社会保障制度の確立を図るための改革の推進に関する法律（社会保障制度改革プログラム法）」が2013年12月に成立した。この法律は，少子化対策，医療制度，介護保険制度，年金の改革の検討課題と法律提出の目途，社会保障制度改革推進本部や社会保障制度改革推進会議の設置がその内容であった（内閣府 2014）。

　地域包括ケアシステムについては，社会保障制度改革国民会議の報告書において，「今後，認知症高齢者の数が増大するとともに，高齢の単身世帯や夫婦のみ

図 5-1 地域包括ケアシステム

○ 団塊の世代が75歳以上となる2025年を目途に、重度な要介護状態となっても住み慣れた地域で自分らしい暮らしを人生の最後まで続けることができるよう、住まい・医療・介護・予防・生活支援が一体的に提供される地域包括ケアシステムの構築を実現していきます。
○ 今後、認知症高齢者の増加が見込まれることから、認知症高齢者の地域での生活を支えるためにも、地域包括ケアシステムの構築が重要です。
○ 人口が横ばいで75歳以上人口が急増する大都市部、75歳以上人口の増加は緩やかだが人口は減少する町村部等、高齢化の進展状況には大きな地域差が生じています。
　地域包括ケアシステムは、保険者である市町村や都道府県が、地域の自主性や主体性に基づき、地域の特性に応じて作り上げていくことが必要です。

（出所）厚生労働省ホームページ（http://www.mhlw.go.jp/stf/seisakunitsuite/bunya/hukushi_kaigo/kaigo_koureisha/chiiki-houkatsu/）。

世帯が増加していくことも踏まえれば，地域で暮らしていくために必要な様々な生活支援サービスや住まいが，家族介護者を支援しつつ，本人の意向と生活実態に合わせて切れ目なく継続的に提供されることも必要であり，地域ごとの医療・介護・予防・生活支援・住まいの継続的で包括的なネットワーク，すなわち地域包括ケアシステムづくりを推進していくことも求められる」（社会保障制度改革国民会議 2013：28）と提起された。そして，この社会保障制度改革国民会議の報告書では，「2015年度からの第6期以降の介護保険事業計画を『地域包括ケア計画』と位置付け，各種の取組を進めていくべきである」（社会保障制度改革国民会議 2013：29）とされており，各自治体での介護保険事業計画策定において，地域包括ケアについての論点が組み込まれた。そして，「地域包括ケアシステムは，かつては介護の概念と考えられて議論がなされてきたが，社会保障国民会議においては，医療・介護一体のものとして検討された」（根岸 2013：63）。

この社会保障と税の一体改革ならびに社会保障制度改革プログラム法に地域包

括ケアシステムについても記されており，その後の改革につながることとなった。地域包括ケアシステムは，図 5 - 1 で説明されることが多く，市町村ではその構築が求められている。

3　医療介護総合確保推進法

　社会保障制度改革プログラム法は，あくまで「プログラム法」であり，その後，各政策領域ごとに法律の制定が求められた。そして，2014 年 2 月に「地域における医療及び介護の総合的な確保を推進するための関係法律の整備等に関する法律案（医療介護総合確保推進法案）」が通常国会に提出され，6 月 18 日に参議院本会議にて可決・成立した。2014 年 7 月 28 日に発表された厚生労働省資料「医療介護総合推進法等について」では，趣旨として「効率的かつ質の高い医療提供体制を構築するとともに，地域包括ケアシステムを構築することを通じ，地域における医療及び介護の総合的な確保を推進するため，医療法，介護保険法等の関係法律について所要の整備等を行う」とし，概要としては，①　新たな基金の創設と医療・介護の連携強化，②　地域における効率的かつ効果的な医療提供体制の確保，③　地域包括ケアシステムの構築と費用負担の公平化，④　その他，となっている。このなかで，地域包括ケアシステムについて詳しく見ると，介護保険財源で市町村が取り組む事業である地域支援事業において，在宅医療・介護連携の推進などの充実と，予防給付を地域支援事業に移行し，多様化することとなった。この地域支援事業の最大の特徴は，市町村の裁量の大きさであるという（飛田 2014：5）。

　この医療介護総合確保推進法に関して，「厚生労働省では組織改革をはかり，医療介護連携を担当する専任の審議官を増員するとともに，保険局内に医療介護連携政策課を新設し，審議官および，課長を医政局と老健局の併任とした」（高橋 2014：14）という。そして，「今回の改正で，要支援者への個別給付から，保険者の裁量によって提供可能な地域支援事業への転換，特別養護老人ホームの入所要件の原則要介護 3 以上への厳格化を評価する一方で，一定所得階層以上への者への 2 割負担の導入については評価していない」と，この法律について論じている（高橋 2014：15）。

　また，山内康弘と筒井孝子は，「2006 年度の介護保険制度改正において，『包

括的なケアシステム』の実現に向けて，各市区町村に『地域包括支援センター』が創設された。そのセンターの活動開始時期について，財政力のある市区町村は，相対的に早い傾向があり，人口や人口密度，高齢者割合などの外生的な要因もセンターの活動開始時期の地域差を規定している」と指摘した（山内・筒井 2010：45-46）。さらに，「地域包括ケアシステムは，その地域を活かしたものとして構築されることが望まれており，このシステムはまさに多様であり，その構築方法，推進方法も異なることが前提となる」（筒井 2014：134）と指摘している。

このように地域包括ケアシステムは，国際的にも稀有なシステム（筒井 2011）といわれ，また，先進自治体の取り組みを模倣することも，結局は各々の地域の実情とかけ離れてしまい，よい効果を必ずしも上げることのできないといった指摘（筒井 2014：116-118）もある。したがって，各自治体はその地域の実情を踏まえて地域包括ケアシステムを構築する必要があるなど，自治体間の格差が生じる可能性のある政策ということもできよう。

3　地域包括ケアシステムの先進的な取り組み事例

1　広島県尾道市

尾道市は，人口約 14 万 5000 人，高齢化率 30.4％（2010 年国勢調査）の市である。2005 年 3 月 28 日に広島県尾道市へ編入合併した御調町は先進的な地域医療を実施していた自治体として全国的に知られた存在であった。1960 年代から 70 年代にかけて公立みつぎ総合病院を中心に保健・医療・福祉の連携システムが徐々に整備され，「地域住民の疾病予防と健康づくり」の理念の下，「地域包括医療」の根本が形作られたという[7]。また，この地域包括医療を形成した山口昇は，「高度医療で病気を治療し，家に帰すことに懸命でした。しかし，治って家に帰るほどに寝たきりのお年寄りが増えていくのです」[8]と 1960 年代後半を振り返っている。そして，「1984 年に町の行政の福祉部門を病院の中に移転させ，窓口を

---

[7] 「介護予防の経験——レポート　広島県御調町からの発信」『介護保険情報』第 2 巻第 1 号（通号 13 号）2001 年 4 月，56-65 頁。

[8] 同上，61 頁。

一本化。住民にとって本当に必要なサービスというのを考えながら,『寝たきりゼロ作戦』を本格的に展開させていった」という[9]。

御調町では,健康管理センターを設置し,医療,福祉,介護を包括的に提供する体制を整えた。日本全体が高齢化していくなかで,御調町も高齢化することとなったが,在宅の寝たきり老人の割合は,1982年の3.3%から1999年の0.7%に減少した(尾道市 2009：33-37)。これは,医療,福祉,介護が連携することで寝たきりになる可能性の高い高齢者を予防することができたということができるのではないだろうか。

また,のちに御調町を編入合併する尾道市も尾道医師会を中心に,1990年代に仕組みづくりに着手している。1999年には「マネジメントセンター」を設立し,利用者の状況の変化に応じてケアカンファレンス会議というものを開催している。このメンバーには,医師,看護師のみならず,ケアマネージャー,介護スタッフや利用者やその家族も含まれている。そして,利用者への今後の治療やケアについて合意形成するという(法研 2011：14-17)。このケアカンファレンス会議は,現在の地域包括ケアシステムにおける地域ケア会議に相当する先駆的な取り組みであったといえるのではないだろうか。

高齢化は,急性期の病気というよりは,慢性疾患の病気が増える傾向にある。また,がんの罹患も高くなり,がんに関しても手術や投薬で完治というものではなく,再発の可能性も高く,寛解という表現を用い,退院後の生活のサポートも重要である。このようなことから,尾道方式と呼ばれる尾道医師会の取り組みは,先進的なものとして取り上げられることも多い。また,このような取り組みが合併先の尾道市に存在していたことも,御調町が編入合併によって尾道市になったのちも,取り組みが継続した要因のひとつであると考えることができよう。

また,尾道市は,2015年3月に「尾道市高齢者福祉計画及び第6期介護保険事業計画」を策定した。このなかでは,「尾道市の健康寿命は,男性77.54歳,女性82.07歳であるのに対し,広島県の健康寿命の平均は,男性78.38歳,女性83.53歳で尾道市は広島県の平均を下回っている」と示されており,必ずしも広島県の他地域における健康寿命に対して尾道市が抜きん出て健康な高齢者が多い

---

9 同上。

というわけではない．しかしながら，旧御調町の区域である尾道市の山間地では公立みつぎ総合病院を中心とした取り組みが現在でも続いており，また，人口が集中している地域では尾道市医師会による取り組みも継続している．さらに因島も尾道市の行政区画となったため，離島部は因島医師会在宅ケアセンターが整備されており，同じ自治体であってもその地域の環境に適した地域包括ケアシステムが構築されている（尾道市 2015）。

2　埼玉県和光市

埼玉県和光市は，東京都との県境に接し，ベッドタウンである．人口約8万人，高齢化率14.1％（2010年国勢調査）の市であり，高齢化率が低い自治体である．和光市は，地域包括ケアシステムの先進事例として注目を集めているが，その歴史は，介護保険が始まった2000年までさかのぼる．その念頭にあったのは，介護保険法の自立支援であり，要介護4や5の人には，生活機能回復・維持に向けての自立支援型マネジメントを，要支援1や2の人には，生活機能が低下しないように，自立にもっていくことであったという（東内2012：236）。2000年の介護保険開始時から，1人暮らしの高齢者が多く，近所と乖離しており，都市型限界集落に近い状況になるとし，孤独死，孤立死の予防も考えるようになったという（東内2012：237）。そして，「地域包括ケア支援センターでは，基本的にマスタープランから整合をとり，障害者関係の部分と高齢者福祉，長寿安心プラン（介護保険事業計画），さらに，65歳以上の特定健診，保健指導を含め，軽度から重度までを一体的に受け持っており，これらを包括支援センターの業務にしている」（東内2012：237）。

和光市は，介護予防前置主義というものを採用しており，2002年の和光市の基本方針にもその旨が定められている．なかでもコミュニティケア会議は全国的に地域包括ケアシステムが広まる前から設置されており，その目的は，困難なケースなどを取り上げ，保険者としてサービス提供の実態を把握して適正な提供を促していくためであった（宮下2015：63）。現在では，約30名の出席者で，和光市保健福祉部福祉政策課・長寿あんしん課職員4〜5名，市内5か所の地域包括全職員，管理栄養士，歯科衛生士，薬剤師，理学療法士などの外部専門職が4〜5名，そして地域の基幹病院の院長も出席するという（宮下2015：64）。

2015年3月に策定された「和光市長寿あんしんプラン（地域包括ケア計画）」（第6期和光市介護保険事業計画・高齢者保健福祉計画）では，基本理念を「健やかに暮らし，みんなで支え合うまち」とし，基本目標としては「地域包括ケアシステムの確立による介護保障と自立支援のさらなる発展を目指して」と定め，6つの基本方針がある。和光市では第5期計画で自然体ならびに介護予防後の要介護認定者数の予測を，2012年は1297人（自然体），1223人（介護予防），2013年は1421人（自然体），1297人（介護予防），2014年は1548人（自然体），1371人（介護予防）としていたが，実際は2012年は1200人，2013年は1224人，2014年は1282人と下回っている（和光市 2015：90）。また，第5期で市独自の事業として行われてきた「在宅医療・介護連携の推進」・「地域ケア会議の充実」が第6期では地域支援事業へと移行した（和光市 2015：146）。さらに和光市は第2期計画より地域ケア会議を開催していたが，地域包括ケアシステムの構築に際しては，地域コミュニティケア会議は支援方針の決定，支援計画調整などを行うが，市の長寿あんしん課などの職員，地域包括支援センター職員，ケアマネージャー，社会福祉法人，成年後見人，家族，民生委員，医師，マンション管理人などその高齢者に関わる人びとによって行われる（和光市 2015：170-171）。

4　行政の役割と協働

「協働」という言葉が用いられて久しい。1960年代に全国で革新自治体が誕生した際には，「対話」や「住民参加」によって住民の意見が行政に届く，ないしは取り入れられるといったことがあった。そして，抵抗型の住民運動ではなく，参加型の住民運動ともいわれたこともあった。その後，「住民参加」から「住民参画」と語句も変化してきた。参加は，あらかじめできているものに加わる含意があるのに対し，参画はその計画段階から加わっている含意がある。

1990年代になると，さらに踏み込んで，「協働」という語句が登場する。協働は，その計画から実行段階になった際に，その公共サービスの提供主体としてもその役割を担うという意味が出てくるであろう。

このように日本の地方自治を振り返っても，「参加」，「参画」，そして「協働」とその時代時代を反映してその意味する語句が変化してきた。理論的にも変化が

あったということができる。例えば,「ガバナンス」の議論である。このガバナンスの議論は,経済・経営の分野での「コーポレート・ガバナンス（企業統治）」が代表的な議論であったが,政治学の分野でもガバナンスの議論が数多く行われた。

2013年12月に増田レポートと呼ばれる日本創成会議のレポートが発表された。このレポートの特徴は,何といっても「消滅可能性自治体」であり,ほぼ半数の自治体が2040年には消滅するということであった。この根拠は,現在,介護などの福祉によって生計を立てている20歳から39歳の女性が,今後高齢者が自然減となり必然的に介護需要が地方からなくなることで,仕事を求めて大都市部へと移動し,結果としてその地域に出産可能な女性が少なくなり,消滅するというものであった。その後,増田レポートへの反対の議論も多く,地方自治体の関係者も巻き込み,様々なところで議論がなされている。

国もこのような状況を見て,「地方創生」を政策のひとつとして推進している。かつての地域振興券とさほど変わらない「プレミアム商品券」や国土強靭化やインフラの更新といった側面での公共事業など,従来の地方に対する政策と変わらない部分もあるが,地方創生は安倍内閣の主要政策のひとつとなっているといえる。

また,2015年に入り,先述の日本創成会議は,高齢者の「地方移住」を提言した。これは,今後,地方部では高齢者の数は,横ばいか減少に転じるのに対し,大都市部では,現在の倍の高齢者の数になると推計されており,この高齢者に対する介護需要も賄うこともできず,「介護難民」が生まれるとも懸念されている。そこで,地方へ高齢者に移住してもらうことで,地方の雇用も生まれ,大都市部の介護需要も減少させることができるという見込みのようである。この提言を歓迎している自治体もあれば,否定的に受け止めている自治体もある。そして,これは乗り越えなければならない問題もあり,誰が介護などの福祉の費用を負担するのかという問題でもある。

この提言が現実のものとなるのかどうかは,現時点ではわからない。しかし,このような動きが出てくるとするのであれば,先述の地域包括ケアシステムの「先進地域」も有力な候補地のひとつとなるであろう。広島県尾道市のケースでは,人口約14万人の市であり,埼玉県和光市は,約8万人の市である。尾道市

は，昔からその地域に住んでいる人との関わりのなかで，地域包括ケアシステムを構築してきた。そして和光市は，ベッドタウンである負の側面である孤独死・孤立死を防ぐために介護保険が導入された当初から地域包括ケアシステムに取り組んできた。大都市部から地方への高齢者の移住は，これまで培ってきたシステムが機能不全に陥ることも考えられるのではないか。

これまで地域包括ケアシステムの法的根拠，ならびに先進事例といわれている地域の取り組みを見てきた。そこで重要であったものは，「地域の実情に合わせて，その地域ごとにシステムを構築する」ということであったといえよう。つまり，ただ高齢者を地方に移住させて大都市部の高齢者問題が解決するほど単純ではなく，大都市部は大都市部のシステムを構築する必要があるということなのではないだろうか。また，認知症は，高齢者にとって環境が変わったときに発症したり，病状が進行したりするといわれる。このようなことも考えると，高齢者にとっても住み慣れた地域で，医療・介護・福祉のサービスを受けることが最良のものであるといえよう。

これまで日本の地方自治は，中央－地方関係を画一的に考えてきた傾向がある[10]。単に人口規模でその権限を考えるのではなく，その自治体ごとの人口構成などに応じて対応できるような新たな仕組みも必要なのではないだろうか。

わが国の財政は国と地方を合わせて1000兆円を超える赤字を抱えている。今後は高齢者の増加により社会保障費の支出が増えることが予想されると同時に，生産年齢人口が減少し，経済が低成長のなか，稼得世代の所得が増えることも難しく，税収が伸びていくことも難しいであろう。

結城康博は，「『電球を取り換える』『トイレ掃除』『ゴミ出し』といった，現役世代にとっては何ら支障のない生活行動も，心身共に機能が低下している要介護高齢者にとっては，非常に困難をきたす課題となる。そのため，地域住民の助け合い（ボランティア組織の構築）や簡単な『生活支援サービス』が整備されることで，多くの高齢者が在宅で生活しやすくなる」（結城 2015：124-125）としなが

---

10 例えば，国・地方といった場合に，人口の多い東京都も人口の最も少ない鳥取県も同じ地方として位置づけされており，市区町村に関しても政令指定都市，中核市，一般市の違いがあり，その自治体が行える権限は異なるものの，地理的な概念がなかったように思われる。

らも，従来のボランティアの担い手であった専業主婦層が減少傾向で，高齢者も定年延長や高齢者雇用促進などから，「地域のボランティアに関してあまり過度の期待はできない実態は認識しておくべきであろう」（結城 2015：127）とも指摘している。また，宮本は，この地域包括ケアについて「介護を地域社会全体の課題として議論することになり，生活困窮者の支援や女性の就業といった，地域社会の他の課題といかにつなげるかを議論することも可能となり，狭い意味での高齢者ケアを超えて，地域の生活保障の編み直しに向かっていく契機とする」（宮本 2014：9）と評価している。また，これまでの公共事業によって支えられた「土建自治体」から地域包括ケアシステムによる「保健自治体」への転換も指摘している（宮本 2014：31）。

　「ダイバーシティ」とは多様性を意味する。グローバル化が進行し，多くのヒト・モノ・カネ，ならびに情報が行き来する現代において，公共領域の担い手は，中央政府や地方政府といった行政がすべてを担うことができるような時代ではなくなった。さらには，社会が成熟していくなかで，市民の価値観も多様化し，画一的なサービスを提供することには限界が現れてきている。このようななかで，本章では，地域包括ケアシステムを事例として挙げながら，今後の医療・介護・福祉の連携を考察してきた。市町村といった行政のみならず，利用者とその家族，医療機関や介護・福祉機関，ケアマネージャーなどさまざまなバックグラウンドを持った人々が一人の利用者にそれぞれの視点から専門的な意見を述べ，総合的にケアを行っていくというものであった。非常に手間やプロセスがかかる一方で，病気にかからない予防や介護を必要としない予防に効果が現れている。

　この地域包括ケアシステムによって「予防」に高齢者が取り組み，結果として社会保障費が抑えられるということも考えられるであろう。しかしながら，財政的な面に加えて重要なものは，高齢者本人が自らの選択において様々なサービスを受けることができるようになることや，健康寿命を延ばすことで「生活の質（QOL）」も改善することが可能になることではないだろうか。

【さらに理解を深めたい人のために】
　島崎謙治（2015）『医療政策を問い直す――国民皆保険の将来』筑摩書房。
　宮本太郎編（2014）『地域包括ケアと生活保障の再編――新しい「支え合い」シ

ステムを創る』明石書店.
結城康博（2015）『在宅介護——「自分で選ぶ」視点から』岩波書店.

参考文献

印南一路（2009）『「社会的入院」の研究——高齢者医療最大の病理にいかに対処すべきか』東洋経済新報社.
尾道市（2009）『尾道市公立病院改革プラン　平成21年度〜平成25年度』.
尾道市（2015）『尾道市高齢者福祉計画及び第6期介護保険事業計画』.
川越雅弘（2008）「我が国における地域包括ケアシステムの現状と課題」『海外社会保障研究』2008年春，No.162，4-15頁.
厚生労働省（2006）『平成18年版　厚生労働白書』.
厚生労働省（2015）『平成27年版　厚生労働白書　資料編』.
社会保障制度改革国民会議（2013）『社会保障制度改革国民会議報告書』.
社会保障入門編集委員会編（2015）『社会保障入門2015』中央法規.
高橋紘士（2014）「地域包括ケアシステムの構築と市町村行政」『月刊ガバナンス』2014年9月号，14-16頁.
筒井孝子（2011）「なぜ地域包括ケアシステムか」『こころの科学』第161号，42-48頁.
筒井孝子（2014）『地域包括ケアシステムのサイエンス』社会保険研究所.
飛田英子（2014）「医療介護総合推進法の評価と課題」《税・社会保障改革シリーズNo.20》日本総研.
内閣府（2014）『平成26年版　高齢社会白書』.
根岸隆史（2013）「社会保障制度改革の課題と今後の展望——社会保障制度改革国民会議報告書とプログラム法案の骨子」『立法と調査』No.345，54-76頁.
東内京一（2012）「地域包括ケアの確立を目指した介護保険事業計画を考える」高橋紘士編『地域包括ケアシステム』オーム社，236-246頁.
法研（2011）『月刊介護保険』No.183，2011年5月号.
増田寛也編（2014）『地方消滅——東京一極集中が招く人口急減』中央公論新社.
宮下公美子（東内京一監修）（2015）『埼玉・和光市の高齢者が介護保険を"卒業"できる理由』メディカ出版.
宮本太郎（2014）「地域包括ケアと生活保障」宮本太郎編『地域包括ケアと生活

保障の再編——新しい「支え合い」システムを創る』明石書店，7-13頁。
山内康弘，筒井孝子（2010）「地域包括ケア支援センターの活動開始時期に関する計量分析」『介護経営』第5巻第1号，39-47頁。
結城康博（2015）『在宅介護——「自分で選ぶ」視点から』岩波書店。
和光市（2015）『和光市長寿あんしんプラン（地域包括ケア計画）』。
Rose, Richard and Rei Shiratori eds. (1986), *The Welfare State East and West*, Oxford: Oxford University Press. （木島賢・川口洋子訳（1990）『世界の福祉国家〔課題と将来〕』新評論。）

第6章
公共交通政策
省庁横割り政策局の役割

松岡 清志

【本章のねらい】本章では，公共交通政策，とりわけ地域公共交通に関する政策を取り上げる。2000年以降進められた規制緩和の結果，地方では鉄道やバスなどの不採算路線の廃止が進み，代替となる公共交通体系の整備が必要となった。各自治体における公共交通体系は，地理的条件や人口の集中度といった条件を考慮する必要性があり，適切な輸送手段の組み合わせによる多様な政策展開が求められることとなった。
　その一方で，従来の公共交通政策は輸送手段ごとに分かれており，総合的な公共交通体系の確立を促すには不十分であった。このような問題意識から地域公共交通活性化・再生法，および交通基本法の制定が進められたが，本章ではこれらの過程において，省庁の横割り政策局がいかなる役割を果たしたかに焦点を当てる。

1　公共交通政策を分析する際の横割り政策局の視点

　本章で取り上げる公共交通をめぐる政策は，基本的には（輸送手段を表す）モードごとに政策が形成，実施され，補助制度等もモードごとに整備されてきた。また，旧運輸省時代から，局の配置も鉄道局，自動車局などのようにモードごとであり，省庁再編で国土交通省となってからも基本的には変わっていない。
　他方，規制緩和によって不採算の鉄道，バスが廃止となった地域では，多様なモードを組み合わせ，地域の実情に合った形で市民の足をいかに確保するかが急務となった。しかしながら，モードを横断する総合的で地域特性を踏まえた公共交通体系の形成を促す国の政策は，必ずしも十分とは言えず，規制緩和の影響が徐々に現れはじめた2000年代中頃から，公共交通に関する総合的な政策の必要

性が高まることになった。

　以上のような背景から，総合的な公共交通政策が形成されることとなったが，本章でその形成過程を分析するにあたって，省庁の横割り政策局に注目する。横割り政策局については，共通の定義は定まっていないが，外務省における総合外交政策局の研究を行った山谷（2005）は，同局を「総合的，中長期的な観点から政策の企画・策定を行い，地域別の政策や機能別の政策を統一的視点から総括・調整する」（24頁）組織と規定している。本稿では，この定義を修正して，横割り政策局を，「機能別の組織が所掌する政策を統一的な視点から調整・統合・管理すると同時に，総合的・中長期的な政策の企画立案および策定を行う局」と規定する。

　一般的には，省庁内の政策の調整，管理に関して，部局をまたぐ共管競合事務が発生した場合には，基本的にはライン組織における指揮監督権に基づき上層の組織が調整を行うことを原則とするが，実際には部局間の合議によって非公式な調整が行われることが多いと説明される。一方，日本型スタッフ組織としての官房系統組織に焦点を当て，各省の大臣官房の政策調整，管理を分析した研究も多くの蓄積がある。それに対し，大臣官房以外の横割り組織に関する研究は上述の山谷（2005）や，城山・鈴木・細野（1999）および（2002），のちに紹介する城山（2001）や真渕（2008）などがあるものの，必ずしも多いとは言えない。そこで，本章では公共交通政策を事例として取り上げ，省庁の横割り政策局がどのように政策形成に役割を果たしたかを分析する。

　本章の構成として，第2節で各省における横割り政策局の設置状況，およびそれぞれの組織令で規定されている機能について整理する。第3節では，モードを横断した総合的な公共交通政策の実現を目指した事例として，地域公共交通活性化政策の形成過程を俯瞰する。第4節では，総合的な公共交通政策の確立をさらに推進するための交通基本法[1]の制定過程について分析を行う。最後に，第5節では，横割り政策局の機能について改めて整理を行うと同時に，横割り政策局に残

---

[1] 交通基本法は，第4節で述べるように最終的には自公政権のもとで交通政策基本法として制定されたが，今回は国土交通省における政策形成過程に注目するため，検討時点で用いられていた交通基本法の名称を原則的に使用する。

された課題について指摘する。

2 各省における横割り政策局の設置状況と機能

1 横割り政策局の設置状況

　横割り政策局の機能について見る前に，横割り政策局の設置状況について見ておきたい。というのも，横割り政策局は必ずしも全ての省で置かれているわけではないためである。

　各省の組織および機能を規定する組織令をもとに，各省における横割り政策局の設置状況を見ると，設置されている省は外務省（総合外交政策局），経済産業省（経済産業政策局および通商政策局），国土交通省（総合政策局），環境省（総合環境政策局）の4省である。

　このうち，今回取り上げる公共交通政策を所管する国土交通省の他に，経済産業省が省庁再編によって発足した省であり，環境省は省庁再編によって庁から格上げされ，同時に厚生省から所掌事務が一部移管された省である。このように，横割り政策局が設置されている省といっても，それぞれの省の生い立ち，性質は様々であることが分かる。

2 横割り政策局の機能

　本節では，事例として取り上げる公共交通政策を所掌する国土交通省以外の4省において，横割り政策局の機能がどのように位置づけられているかを，各省の組織令で規定されている事務の内容を中心に見ることとする。

外務省における横割り政策局　外務省における横割り政策局である総合外交政策局の機能は，外務省組織令第4条第1号において，「総合的な外交政策又は日本国の安全保障に係る基本的な外交政策その他の基本的な外交政策の企画及び立案に関すること」，第2号において「前号に掲げる事務に関連する外交政策に関する事務を総括すること」と規定されている。一方，大臣官房に関しては，組織令第3条第1号で「外務省の所掌事務に関する総合調整に関すること」と規定されている。

　それでは，大臣官房と総合外交政策局の役割分担はどのようになっているのだ

ろうか。外務省での勤務経験を持つ山谷は，両者のデマケーション（役割区分）についての研究を行っている。山谷によれば，湾岸戦争に対する日本の対応への批判から1993年に総合外交政策局が設置され，同局は総合的，中長期的な観点からの政策を企画立案するとともに，地域別，機能別の政策を総括，調整することになったとしている。以降，「総合外交政策局が政策の企画立案，官房が政策の管理調整，地域局や機能局が政策実施」（山谷 2005：24）という形でのデマケーションが成立したと述べている。もっとも山谷によれば，このデマケーションは実際には有効に機能しておらず，「外務省の官房総務課は政策志向を捨てていない」（山谷 2005：43）としている。

　このような先行研究を鑑みると，外務省においては横割り政策局と大臣官房との機能分担は実際には必ずしも明確でない状況であると見なすことができる。

経済産業省における横割り政策局　経済産業省が他の省と大きく異なるのは，横割り政策局が複数存在することである。経済産業省の横割り政策局は経済産業政策局と通商政策局が該当する。経済産業省組織令において，経済産業政策局の機能は第4条第2号で「民間の経済活力の向上を図る観点から必要な経済財政諮問会議において行われる経済全般の運営の基本方針の審議に係る企画及び立案への参画に関し，経済産業省の所掌に係る政策の企画を行うこと」と定められている。一方，通商政策局については，第5条第1号において，「通商に関する政策及び手続に関すること」と規定されている。

　もっとも，これらの規定は非常に簡素なものであるので，組織の機能についての説明としては不十分であろう。そこで，経済産業省が執筆した，組織についての解説記事を紹介しておきたい。経済産業省商務情報政策局情報通信機器課による解説記事（経済産業省 2001）では，経済産業政策局は「経済全体をミクロとマクロの両面から捉え，経済構造改革を推進するために経済産業政策局を設置」（23頁）したとし，同局の業務は「産業サイドのみならず，経済構造そのものに

2　山谷は，デマケーションが機能しているかを検証する方法として，政策の個別事例や政策内容をもとに議論する方法と，政策を管理するシステムに官房と政策局がどのように関わったかを検証する方法の2つがあるとしている。山谷の分析は，政策評価を題材として後者のアプローチを採用したものであるのに対し，本章での議論は前者のアプローチに近いものである。

つきましてもマクロ・ミクロ両面からとらえ，経済構造改革を推進する」(23頁) ことと述べている。一方，通商政策局については「通商政策局を政策の企画立案と対外交渉の局」(23頁) とし，政策の実施に関しては旧貿易局を改組した貿易経済協力局に移管したと述べている。

　一方，大臣官房については，組織令第3条第8号で「経済産業省の所掌事務に関する総合調整に関すること」，第9号で「経済産業省の所掌事務に関する基本的な政策の企画及び立案に関すること」と規定されている。この規定からは，基本的な政策に関する企画立案が依然として大臣官房に留保される形となっていると読み取れる。

　以上のような状況を勘案すると，経済産業省は規定上も大臣官房と横割り政策局の双方が政策の企画立案機能を有していることになる。さらに，横割り政策局自体が単一でないことも考慮すると，横割り政策局の政策調整，統合および総合的な政策の企画立案機能は相対的に低いと考えられる。

環境省における横割り政策局　環境省において横割り政策局にあたる局は総合環境政策局である。総合環境政策局の機能は，環境省組織令第4条第1号において「環境の保全に関する基本的な政策の企画及び立案並びに推進に関すること（大臣官房及び他局の所掌に属するものを除く。）」とされており，また第2号においては「環境の保全に関する関係行政機関の事務の調整に関すること（大臣官房及び他局の所掌に属するものを除く。）」と規定されている。一方で，大臣官房については，第3条第9号で「環境省の所掌事務に関する総合調整に関すること」と規定されており，政策の企画立案に関する規定は存在しない。

　総合環境政策局の任務に関する解説記事は管見の限り見当たらず，より詳細に組織任務について検討することは困難であるが，組織令から見る限りでは官房は調整機能に特化し，総合的な政策の企画立案は横割り政策局である総合環境政策局が担当するという構図になっていると推察される。

3　小　括

　本節では，地域公共交通政策を所管する国土交通省における横割り政策局の役割について分析する前提として，各省における横割り政策局の有無，およびその機能について，主に組織令を手がかりとして見てきた。横割り政策局と大臣官房

との関係を見ると，大きく分けて横割り政策局のみが基本的，総合的な政策に関する企画立案を担い，大臣官房が調整に徹するタイプと，大臣官房が調整のみならず基本的，総合的な政策の企画立案も行うタイプに分けることができる。

もっとも，山谷の研究に見られるように，実際にはデマケーションが十分に機能せず，組織令で意図されたような役割になっていない場合も見られるため，事態としてどのようになっているかを捉えるためには，事例分析による検証が必要であると考えられる。

3 地域公共交通活性化政策の形成

1 国土交通省総合政策局の機能

本節では，公共交通政策のうち，地域公共交通活性化政策の形成過程を概観するが，その前に国土交通省における横割り政策局である総合政策局の機能について，前節と同様に組織令をもとに，さらに国土交通省広報誌を手がかりとして見ておきたい。

総合政策局は，旧運輸省に設置され，運輸省の所掌事務に関する基本的，総合的な政策や計画の策定を担っていた運輸政策局と，旧建設省に設置され，建設事業の施行方式の改善，指導，および合理化に関する調査，企画，調整を担っていた建設経済局を統合した局である。城山（2001）は，運輸政策局は企画調整機能を持った横割り組織であるのに対し，建設経済局は縦割り組織であるとしており，その点からすれば両者を統合して成立した総合政策局は独特の組織編成であると言えよう。なお，総合政策局の組織編成は当初は真渕（2008）の指摘するように，「完全な横滑りであり，2つの局を継ぎ足しただけ」（14頁）であったが，その後数度にわたる組織改編を経て，現在では図6-1のようになっている[3]。

総合政策局の機能について，国土交通省組織令では第4条第1号で「国土交通省の所掌事務に関する総合的かつ基本的な方針その他の政策の企画及び立案並び

---

3 公共交通政策部が設置されたのは2011年7月であり，それ以前は交通計画課と交通支援課は他の課と同列の存在であった。公共交通政策部が設置された理由は，清野（2012）によれば，交通基本法に係る課題に対応した組織整備の必要性からとされている。

図6-1　総合政策局の組織構成

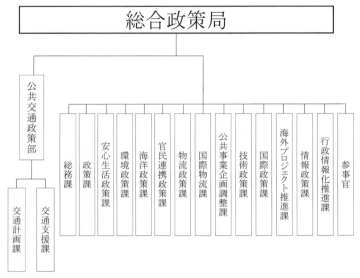

（出所）　行政管理研究センター『行政機構図（平成26年版）』をもとに一部修正。

に当該政策を実施するために必要な国土交通省の所掌事務の総括に関すること」と規定されている。また，第2号では「国土交通省の所掌に係る施策に関し横断的な処理を要する事項に関する基本的な政策の企画及び立案並びに当該政策を実施するために必要な国土交通省の所掌事務の総括に関すること（大臣官房及び他局並びに政策統括官及び国際統括官の所掌に属するものを除く。）」と規定されている。

　総合政策局のうち，本事例で取り上げる公共交通政策を現在所掌するのが公共交通政策部のもとに設置された交通計画課および交通支援課である。組織令において，交通計画課は，公共交通政策部の所掌事務に関する総合調整に加えて，交通機関の整備に関する基本的な政策の企画立案，政策実施に必要な所掌事務の総括，および地域交通に関する基本的な計画と交通調整の機能を担うことになっている。また交通支援課は，公共交通機関の確保・改善を目的とした助成や，運送産業の改善に関する基本的な政策の企画立案，政策実施に必要な所掌事務の総括を行うことになっている。

一方，大臣官房は所掌事務に関する総合調整機能が組織令上で規定されているものの，総合的な政策の企画立案については規定されておらず，小官房型に近いものとなっている。また政策統括官については，国土交通省の所掌する事業における税制に関して事務を総括するほか，国土の利用，開発，保全に関する調整を行うと同時に，土地や国会等の移転に関する総合的な政策の企画・立案を行うものとされており，非常に限定的な機能となっている。

　以上のような規定を踏まえると，横割り政策局である総合政策局が部局横断的な政策調整・統合，および総合的な政策の企画・立案において大きな役割を果たすことが想定されていると見ることができる。この点は国土交通省による組織解説にも見ることができる。たとえば栗田（2001）では，省庁再編後の国土交通省について，「陸・海・空にわたり，交通施設の整備，交通サービス等のハード・ソフトが一体となった総合的な交通体系の整備を強力に推進する」（31頁）こととし，この考え方に基づいて局や課を再編成した結果できた組織の1つとして総合政策局を取り上げている。

2　地域公共交通活性化政策の形成過程

地域公共交通活性化政策の検討の背景と懇談会における議論　地域公共交通活性化政策を検討することとなった背景には，交通における規制緩和が挙げられる。1990年代の各分野における規制緩和の流れの中で，鉄道においては2000年3月に改正鉄道事業法が施行された。また，乗合バスおよびタクシーでは改正道路運送法および改正タクシー業務適正化臨時措置法が2002年2月に施行された[4]。これらはいずれも需給調整規制の撤廃であり，事業者の参入・退出を自由化するものであった。

　規制緩和以降，特に地方の鉄道およびバスが廃止される動きが加速し，その影響が無視し得ない状況となっていた。他方，支援制度については，鉄道軌道整備費等補助事業，地方バス利用促進等総合対策事業，離島航路整備費補助事業とい

---

[4]　なお，貸切バスについては乗合バスに先行する形で2000年2月に規制緩和が実施されている。また，航空および旅客船については2000年2月と10月にそれぞれ規制緩和が実施された。

った例に見られるように，モードごとで制度が整備されており，これらのモードを組み合わせて総合的な地域公共交通体系を構築しようとするニーズに必ずしも適合したものとはなっていなかった。

そのような中で，国土交通省としても地域公共交通に対する新たな政策対応の必要性を認識し，2004年には公共交通の利用円滑化に関する懇談会を設置した。この懇談会は総合政策局交通計画課が庶務を担当し，学識者や報道機関の解説委員などの有識者に加えて，国土交通省からは総合政策局の課長，地域振興企画官に加えて，都市・地域整備局，道路局，鉄道局，自動車交通局，海事局，港湾局，航空局の課長や室長，企画官が委員となった。

懇談会では，検討の背景として，地域公共交通に対するニーズの高まり，地域公共交通政策に関するニーズの変化，ユニバーサルデザインの考え方に基づく国土交通政策の構築の動きとの関連の3点が挙げられている。とりわけ，地域公共交通政策に関するニーズの変化については，従来は需給調整規制の廃止により競争を促進することで輸送モードごとの事業者の活性化による利用者利便性の向上と，輸送モード単位での支援を行ってきたが，現在ではモード横断的な対応および前提となるシームレスな公共交通の実現，および地域公共交通についての参画者の多様化が求められているとの認識を示している。そのうえで，検討の視点として，①地域公共交通の維持・改善について，輸送モードにとらわれない多様な関係者の取り組みの核となる活動の促進，②シームレスな公共交通の実現，③地域公共交通の維持・改善への地域住民等の多様な参加の促進が提示された。

上記の視点に基づき，公共交通の利用円滑化に関する懇談会では，NPO，自治体，交通事業者へのヒアリングを行うとともに，各地方運輸局が行ったヒアリング内容の集約も行われた。さらに，これらの内容に関して委員が意見交換と議論の整理を行う形で2004年10月から2005年4月の約半年間で全6回にわたり懇談会が開催された。その結果，施策の基本的な方向性として，複数事業者間，あるいは交通事業者と地域住民等の団体との協働事業に関する支援を拡充，重点化すると同時に，地域住民等の意見の吸い上げの促進，および関係者間の協議の促進に必要な調整措置を講じることとなった。また，関係する他の分野の取り組みとの連携を促すことなどが示され，最終的に報告書として2005年5月に公表された。

交通政策審議会における検討過程　前項で述べたように，公共交通の利用円滑化に関する検討が国土交通省において進められる一方で，自民党でも新たな公共交通政策に向けた検討が開始された。2005年7月には党内に国土交通部会の小委員会として地域公共交通小委員会が設置され，国，自治体，事業者，および住民が一体となって地域公共交通を活性化できるようにするための支援策について議論された。小委員会は，前述の懇談会と同様のアプローチで16回開催され，検討内容は「地域公共交通活性化・再生のための提言」として公表され，国土交通大臣，財務大臣，総務大臣への政策推進の要請が行われた。

他方，国土交通省の都市・地域整備局が事務局を務める社会資本整備審議会でも，都市計画・歴史的風土分科会都市計画部会のもとに都市交通・市街地整備小委員会が2006年に設置され，同年3月以降市街地整備の方向性と絡めた形での都市交通施策について検討が開始され，6月には中間取りまとめが公表された。

このような地域公共交通政策をめぐる議論の高まりを受けて，交通政策審議会では交通体系分科会のもとに地域公共交通部会が2006年に設置された。地域公共交通部会の事務局は公共交通の利用円滑化に関する懇談会と同様に総合政策局が務め，国土交通省からは総合政策局の局長，次長，課長，地域振興企画官，室長のほか，都市・地域整備局，道路局，鉄道局，自動車交通局，海事局，港湾局，および航空局から課長，室長，参事官がメンバーとして参加した。これらのメンバーのうち，委員・臨時委員5名および国土交通省の7名は懇談会に参加していたメンバーであった[5]。また，部会委員6名の全員が同審議会の鉄道部会の委員を兼務しており，また過半数にあたる4名が自動車交通部会に設置された今後のバスサービス活性化方策検討小委員会の委員を兼務していた。

地域公共交通部会では，「モード毎の対応，検討のみならず，これらの検討等と連携して，今後の地域における多様な主体による総合的，計画的な公共交通活性化及び再生の取組みのあり方や，また，鉄道，バスといった既存の輸送モードとして分類できないような新たな輸送形態の導入促進方策等について検討し，早急に地域の公共交通の活性化・再生を図る必要がある」[6]との認識のもと，地域の

5　国土交通省側のメンバーは，人事異動によって担当者が変わった場合でも，同じポストの者に関しては同一と見なして集計している。

主体的な取り組みに対する支援のあり方や，新たな輸送形態の導入促進について検討することとなった。審議は2006年9月より開始され，第1回で委員から出た意見を踏まえて，三大都市圏および政令指定都市，県庁所在地クラスの都市，その他地方都市，中山間地域および離島に地域を分けたうえで現状の課題と対応策について検討することとし，懇談会と同様に交通事業者や自治体からのヒアリングも交えながら進められた。

　地域公共交通部会を4回開催した同年12月の時点で中間取りまとめが公表され，施策の基本的な方向性として，大きく地域住民等の参画の推進と総合的な交通計画の策定，市町村等を中心とした多様な地域の関係者による取り組みの推進と国による総合的な支援が掲げられた。さらに，2007年度に制度改正で具体化を図る必要がある項目に関して，中間取りまとめ公表以降に検討すべき点として示している。

　中間取りまとめの内容を受けて，国土交通省では地域公共交通活性化・再生法の法案作成を行い，2007年2月に法案は閣議決定され，国会に提出された。法案提出後に再開された地域公共交通部会では，予算，税制，地方財政措置における支援措置の拡充を中心としながら，その他の課題として情報提供や人材育成，産学官および住民の連携，観光施策との連携，技術開発のあり方といったテーマについて検討が行われることとなった。同年2月から6月にかけて4回実施された部会の中では，前述の都市交通・市街地整備小委員会のほか，交通政策審議会陸上交通分科会の鉄道部会や自動車交通部会における審議状況も説明され，議論の整合性が図られた。

　2007年6月には地域公共交通部会の最終報告書が取りまとめられ，5月に成立した地域公共交通活性化・再生法を具体的に推進するための施策展開について，中間取りまとめの内容を踏襲する形で基本的方向性が示された。加えて，関係する主体が行うべき取り組みについて，表6-1のように整理された。

　その後，2007年10月に地域公共交通活性化・再生法が施行され，関係者で構成される法定協議会を設置し，協議会で策定した地域公共交通連携計画に基づいて地域公共交通特定事業をはじめとする地域公共交通の活性化・再生に向けた取

6　地域公共交通部会第1回資料2「問題意識と検討課題（案）」における記述。

表6-1 各主体が行うべき取り組み

国	・制度・支援措置(補助制度,税制,地方財政措置等)の充実 ・人材育成や情報提供の充実・強化 ・技術開発の推進
都道府県	・市町村への支援,地域の関係者間の調整
市町村	・主体的な,地域全体におけるモード横断的な観点からの計画的検討 ・地域公共交通の維持・運営の取り組み ・地域の関係者との連携,リーダーシップの発揮
交通事業者	・利用者のニーズを踏まえた必要かつ適切なサービスの提供 ・利用者に対する情報提供 ・地域公共交通のあり方の検討への積極的参加
利用者・住民等	・地域公共交通のあり方の主体的な検討 ・地域公共交通を支える継続的な取り組み
企業・施設 (商業施設,事業者,病院,学校等)	・地域公共交通を支える担い手としての取り組み
学識経験者・コンサルタント	・地域の関係者の取り組みのサポート

(出所) 交通政策審議会交通体系分科会地域公共交通部会 (2007)「地域による地域のための公共交通の活性化・再生を目指して」概要部分を加筆,修正。

り組みを実施する際に,国が補助を行うこととなった。結果として,市町村における連携計画の策定と計画に基づいた事業の実施が加速した[8]。

3 小　括

以上見てきたように,地域公共交通活性化をめぐる政策形成過程では,公共交通の利用円滑化に関する懇談会,および交通政策審議会交通体系分科会地域公共交通部会の双方で総合政策局が事務局として議論の取りまとめにあたった。その際,各モードを所管する鉄道局,自動車交通局,航空局,海事局に加えて,インフラを所管する都市・地域整備局,道路局,港湾局の課長などをメンバーに加え

---

[7] 軌道運送高度化事業,道路運送高度化事業,海上運送高度化事業,乗継円滑化事業,鉄道再生事業の5つである。
[8] 山越 (2015) によれば,連携計画は全国で500以上も策定されるに至った。

ることで,部局を横断した総合的な政策形成が円滑に進むための場を設定した。

とりわけ,特筆すべき点は旧運輸省系と旧建設省系を横断する形での政策形成であった点である。都市・地域整備局および道路局は,旧建設省系の局であり,その点からは旧運輸省系の部局と旧建設省系の部局を横断した政策形成を推進する役割を果たしたと言える[9]。この点は,「地域公共交通の問題というのは(中略)関係のいろんな行政機能を総合的に投入していかないと解決が難しいテーマだということで,国土交通省の中は幸い鉄道,自動車,海運といった交通政策を直接担当している局機能と,それから,道路行政,それから,まちづくり,都市行政,港湾行政といった機能がありますから,そういったものはこのテーマにそれぞれの役割,立場で取り組んでいくということと,私どもの総合政策的なプラットフォーム的な機能と集合して取り組むという考え方でこの法律もでき上がっておりますし,今後法律の施行関係の行政運営の中でそういう取り組みを進めていきたい[10]」とする,地域公共交通部会における総合政策局長の発言にも見てとれる。

なお,地域公共交通活性化・再生法は附則の第2条において,施行後5年を経過した時点で施行状況についての検討および必要な措置を行うこととされていたが,交通基本法の成立に合わせて見直しが図られ,2014年5月に改正されている。

4 交通基本法および関連政策の形成

1 交通基本法の検討に至る経緯

交通基本法制定に向けた動きの端緒は既に1980年代後半に見られた。1986年には交通権学会が発足し,交通基本法制定を模索していた。また,1987年には社会党が交通基本法の制定を申し入れ,翌年には提言を取りまとめた。その後交通基本法の制定に向けた動きはいったん縮小するが,1998年には上述の交通権学会によって交通権憲章が制定されるなど,再び動きが活発化するようになった。

---

9 上述の局のうち,港湾局は港湾や航路の整備といったインフラを所管する局であるが,省庁再編前は運輸省に設置されていた。

10 交通政策審議会交通体系分科会地域公共交通部会第5回議事録より抜粋。

2000年に入ると，民主党内において交通基本法成立に向けたワーキングチームが開始され，法案の中身について検討が進められた。社民党もこの動きに同調し，両党は2002年に共同で交通基本法案を提出した。交通基本法案が実際に提出されたのはこの時が初めてであったが，この法案は審議未了で廃案となっている。さらに，両党は2006年にも交通基本法案を提出したが，こちらも継続審議の末，2009年の衆議院解散に伴う審議未了で廃案となった。

　交通基本法をめぐる流れが転換したのは2009年である。同年の衆議院選挙で308議席を得て政権交代を実現した民主党は，選挙の際に提示した政策集インデックス2009[11]において，総合交通ビジョンの実現と並んで交通基本法の制定を掲げていた。その中では，「（1）国民の『移動の権利』を明記する，（2）国の交通基本計画により総合的な交通インフラを効率的に整備し，重複による公共事業のムダづかいを減らす，（3）環境負荷の少ない持続可能な社会を構築する，（4）都道府県・市町村が策定する地域交通計画によって地域住民のニーズに合致した次世代型路面電車システム（LRT）やコミュニティバスなどの整備を推進する」(41頁)方向性を示していた。

　また，連立を組む社民党でも，交通権の保障を含む交通基本法の制定を公約に掲げていたこともあり，政権として交通基本法の制定に積極的に取り組む機運が高まり，政府としても本格的な検討を進めることになったのである。

2　交通基本法の形成過程

交通基本法検討会における議論　交通基本法検討会は，交通基本法案の次期通常国会への法案提出に向け，交通政策全般にかかわる課題や交通分野における基本的な法制のあり方，および将来の交通体系について検討する会として，2009年11月に設置された。この検討会では，民主党の柱であった政治主導の意向が反映され，副大臣および政務官が検討会を主催し，会の運営に当たって必要な作業については，副大臣および政務官が関係する各局の課長クラスの職員に指示する方式を採用したが，全体的な庶務を担当したのは総合政策局の交通計画課であった。[12]

11　政策集インデックスは，マニフェストの内容をより具体化，詳細化したもので，政策分野ごとに実現を目指す事項を列挙したものである。

検討会では，地域公共交通活性化・再生法における公共交通の利用円滑化に関する懇談会と同様に，有識者や交通事業者に対するヒアリングを中心に，概ね半月に1度のペースで進められた。また，2010年2月から3月にかけて，交通基本法制定に向けた意見募集を行った。この結果と，第8回までの議論を踏まえる形で2010年3月に「交通基本法の制定と関連施策の充実に向けて―中間整理―」が公表された。

　中間整理では，交通基本法において，移動権を法律に位置づけるとともに，環境にやさしい交通体系を構築し，さらに地域の活力を引き出す交通網を充実するという理念を盛り込むこととされた。同時に，この理念を達成するための各種施策の充実を図る方針が示された。また，国の支援措置について，地域の自主性を尊重する形になるよう拡充，再構築するとともに，特に補助制度については，従来の事業者に対して補助を行うやり方を改め，自治体や交通事業者を巻き込む形の地域協議会の取り組みに対して一括して交付するのが望ましいとの考え方が示された。[13]

　中間整理以降も，引き続きヒアリングと意見交換が進められ，また2010年4月から5月にかけて再度の意見募集と全国各地でのタウンミーティングが行われ，これらの結果を踏まえて6月に報告書「交通基本法の制定と関連施策の充実に向けた基本的な考え方」が公表された。報告書では，移動権の保障，地域協議会を通じて地域公共交通の活性化・再生，地域の活力を引き出す交通網の充実といった項目については中間報告の内容を基本的には踏襲しつつ，交通体系，まちづくり，乗り物が三位一体で低炭素化を推進する方針が追加された。

　以上のように，国土交通省内部に設置された交通基本法検討会において，同法の基本的な枠組みが示され，次の段階の検討へ進むこととなった。

交通政策審議会・社会資本整備審議会における議論　前項の交通基本法検討会で示された基本的な考え方をもとに，2010年11月には審議会に小委員会を設置し，検討が開始されることになった。交通基本法に関して特筆すべき点は，小委員会の

12　なお，交通基本法検討会については，委員名簿は公表されているものの，行政側のメンバーについては公表されていないため，同検討会において総合政策局以外の組織がどのように関与したかの詳細は十分に明らかになっているとは言い難い。

13　国土交通省（2010）2-3頁の記述による。

設置形態である。前節の地域公共交通活性化・再生法は交通政策審議会単独の部会で検討が行われたのに対し，交通基本法に関しては交通政策審議会交通体系分科会，社会資本整備審議会都市計画・歴史的風土分科会および道路分科会のもとに合同で設置する形で小委員会が設置された。これはモード横断的な公共交通政策のみならず，ハードとソフトを統合した形での公共交通政策の必要性を体現したものであると言えよう。

　小委員会の庶務は総合政策局の交通計画課に加えて，政策統括官付参事官（物流政策）室，都市・地域整備局街路交通施設課，および道路局総務課が担当し，地域公共交通部会に比べて広範な部局を事務局として巻き込む形で運営が行われた。その中でも，総合政策局交通計画課は国土交通省提出資料の取りまとめを行うなど，中心的立場にあった。

　小委員会では，過去に民主党と社民党が共同で提出し，廃案となっていた交通基本法案をベースとしながら，審議事項として，① 新たな時代に対応して，どのような交通政策が求められているかを冒頭に検討したうえで，②「移動権」，「移動権の保障」を法律に位置づけることについてどのように考えるか，③ 国民目線・利用者目線に立った場合，どのような対応を行うべきか，④ 関係者の責務，役割分担をどのように考えるかについての検討が求められた。[14]

　小委員会は 2010 年 11 月から 12 月までの 2 か月間で 4 回の審議を行うという，いわば短期集中型で進められたが，その中では移動権の保障が最も重要な論点となった。民主党と社民党の共同提出による法案では移動権が盛り込まれていたものの，交通基本法検討会が 6 月に「交通基本法の制定と関連施策の充実に向けた基本的な考え方」を提出した際に実施したパブリックコメントでも，移動権の保障に賛成する意見と反対や見直しを求める意見は割れた状態であった。小委員会では，移動権の保障について，過去の法案や，国に先駆けて制定され，市民の移動を保障する規定を盛り込んだ福岡市の条例，フランスの交通基本法，および国内における移動権に関係する訴訟例などを取り上げながら議論が行われたが，第 1 回，第 2 回の議論を通じて各委員から出された発言のほとんどは，移動権の法

14　交通基本法案検討小委員会第 1 回の資料 1-4-2「交通基本法案検討小委員会でご審議いただきたい事項」における記述。

律に盛り込むことに否定的なものであった。さらに，香川（2012）によると，公共交通の確保によって自家用車の需要が減ることが予想される大手自動車メーカーのみならず，地方路線バス事業者や地方鉄道事業者も移動権に反対していた。結果として，移動権自体は法律では明記されない方向となった。

　その後，後半では利用者目線，国民目線の観点から，まちづくり，地球環境問題，観光立国推進といった政策との連携が検討され，この結果も踏まえた形で委員会の報告書が2011年2月に「交通基本法案の立案における基本的な論点について」として取りまとめられた。報告書では，交通をめぐる状況と交通に対する基本的な認識が示されたうえで，問題意識として，従来の輸送行政の対象が「多くの場合，運輸事業者に限られており，各種の行政資源の多くも運輸事業者を対象とした行政に投入されてきた」（交通政策審議会・社会資本整備審議会 2011：4）点を指摘している。その中では，利用者目線・国民目線の視点への転換が必要であり，そのためには「交通に関係する施策を，運輸事業者の区分に応じた縦割り的な事業行政ではなく，それぞれの交通手段の特性を活かすことを前提とし，交通に係る各種課題に適切に対応できるよう，また，まちづくりなどの課題を受けとめつつ，総合的かつ計画的に進めることが求められている」（同上）との見方を示した。このような事業行政の枠に留まらない，多角的な観点からの政策形成という方向性は，「バス事業者，鉄道事業者といった交通セクター内部での調整ですら欠けており，ましてや交通部門と他部門との対話も欠けてきた」（大橋2006：85）状況を改善しようとするものであった。他方，移動権については，小委員会での議論に加え，パブリックコメントや自治体，運輸事業者などへのアン

　15　交通基本法案検討小委員会第2回の議事録には，委員長による議論のまとめとして，「今日は移動権を権利として規定することについての法的な難しさが発言されましたし，現場の混乱等も考えると慎重に考えるべきだろうとのニュアンスが多かったと思います。ですから，これからは移動権という言葉にとらわれることなく，それが意味する社会に要請されていることに対して，どうやって対応することが施策としてできるのかということを方向としてとらえて，それでそれを（原文ママ）中心としてまとめるということができれば，1つの案ができるような気がしますので，事務局にはその方向でひとつおまとめを願うことをお願いしたいと思います」との発言が見られる。
　16　香川によれば，バス・鉄道事業者が反対した理由として，撤退の自由が脅かされ，不採算路線の「義務的」維持が経営の安定に寄与しないと判断した点を挙げている。

ケートでも更なる検討が必要との意見が多かったことから，現時点では移動権に関する規定は時期尚早であるとしている。また，基本法に基づき交通に関する基本計画を策定し，各種施策を進める際に，利用者や事業者，行政をはじめとする関係者による協働，協議の場を確保すると同時に，これら関係者の責務に関する規定を盛り込む必要性も示された。

審議会報告以降の経過　上記のような検討結果を踏まえて，政府は法案作成作業を進め，2011年3月には基本理念，責務，基本的施策，交通基本計画の策定，および施策の状況についての国会への報告義務を大きな柱とする交通基本法案が閣議決定され，国会に提出された。同法案は，2012年11月の衆議院解散と政権交代に伴い廃案となったものの，その後の自公政権でも交通基本法の必要性に関する認識に変わりはなかったため，国際競争力の強化や大規模災害への対応といった新たな視点を追加した法案として，名称を交通政策基本法に変更して2013年11月に再度閣議決定，国会提出され，同月に成立し，12月に施行された。

さらに交通政策基本法で策定が義務付けられた交通政策基本計画については，2015年2月に2014年度から2020年度までの7か年計画として策定され，計画に基づく具体的施策が開始された状況である。

3　小　括

交通基本法の形成過程においても，前節の地域公共交通活性化政策の場合と同様に，国土交通省内に設置された交通基本法検討会での議論を踏まえ，交通政策審議会・社会資本整備審議会の合同で設置された交通基本法案検討小委員会で集中的に議論がなされた。その後，小委員会の最終報告書の内容を具体化，詳細化する形で法案が作成され，閣議決定・国会提出に至った。

交通基本法検討会は，当時の民主党政権による政治主導の方針を受けて，副大臣および大臣政務官が主体となって進める点で前節の懇談会とは運営方法に差が見られるものの，総合的な交通体系の構築の観点から，総合政策局が事務局を務めた点では違いはなかった。また，交通基本法案検討小委員会については，交通政策審議会単独ではなく，社会資本整備審議会との合同設置による小委員会となり，道路局，都市・地域整備局，および政策統括官付参事官（物流政策）室も事務局に加わったものの，基本的な資料の作成や議論の取りまとめは引き続き総合

政策局が行っていたことから見て，総合政策局の中心的な役割は維持されていたものと考えられる。

5　横割り政策局の機能と研究上の課題

　本章で取り上げた公共交通政策の事例では，地域公共交通活性化・再生法，交通基本法双方の検討過程において，総合政策局が事務局となる形で国土交通省内に懇談会や検討会を設置した。懇談会および検討会では，有識者や交通事業者からのヒアリングとそれに基づく委員の意見交換を行い，現状に対する課題認識および論点の整理，報告書の取りまとめを行った。この内容を踏まえて，第2段階である審議会での議論へと進んだが，地域公共交通活性化・再生法について審議を行った地域公共交通部会，および交通基本法について審議を行った交通基本法案検討小委員会いずれにおいても総合政策局は事務局として参加し，前段階と同様に説明資料の作成や論点の整理，報告書の取りまとめを行った。

　以上のような政策過程を鑑みると，モード横断型，すなわちモード単位で設置された局を横断する総合的な公共交通政策の形成において，総合政策局が中心的な役割を果たしたことがうかがえ，国土交通省の組織令で規定された総合政策局の機能を体現した事例であると言えよう。

　他方，大臣官房とのデマケーションの視点から見ると，本事例では大臣官房が事務局となったケースは存在しない。加えて，大臣官房の職員は懇談会や審議会のメンバーとして参加しておらず，その点からも部局横断的な政策調整，統合および総合的な政策の企画立案といった機能は総合政策局が担うものとして認識されていたと捉えるのが妥当である。また，政策統括官との関係でも，交通基本法案検討小委員会で政策統括官付参事官室が事務を担当していたのみであり，政策統括官自体が主体的な役割を果たすまでには至っていない。

　最後に，横割り政策局の研究を進めるうえでの課題について言及しておきたい。第1に，今回の国土交通省の事例で見られたような横割り政策局の機能，および大臣官房とのデマケーションが，他の省庁において実際にはどのようになっているのかについては必ずしも十分に明らかになっていない。この点に関しては，本章で取り上げたような事例分析，あるいは山谷が行った政策管理のアプローチに

ついての研究を通じて，横割り政策局の機能を実証的に明らかにする必要がある。その際，横割り政策局の省内での主導性を示す方法や根拠について，今回とは異なるアプローチや観点から示すことも考えられる。

第2に，今回取り上げた国土交通省などとは反対に，横割り政策局が設置されていない省において，部局を横断する総合的な政策をどこが主体となって形成するのか，またその際に大臣官房および政策統括官による政策の調整・統合・管理機能がどのように作用するかについての視点も重要である。横割り政策局の有無による政策形成過程の違いについて，非常に重要なテーマであるもののいわば「未開の領域」であり，今後の研究蓄積が必要な部分であると言えよう。

【さらに理解を深めたい人のために】

城山英明・鈴木寛・細野助博（1999）『中央省庁の政策形成過程――日本官僚制の解剖』中央大学出版部．

―――（2002）『続・中央省庁の政策形成過程――その持続と変容』中央大学出版部．

森田朗・金井利之（編著）（2012）『政策変容と制度設計――政界・省庁再編前後の行政』ミネルヴァ書房．

参 考 文 献

大橋洋一（2006）「政策調整の法律学――コンパクトシティー構想を題材として」日本公共政策学会『公共政策研究』第6号，81-89頁．

香川正俊（2012）「ルーラル地域における公共交通の維持・再生と交通基本法案」熊本学園大学『経済論集』第18巻第3・4合併号，1-26頁．

栗田卓也（2001）「国土交通省の組織の概要等について」日本都市計画学会『都市計画』第50巻1号，29-34頁．

経済産業省（2001）「中央省庁等再編後の経済産業省の組織について」通信機械工業会『通信工業』第41巻2号，22-27頁．

交通政策審議会・社会資本整備審議会（2011）「交通基本法案の立案における基本的な論点について」．

国土交通省（2010）「交通基本法の制定と関連施策の充実に向けて――中間整理」．

城山英明（2001）「行政改革の体制と実施上の諸問題――橋本行革の意義と課題」

計画行政学会『計画行政』第 24 巻 2 号, 22-27 頁。
清野和彦（2012）「平成 24 年度国土交通省予算のポイント〜復旧・復興, 防災・減災に総力」参議院事務局企画調整室『立法と調査』第 325 号, 100-115 頁。
真渕勝（2008）「日本における中央省庁再編の効果——融合か？混合か？」『レヴァイアサン』第 43 号, 木鐸社, 7-21 頁。
山越伸浩（2015）「地域公共交通の活性化・再生への取組に関する一考察——地域公共交通活性化・再生法の改正における国会論議を踏まえて」参議院事務局企画調整室『立法と調査』第 367 号, 13-27 頁。
山谷清志（2005）「外務省大臣官房の政策管理機能——総合外交政策局とのデマケーション」日本行政学会『年報行政研究』第 40 号, 24-46 頁。

第7章
危機管理政策
日本とドイツの危機管理体制の比較

寺迫　剛

【本章のねらい】本章は2011年の東日本大震災とドイツの2013年大洪水を事例として，日本とドイツの危機管理体制および復旧・復興体制への移行過程について比較考察する。考察から明らかとなるのは，第1に制度的備えについて，既存の制度的枠組みによって対応できたドイツと，新たな制度的枠組みの構築を迫られた日本，第2に中央地方関係について，連邦レベル・州レベル・自治体レベルと連なる多層レベルの政府間協働の枠組みが機能したドイツと，発災時の初動対応から復興庁を中軸とする復興体制の構築まで中央政府が前面に出た日本，という対照性である。そして，ドイツにおける連邦と州の協働の枠組みとしての連邦住民保護・災害支援庁（BBK）および，そのBBKで運用される連邦・州協働情報伝達・状況把握センター（GMLZ），あるいはザクセン・アンハルト州の常設の中層官庁としての州行政庁（LVwA）といった，多様なアクターと多様な政策の収束と分散の結節点として機能する制度的枠組みの重要性から，日本への示唆を汲み取る。

1　はじめに——日本とドイツは比較できる

　そもそも連邦制国家であるか否かという点で両国は異なるものの，しかし，それでも日本は1990年代以降の地方分権改革を経て「単一制国家の中では最も分権的な国」（曽我2013：234）であり，ドイツは連邦政府と各州政府の「協力関係が一層緊密化し，協調的連邦主義へと発展」（片岡1990：39）した国である。世界各国の中央地方関係について，西尾（2001：60-70）による教科書的な2類型，すなわち英米等アングロサクソン諸国のような分権・分離型と，ドイツを含む欧州大陸各国のような集権・融合型のうち，日本はドイツと同じ後者に分類される。

一方で曽我（2013：231-235）による実証的な類型化，すなわち集中対分散および融合対分離の2軸4象限によれば，日本とドイツは共に分散・分離型に分類される。従って，異なる代表的な類型化のいずれにおいても，日本とドイツは同類型として認識されていることから，世界各国の中から両国を抽出して比較するための条件は整っているといえる。もちろん，例えばNiehaves（2009）のように，ドイツ側からも日独比較がなされていることも忘れてはならないだろう。

　そこで本章では，日本における2011年の東日本大震災および，ドイツにおける2013年大洪水を事例とし，両国の危機管理体制の初動から復旧・復興体制への移行過程について比較考察する。如何なる制度で危機に備え，人命の救出こそ最優先という初動段階を乗り越え，状況の進展とともに多様な行政ニーズと多くのアクターが複雑に絡み合うようになる復旧・復興過程へシームレスに移行するかが，本章の焦点となる。

　1990年に旧東ドイツを西ドイツに編入することで再統一を成し遂げた現在のドイツは，日本（約38万km^2）と同程度の国土面積（約35万km^2）に，日本（1億2600万人）の3分の2程度の総人口約8,100万人が暮らす。[1]日本が各々規模の異なる多様な47都道府県で構成される一方，ドイツを構成する16州も極めて多様性に富む。このうち5州は旧東ドイツ地域であり，ドイツ再統一後，西ドイツ側の各州と個別に締結した相互協力関係による支援で再建されたものである（縣 1992：167-192；Bogumil und Jann 2005：222-226）。本章で焦点を当てるザクセン・アンハルト州もこれら新5州のうちの1州であり，東日本大震災の被災県との比較では，福島県（約1万4000km^2）よりやや大きい約2万km^{2}の州面積に，宮城県（約232万人）と同程度の州人口約223万人が暮らしている。

---

[1] Statistische Ämter des Bundes und der Länder, Fläche und Bevölkerung　http://www.statistik-portal.de/statistik-portal/de_jb01_jahrtab1.asp（以下，ホームページ最終アクセスは2016年1月31日。）

2 日独比較
―― 1000年に一度の大震災と，400年に一度の大洪水

1 ドイツの2013年大洪水（Flutkatastrophe 2013）

2013年5月から7月にかけて広範囲で継続した大規模集中豪雨によって，北アルプス地域，チェコ，ドイツ南部および東部において大規模洪水災害が引き起こされた（BMI 2013：3-5；LSA 2014a：17-30）。日本のしばしば予期せずに生じる洪水とは異なり，大陸型の大河川で生じる洪水は水位の上昇がある程度予測できた一方，上昇した水位が再び低下するにもかなりの日数を要した。

図7-1は，この大洪水によって非常事態が発令された郡（Landkreis）・独立市（Kreisfreie Stadt）を示したものであり，その数は56に達し，2002年8月の大洪水を上回る災害規模となった。図7-1のほぼ中央に位置する位置するザクセン・アンハルト州を流れるエルベ川とザーレ川では6月2日より水位が上昇し，6月7日からは上流に位置するチェコからの流れがドイツに到達して水位をさらに押し上げ，中心都市の1つであるハレ市では市内を縦断するザーレ川がほぼ400年ぶりの最高水位に達した。市内の多くが浸水し，数千の市民がボランティアで市の中心広場に集まり，搬入された大量の土砂の山から土嚢を手作りし，バケツリレーの要領で運び出すなどの非日常的な連帯感を生み出す光景が多くみられた（Stadt Halle 2013a：3-13；2013b；2013c）[2]。

ドイツでは，2002年大洪水により当時の制度的枠組みの間隙が明らかとなった経験を経て，準備を重ね改善されてきた危機管理体制がいよいよ試される時を迎えたのが，この2013年大洪水であったといえる。一方，1995年の阪神・淡路大震災を経て，次なる大震災に備えてきた日本にとってのあの2011年3月11日もまた然りであった。

---

[2] 加えて，例えばSPIEGEL, 05. Juli 2013. 等の報道記事も参照。http://www.spiegel.de/panorama/gesellschaft/hochwasser-halle-meldet-hoechsten-pegelstand-seit-400-jahren-a-903815.html

図7-1　ドイツ全16州のうち2013年大洪水で非常事態を発令した郡・独立市

（注）　図中網掛け地域が，非常事態発令郡・独立市。
（出所）　Karte: Landkreise, die während der Flut Katastrophenalarm ausgelöst hatten, BMI（2013）S.4 を基に著者作成。

2　3つの想定外・三重惨禍としての東日本大震災

　東日本大震災について，ドイツを含め諸外国では，三重惨禍（3-fach Katastrophe），すなわち，地震，津波，福島第一原発事故の複合災害として認識されている。あれから5年を経て，被災者数はなお更新され続けている。確認された死者数は1万5893名，行方不明者数は今なお2565名，計1万8458名（2015年12月10日時点）となっている（警察庁2015）。加えて震災関連死者数は3407名[3]（2015年9月30日時点）にも及び（復興庁等2015a），一方でたとえ政府が公に言わずとも，公的資料に基づき原発関連死としての犠牲者の存在とその総数をまと

第7章　危機管理政策　　**127**

める試みも継続されている（福島民報社 2015，東京新聞 2015）。

　ドイツの 2013 年大洪水がある程度は想定できた災害であったこととは対照的に，東日本大震災は 3 つの想定外に直面した。すなわち，第 1 に，1000 年に一度ともいわれる規模の地震と津波は，1995 年の阪神・淡路大震災以降の 16 年間に積み重ねられた備えが想定する規模をはるかに超えた規模であった。第 2 に，想定すべきを「想定外」としていた初めて経験するレベルの原子力災害が，いわゆる「安全神話」の虚構を劇的に瓦解させた。そして第 3 に，上記 2 つの想定外の事態に同時に直面させられた。

　しかし，危機的状況を想定できたか否かの違いだけで両国の事例の差を説明することは到底できない。むしろ重要となるのは，両国が如何に，危機に備えて制度を構築し，それを踏まえて初動体制を展開し，そして復旧・復興体制へつなげたか，についての比較から明らかとなる差であろう。特に際立つ両国の事例の相違点として浮かび上がるのは，緊急事態に際して中央政府と地方政府が協働する制度的枠組みの有無である。

3　ドイツの危機管理体制

1　連邦政府と各州政府の協働の枠組み――BBK

　2013 年大洪水では，ドイツ史上最大規模の消防派遣となった 8 万 2000 名の消防隊員の他，ドイツ独特の救助組織である THW（Bundesanstalt Technisches Hilfswerk：連邦技術救助隊）から 1 万 6000 名超の THW 隊員，さらにドイツ赤十字等の救援組織から約 9000 名の支援者，数千の警察官，さらに連邦軍約 2 万

3　「東日本大震災による負傷の悪化等により亡くなられた方で，災害弔慰金の支給等に関する法律に基づき，当該災害弔慰金の支給対象となった方（実際には支給されていない方も含む）」と定義される（復興庁 2015a）。

4　THW は 1950 年設立の救助組織で 1 ％の専任職員（約 800 名）と 99％の義勇隊員（約 8 万名）で構成される。また THW の SEEBA（Schnell-Einsatz-Einheit Bergung Ausland：国際救助緊急派遣隊）は東日本大震災にも馳せ参じた。Das THW　http://www.thw.de/DE/THW/thw_node.html，および THW, Erdbeben in Japan, http://www.thw.de/SharedDocs/Meldungen/DE/Pressemitteilungen/international/2011/03/meldung_010_pm_seeba_gelandet.html 等。

兵が動員され，州境を超えた災害に対して連邦政府と各州政府，各自治体，各救援組織が協働する枠組みが機能した（BBK 2013：12-15；BMI 2013：6-7）。実はドイツの危機管理体制は，2002年大洪水に際して連邦政府と各州政府との協働が必ずしも上手く機能しなかったことだけでなく，先立つ2001年アメリカ同時多発テロも大きな契機とし，その双方の経験を踏まえて再構築されていた。すなわち，それまでの軍事的脅威と非軍事的災害の区別，そして連邦制国家ならではの連邦政府と各州政府の所掌事務の分断から生じる弊害を克服するための新たな制度的枠組みとして，2004年に設置されたのがBBK（Bundesamt für Bevölkerungsschutz und Katastrophenhilfe：連邦住民保護・災害支援庁）である[5]。

BBK設置以前は，一方で軍事的攻撃に対する市民保護は連邦政府の所掌事務であり，他方で非軍事的な災害等は各州政府の所掌事務であるとして，制度的に二分された緊急事態即応体制となっていた。特に連邦政府においては，東西冷戦下での軍事的脅威に対する市民保護を所管していたBZS（Bundesamt für Zivilschutz：連邦市民保護庁）が，東西冷戦終結後の財政再建法（HSanG）（1999年）により解体されて，BZSと同じ組織編成レベルに並立する官庁であるBVA（Bundesverwaltungsamt：連邦行政庁）へ整理統合されることとなり，2001年1月1日よりBVAに属する局レベルの機関ZfZ（Zentralstelle für Zivilschutz：市民保護中央センター）に規模を縮小して継承されていた（BBK 2008：25-29）[6]。

BBKはこの系譜に位置づけられるが，しかしBZSの単なる焼き直しではけっしてない。2004年のBBK設置に至る制度改革は，各州の内務大臣が共催するIMK（Ständige Konferenz der Innenminister und -senatoren der Länder：州内務大臣常設協議会）を出発点としている[7]。IMKとは，1954年に設置された州レベ

---
5 BBK, Über das BBK http://www.bbk.bund.de/DE/DasBBK/UeberdasBBK/ueberdasbbk_node.html
6 BBK, Chronik http://www.bbk.bund.de/DE/DasBBK/Geschichte/Chronik_einstieg.html BBK, Haushaltssanierungsgesetz (HSanG), http://www.bbk.bund.de/SharedDocs/Downloads/BBK/DE/FIS/DownloadsRechtundVorschriften/RechtsvorschriftenBund/Gesetz%20Aufl%C3%B6sung%20BZS.html
7 IMK, Aufgaben und Arbeitsweise http://www.innenministerkonferenz.de/IMK/DE/aufgaben/aufgaben-node.html;jsessionid=018C851A5D5B122A8560C1EDEE551B00.2_cid339

の水平的協働のための常設の合議体であり，連邦内務大臣も常任客員委員として投票権を除いては各州内務大臣と同格の立場で参加する。IMK には 6 つの政策分野ごとに作業部会が付随し，これには連邦政府および各州政府の当該政策分野の局長級等が所属し，IMK 開催前には各省次官級による準備会合も開催される。

2001 年 9 月 11 日のアメリカ同時多発テロを契機とする議論の末，IMK が 2002 年 6 月に「ドイツにおける住民保護新戦略」について合意した直後の 8 月にドイツでは大洪水があり，州境を超えた非常事態では連邦政府と各州政府が協働して対応すべきであるという新戦略の方向性の正しさが確認されることになった (BBK 2010a：75-83)。IMK は作業部会レベルで議論を重ねるとともに，早くも同年 10 月には連邦と各州の協働の枠組みとして GMAZ (Gemeinsame Melde- und Alarmzentrale：協働通報警報センター) が開設され，これらを踏まえて 12 月には「住民保護新戦略」も改定された。BBK は，この IMK の新戦略に基づいて，連邦と州の協働のための機関として制度設計がなされ，連邦レベルでの BBK 設置法の立法過程を経て 2004 年 5 月 1 日に発足したのである (BBK 2004)。

BBK は制度的な位置付けとしては連邦内務省所管の連邦上級官庁にあたり (BBK 設置法 1 条)，より具体的には連邦市民保護・災害支援法 (ZSKG) によって連邦政府と各州政府の協働の枠組みが定められている (BBK 2013：62；BBK 2014a：62；BBK-AKNZ 2015：4-7)。BBK は 2004 年の設置以降，予算と人員を漸減させつつも，2014 年予算ではなお約 265 名の定員を要し，住民保護と災害支援を包括的に扱い，緊急時のみならず平時のリスクマネジメントまで一括して所掌する。さらに BBK は制度構築や設備投資だけでなく，AKNZ (Akademie für Krisenmanagement, Notfallplanung und Zivilschutz：危機管理・非常時計画・市民保護アカデミー) を設置して人材育成にも積極的に取り組んでいる。特に非常時には，BBK は主に連邦政府と各州政府の情報インターフェース拠点として機能し，各州からの要請に応じてリソースマネジメントを引き受けるなど，各州の補完機能および各州間の調整機能を果たす (BBK 2013：12-17)[9]。緊急事態にこの情報インターフェース拠点としての機能を支えるのが，次節に述べる GMLZ

8　BBK, ZSKG　http://www.bbk.bund.de/DE/TopThema/TT_2009/ZSKG.html
9　BBK, Abteilung I Krisenmanagement, Uwe Hamacher 氏より情報提供。

(Gemeinsames Melde- und Lagezentrum von Bund und Ländern：連邦・州協働情報伝達・状況把握センター）である。GMLZ は，2002 年設置の GMAZ が 2004 年の BBK 設置に伴い改組され，BBK での運用に組み込まれ発展したものである。

2　BBK が運用する GMLZ

　GMLZ は，BBK の危機管理局職員を中心に各州および提携救援組織からの派遣要員と共に組織され，非常時にのみ設置されるのではなく，常設機関として平時から 24 時間体制で運用されている。GMLZ は，deNIS II^{plus} (Deutsches Notfallvorsorge-Informationssystem：ドイツ非常事態即応情報システム）等の情報ネットワークシステムを稼働することで常に最新状況を把握し，ドイツ国内における州境および組織間の垣根を超えて，具体的に様々な情報を集約しリソースマネジメントをおこなう (BBK 2010b；BBK 2011：10-12)。さらに GMLZ はドイツ国内にとどまらず，EU レベルでの国際的災害支援の枠組みにも参画している。例えば 2013 年大洪水において，国内外から 500 万袋を超える土嚢を調達し，その中にはオランダ，ルクセンブルク，ベルギー，デンマークからの計 165 万袋以上も含まれていた (BMI 2013：7-8；BBK 2013：14)。

　加えてこのドイツの事例で評価しておきたいこととして，以上に述べたドイツの危機管理体制の枠組みは，制度を構築しただけでそのまま手付かずにしておくのではなく，平時から実際に運用することで非常時に対する準備を怠っていない。連邦政府と各州政府は平時から，LÜKEX (Länder übergreifende Krisenmanagementübung/Exercise：州間広域危機管理演習）を実施しており，様々なシナリオで連邦，州，自治体が協働できるよう備えている (BBK 2014b)。2013 年大洪水は，これら緊急時に対する平時からの制度的備えを実際に稼働させる機会となった。

　2013 年大洪水では，前掲の図 7-1 上で南部に位置するバーデン・ヴュルテンベルク州とバイエルン州が自力および 2 州間協力の枠組みで状況を制することができた一方で，ザクセン州，テューリンゲン州，ザクセン・アンハルト州の 3 州は，GMLZ を通じて，物資・人員の支援を受けた (BMI 2013：4-7)。3 州よりは軽度の被災あるいは被災しなかった 7 州が支援しただけでなく，被災州までもがより大きく被災した他州を支援した。例えば，ニーダーザクセン州とシュレスヴ

ィヒ・ホルシュタイン州はザクセン・アンハルト州へ応援を派遣し，ブランデンブルク州に開設された緊急対策拠点は，州境を流れるエルベ川対岸のザクセン・アンハルト州シュテンダール郡の支援拠点となった。その上，大きく被災したテューリンゲン州とザクセン州も自州の流域水位が沈静化すると直ちに応援をザクセン・アンハルト州へ送り込んだ。避難者数が最大となったのは，6月13日時点の約8万5000人で，うちザクセン・アンハルト州が約半数の4万人以上を数えた。このように2013年洪水で最も大きく被災したのはザクセン・アンハルト州であることから，次項では同州に焦点を当てる。

3　ザクセン・アンハルト州——多層制の危機管理体制

　連邦制国家であるドイツにおいて，自然災害への対応は基本的には各州レベルの所掌事務範囲とされており，ザクセン・アンハルト州においても独自の州法であるザクセン・アンハルト災害対策法（Katastrophenschutzgesetz des Landes Sachsen Anhalt）等に基づいて危機管理体制が整備されている。しかし実際の災害は州境をいともやすやすと超えるが故，BBKやGMLZという連邦政府と各州政府の協働の制度的枠組みが構築されてきたということは，既に論じたとおりである。特に2013年大洪水に際して最も大きく被災したザクセン・アンハルト州では，連邦政府から州政府，最前線の自治体に至るまでの多層レベルが協働する枠組みが稼働した（LSA 2014a：31-58；LSA 2014b：37-44）[10]。

　図7-2は，ザクセン・アンハルト州において中軸となる危機管理体制の枠組みを図示したもので，緊急事態には，州政府レベル・州中層官庁レベル・自治体レベルの3層制で構成される州行政構造のそれぞれのレベルに危機管理本部（Krisenstab）あるいは災害対策本部（Katastrophenschutzstab）が設置されることになっており，2013年大洪水がまさにその機会となった。

　州レベルの最上位には州首相令により州内務・スポーツ省に州政府危機管理本部が設置される。ここが州首相直属で州内の司令塔として機能するとともに，上述のGMLZとの間で州政府を代表してやり取りをし，場合によっては他州と個

---

[10] LVwA, Referatsleiterin Personalentwicklung, Aus-und Fortbildung, Angela Schreck氏，Referat 202, Michael Ludwig氏，およびBBK, Hamacher氏。

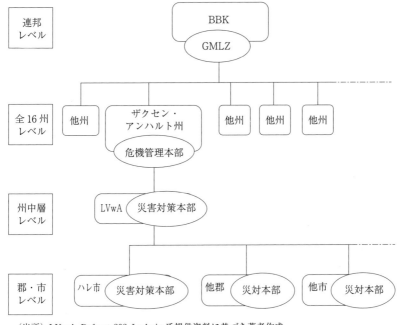

図7-2 ザクセン・アンハルト州の危機管理体制

(出所) LVwA, Referat 202, Ludwig 氏提供資料に基づき著者作成。

別に水平的な協力もおこなう。

　一方，住民と直に接する自治体レベルにも，非常時には災害対策本部が設置される。ザクセン・アンハルト州の自治体は現在，日本よりもかなり小規模な市町村 (Gemeinde) を束ねる11郡および郡に属さない3独立市によって構成されており，2013年大洪水では図7-1のとおり，3独立市の1つ，ハレ市をはじめ州内の多くで初めて非常事態が発令された。[11]

　そしてザクセン・アンハルト州について最も注目すべき点は，州政府レベルと自治体レベルとの間に常設の中層官庁としてLVwA（Landesverwaltungsamt：

11　例えば人口約23万人のハレ市と，その周囲を取り囲むザーレ郡（計15市町村（Gemeinde）で構成）とを合わせた規模が，日本では平成の大合併を経た富山市の規模に相当する（寺迫 2011a, 2011b）。

第7章　危機管理政策　133

州行政庁）が存在し，ここにも災害対策本部が設置されたことである。この常設の中層官庁 LVwA は，危機管理のみならず，建築・都市開発支援から，消費者保護，経済振興，農業，環境保護，教育・文化，家族・青少年福祉に至るまで，州行政のほぼあらゆる部門を所掌範囲としており，州省レベルでの政策部門ごとの縦割り区分と，自治体レベルの地域的区分という，異なる区分の仕方の間を取り持ち，結節・調整・監査機能を担う。すなわち，多様な政策と多様なアクターの収束と分散の結節点として，1000 以上の所掌事務を所管している（LVwA 2014b；寺迫 2014；寺迫 2015a）。

　GMLZ が連邦レベルと 16 州レベルをまとめるように，LVwA は州省レベルと 11 郡・3 独立市の自治体レベルをまとめ，中層官庁としての調整機能を発揮した。LVwA には 6 月 3 日から 7 月 4 日まで災害対策本部が設置され，計 108 名が本部スタッフとして働いた（LSA 2014a：32-33；LVwA 2013：4-8）。消防，警察，THW，連邦軍，さらにドイツ赤十字等の民間組織やボランティアによって編成される実行部隊を直接指揮するのは各郡・独立市の災害対策本部であり，LVwA がこれらを直接指揮することはない。LVwA は，現地からの情報や各組織からの連絡要員，GMLZ が提供する衛星データなどから状況把握と予測に努め，郡・独立市の境界を超えた人員や土嚢等の物資のマネジメント等をおこなった。具体的には，約 5 週間の災害対策本部設置期間中に，84 の状況レポートを作成し，130 件の広域支援要請に対応した他，約 250 万の土嚢と約 2000 の大型フレコンバックを調達し，他にも様々な物資を仲介した。LVwA は，ザクセン・アンハルト州内で最大時には約 1 万 3000 人に及んだ派遣要員の調整機関としても機能した。

　しかも LVwA は，非常時から平時へのシームレスな回帰を可能とする。なぜなら，危機的状況を LVwA に災害対策本部を設置して乗り越えれば，多様な政策課題が噴出して多様なアクターが関わるようになる復旧・復興政策あるいは次なる危機に備えた防災計画の策定は，常設機関としての LVwA 本来の任務へ組み込まれていくからである（LVwA 2014a：12-14）。後述するとおり，日本では霞が関の中央省庁と被災自治体をワンストップで結び付ける機能を期待された復興庁の設置に約 1 年弱の時間を要してしまうが，ドイツのザクセン・アンハルト州には，同等の機能を担う機関として LVwA が最初から存在し，シームレスに

緊急時から平時への回帰を成し遂げたと認識できよう。

このように，ドイツでは多層レベルにおけるそれぞれの危機管理体制が協働する枠組みが機能し，復旧体制へもシームレスに移行した。とりわけ連邦政府と各州政府を結節する GMLZ や，ザクセン・アンハルト州において州政府と郡・独立市を結節した LVwA の果たした役割は注目に値するだろう。後述する日本の事例において中央政府が前面に出た，あるいはそうせざるを得なかったこととは対照的である。

4 日本の危機管理体制

1 東日本大震災——中央政府が前面に

ドイツの危機管理体制が，2001 年のアメリカ同時多発テロと 2002 年大洪水を大きな契機として，軍事的危機と非軍事的危機を包括するものへ再編された一方，日本では，軍事的な事態とそうでない事態は国民保護体制あるいは防災体制として明確に区別されている。むしろ東日本大震災において明らかになったのは，防災体制の枠組みについてすら，自然災害と原子力災害に対する備えが全く結び付いていなかった現実である。

日本の防災体制は，度重なる自然災害と共に生きてゆくことを運命づけられた国土の下で発展してきた。防災行政は市町村第一主義を基本原則にすると同時に，個別行政面や税財政面では市町村が自前の資源だけに依拠するのではなく，国や府県とかなりの程度まで連携または融合してことにあたる体制になっている（小原 2015：2-6）。ドイツの郡・独立市と比較しても，両国の市町村レベルが担うべき役割については大まかに共通しているといえ，むしろ本章が焦点を当てるのは，より両国の差が明確となる中央政府レベルの役割についてである。

2011 年 3 月 11 日，東日本大震災発災直後の初動対応について，日本の災害即応体制は，1995 年の阪神・淡路大震災当時の初動の遅れから学び，その後 16 年間をかけて備えたとおりに素早く機能し始めた（小滝 2012a：44-50）。14 時 46 分の発災後，15 時 14 分には災害対策基本法制定後初の「緊急災害対策本部」が閣議決定により設置され，15 時 27 分に菅首相から防衛省・自衛隊に「最大限の活動をすること」との指示が出された。16 時 45 分に発災後初の首相記者会見を

経て，遅れること19時3分には「原子力災害対策本部」も設置された。ここに日本の自然災害に対する危機管理体制は，ドイツの事例と同様，来るべき日の備えを発揮する時を迎えたのである。

　しかし，備えは凌駕された。先に述べたとおり，3つの想定外を伴う圧倒的な規模の三重惨禍は，目の前に次々と危機的状況を引き起こし，果たして，危機管理体制はアドホックな対応の積み重ねになっていかざるを得なかった。いかに状況が切迫していたかを物語るのが，官邸の緊急災害対策本部，いわば国家中枢が直接，被災地へ届けるパンとガソリンの手配にあたる状況にまで追い込まれていたことである。すなわち，同本部は3月11日から12日にかけての深夜，被災地の県庁そのものの被災状況も甚大で，県による物資の調達・輸送の実施は困難な状況にまで機能低下しているとみなし，「国（内閣府）が自ら直轄で買い上げ被災地へ搬送するという，既存の制度的枠組がなく，前例もない取組を開始することを決断」（小滝 2012a：53）し，同本部事務局内に設置した「事案対処班」が直に物資の調達・輸送，広域医療搬送支援，海外支援受入等の業務調整に乗り出した。この事案対処班は，20日には規模を拡大して「被災者生活支援特別対策本部」となった（小滝 2012a：47-55；小滝 2012b：53-61；山下 2011：48-80；岡本 2013：2-11）。

　これ以降，被災者生活支援特別対策本部とは別に設けられた「原子力被災者生活支援チーム」など，事態の進展に合わせてアドホックに様々な組織が次々と設置され，外部からはわかりづらく，内部当事者は会議出席に忙殺される事態まで生じた。そこで5月9日になって，菅首相が本部長を務める緊急災害対策本部と原子力災害対策本部だけを「本部」と称する体制へ再編成された。緊急災害対策本部の下に位置づけられる被災者生活支援特別対策本部も，これに伴い「被災者生活支援チーム」に改称された（松本 2013：21-36；三瀬 2011：33-37）。

　このように日本の危機管理体制では，中央政府が政策決定のみならず政策実施にまで踏み込むことになり，これが後に中央政府が前面に出る体制としての復興庁の設置に至る大きな流れを作り出す要因のひとつとなったと認識できよう。

2　地方におけるアドホックな体制の並立

　ドイツのGMLZのように中央政府と地方政府が協働する危機管理体制が不在

であったため，国の緊急災害対策本部が被災地へのパンとガソリンの直接手配まで始める一方，地方政府レベルでも並行してアドホックな制度的枠組みを構築する動きがみられた。本章では特に注目に値する3つの事例を挙げる。

　第1に，全国知事会は，阪神・淡路大震災の経験から1996年に「全国都道府県における災害時の広域応援に関する協定」（都道府県広域応援協定）を締結し，来るべき日に備えており，3月11日には同協定に基づき「災害対策都道府県連絡本部」を立ち上げた（全国知事会2013：6-12；小室2012：16-21）。しかし国の備えが凌駕されたのと同様，全国知事会へも被災地以外の都道府県から「電話など現地との通信手段が不通になったため，被災日翌朝早朝からの知事同士の連絡さえ思うに任せないので本会に他に連絡手段はあるかといった問い合わせ」（知事会2013：7）までなされる事態に陥り，全国知事会を構成する地域ブロック幹事県を介する既存の連絡本部体制はすぐに限界に達したことから，翌12日18時半，麻生全国知事会会長の判断により，当時の都道府県広域応援協定に何ら規定のないまま「緊急広域災害対策本部」が設置された。同本部がブロック県を介さずに直接，都道府県間を連絡・調整し，被災県をそれ以外の県が広域的に応援する仕組みとして果敢に取り組んだものの，満足なノウハウがない中での新たな制度的枠組みの運用は「手探りと試行錯誤の連続」（全国知事会2013：8；小室2012：16）となった。

　しかも中央政府の緊急災害対策本部と全国知事会の緊急広域災害対策本部が並立したため，3月13日以降，両者の役割分担が不明瞭となり，被災県による複数宛てに同一の支援の重複要請や，支援県もどのルートで支援するのかで混乱も生じ，「14日になると消防庁から政府の緊急災害対策本部は全体を把握し調整する機能を十分果たしえないので，知事会ルートと政府ルートは平行して対応して欲しい旨の要請もあった」（小室2012：18）という程，国と全国知事会は補完関係だけでなく競合関係にも陥り，成果の一方で重複と混乱も伴うこととなった（小室2012：16-30）。

　第2に，さらに全国知事会に並行して，関西広域連合も独自に被災地支援に乗り出した（石田2012：19-36）。そもそも関西広域連合は，2010年12月に関西2府5県で発足した「府県域を超えたわが国初の広域連合」かつ「日本最大の地方公共団体」（石田2012：19）とされる。東日本大震災発災時点での同連合会長が

阪神・淡路大震災を経験した兵庫県井戸知事だったことから，井戸知事は各府県の知事に直接呼びかけて3月13日に広域連合委員会を開催し，その場でカウンターパート方式の支援が決定された。このカウンターパート方式とは，2008年の中国における四川大地震の際に，中国内の地方政府ごとに被災地域と支援地域を各々パートナーとして割り当てて支援にあたった「対口支援」の枠組みに倣った支援枠組みである。この中国由来のアイデアの採用も井戸兵庫県知事からの提案であり，大阪府・和歌山県が岩手県を，兵庫県・徳島県・鳥取県が宮城県を，滋賀県・京都府が福島県を支援した。

そもそも関西広域連合が，地方分権を指向する新しい制度的枠組みであるだけに，中央政府との関係が微妙なところを，井戸兵庫県知事はリーダーシップを発揮して，都道府県間での水平的協働関係を構築してみせたのである。

第3に，名古屋市による陸前高田市の「丸ごと支援」も，独自のルートでアドホックに構築された支援枠組みであった（松雄2012：31-47）。名古屋市も発災当初から国の要請に基づく支援はおこなっていたが，3月16日に市長を本部長とする「名古屋市被災地域支援本部」を設置し全市的取組みに移行し，河村名古屋市長と達増岩手県知事の電話会談を契機に，岩手県へ19日から3次にわたり名古屋市「先遣隊」，追って「調査チーム」を派遣した上で，4月7日に市被災地支援本部の全会一致で「日本初の市町村が市町村を支援する陸前高田市"丸ごと支援"」（松雄2012：35）が開始された。これは，市町村レベルでのカウンターパート方式支援ともいえるであろう。

これら3事例も含め，中央政府と地方政府の様々な機関が並列してそれぞれ新たにアドホックな制度的枠組みを急造したために，組織間での調整はある程度なされたであろうが，それでも発災直後の決定的な初動対応期における日本の行政は混乱状態に陥っていたといわざるを得ないだろう。もし，ドイツのGMLZに相当するような中央政府と地方政府が協働で運用する制度的枠組みと，それに基づいた訓練の経験が日本にも存在すれば，あの時の多様な人々の紛れもない熱意の数々は，より効果的に必要とされる支援に結び付いていったのではないかと思われる。

3　危機管理体制から復興体制への移行

　ドイツでは既存の制度的枠組みによって2013年大洪水においても危機管理体制から復旧体制へシームレスに移行した一方で、東日本大震災における復興体制への移行は新たな制度構築の過程をもたらすこととなった。

　都道府県レベルではいち早く、全国知事会が5月12日に緊急広域災害対策本部を発展的に解消し「東日本大震災復興協力本部」を設置した一方、中央政府レベルでは、本格的な復興体制への移行へ向けて菅政権は当初、復興庁の設置は意図していなかった（岩崎 2011：48-53）。すなわち、内閣設置の「復興対策本部」が政策立案や省庁間調整をおこない、被災地の「現地対策本部」を通じて中央府省の出先機関と地方自治体を連携させるという方針に基づいて、5月13日に東日本大震災復興基本法案を衆議院に提出したが、この政府案は国会審議を経て大きく様変わりすることとなった。参議院において与党が過半数を有さないいわゆる「ねじれ国会」において、与党は野党との妥協を避けられなかったからである。結果、自民党案の「復興再生院」および公明党案の「復興庁」と「復興特区制度」を踏まえた3党合意に至り、6月10日に衆議院、同20日に参議院において、これら3党などの賛成多数で、「復興庁」設置を盛り込んだ復興基本法が可決・成立した。伊藤（2015：97-102）は、この復興庁設置に至る政治過程を与党対野党の構図による合理的選択制度論の分析枠組みで説明している。

　6月下旬に復興基本法が成立・施行されてから復興庁の設置までには、さらに7か月以上を要した。なぜなら復興基本法では、国の復興対策本部（11条）とその地方機関である現地対策本部（17条）から成る体制を経由して、復興庁を設置するとされていたからである。7月22日には、被災者生活支援チームの業務も復興対策本部へ継承された。そして、本格的な復興体制の中心的枠組みとして、復興庁の設置、復興特区制度と復興交付金制度の創設、加えて原発災害被災地域における福島特措法等の体制整備も進められた（櫻井・政木・柳瀬 2012：14-24）。とりわけ復興庁については、8月25日に復興庁設置準備室が設置され、復興庁設置法案は11月1日に国会に提出、修正協議を経て12月9日に可決・成立、実際に復興庁が発足したのは翌2012年2月10日である。

　2012年になり「復興元年」という言葉が聞かれるようになったように、復興庁を中軸として本格的な復興に向けた制度的な枠組みがようやく整い始めた。確

かにここまでの過程は東日本大震災の発災から約1年弱と長く，無駄な政変に時間を空費したという印象もあるにせよ，それすら含めて，いわゆる「ねじれ国会」の政策過程において，しかも新制度を設計し構築するまでには，当然の帰結として多くの月日を要したともいえよう（寺迫 2015b：29-30）。一方でこれは，あらかじめ年数をかけて制度構築がなされていたドイツが 2013 年大洪水を既存の制度的枠組みで乗り切ったことと，著しく対照をなす。

4　5年を経た日本の制度的枠組みのこれまでとこれから

今や復興庁を中軸とする復興体制が稼働を始めて 4 年が過ぎ，東日本大震災から 10 年と定められた「復興期間」の前半 5 年の「集中復興期間」が終了したところである。発足からこれまでの復興庁の歩みは，新たな制度がさらに修正を重ねながら本来予定された機能を獲得して発揮しようとする道のりであった（寺迫 2015b：30-34）。復興推進会議は復興期間 10 年の後半 5 年を「復興創生期間」と名付け「地方創生のモデルとなるような復興」を謳っており（復興庁 2015b：2；復興庁 2015c：1-6；復興庁 2015d：36-38），復興庁にはより「多機関連携のハブ機能」（伊藤 2015：117）が求められることになるだろう。寺迫（2015b：34-35）も，復興を軌道に乗せるためのこれまでの「司令塔」機能から「これからの多様な復興の道のりの結節点に位置するいわば「管制塔」ともいうべき機能へ展開していくことがふさわしい」と復興庁への課題と期待を寄せた。

一方，東日本大震災を経た危機管理体制の再構築についての日本政府の現状の代表的見解として「政府の危機管理組織の在り方について（最終報告）」（2015：10, 13-23）は，現状でのいわゆる「日本版 FEMA」設置のような組織体制の見直しの必要性を認めておらず，既存の制度的枠組みのまま，「非常時に国・地方を通じた関係機関が持てる力を最大限に発揮」できればよいとしている。また同報告は，参照すべき各国事例の 1 つとしてドイツを挙げ BBK について概説しているにもかかわらず，GMLZ については全く触れていない。現状維持ありきに終始する政府報告に比べ，例えば産業競争力懇談会と東京大学による民間報告では，レジリエント・ガバナンス実現のために政府中枢に司令塔機能を発揮するコ

12　復興庁ヒアリング調査（2015 年 4 月 24 日）。

アを設置し，これを軸に府省レベルで機能的な関係省庁クラスターを構築するようにとの提言がなされてもいる（COCN・東大 2014：89-105）。また稲継（2015：167-190）は，東日本大震災で急造された総務省と全国市長会・全国町村会による自治体間職員派遣スキームについて総括し，既存の災害派遣医療チーム（DMAT）のように，平時の情報集積に基づき非集権的に全国の地方自治体に分散する公的人材リソースを最適配分できる情報事前蓄積型人的支援体制の構築の必要性を説いている。

それでは本章の日本とドイツの比較考察からも，今後への展望として何が導き出せるであろうか。

5　結論と展望
──多層レベルの政府アクターが協働する制度的枠組み

本章は，日本における2011年東日本大震災と，ドイツにおける2013年大洪水を事例として，両国における災害発生時の危機管理体制の初動と，復旧・復興体制への移行について比較した。最後に，本章の考察を4つの論点に整理しつつ，そこから導かれる今後の日本の危機管理体制および復興行政への展望も合わせて示す。

第1の論点は，制度的備えについてである。ドイツでは既存の制度的枠組みが機能して危機を脱することができたが，日本では想定外の事態に直面して新たな制度的枠組みの構築を迫られた。確かに東日本大震災は想定を超える圧倒的な規模であったため，そこまで大きな規模でなければ日本でも既存の制度が機能したのではないか，あるいは逆にドイツでも想定外の規模の災害が襲い掛かれば機能しなかったのではないか，という見方もあろう。しかし，災害の規模のみを理由に全てを不可抗力だったことにしてしまうわけにはいかない。今後の展望として，もちろん自然の力を前にして完璧な危機管理体制などありえないことを踏まえつつ，それでも制度はできるだけ備えておかなければならない。そのためにも本章は，災害規模の差だけではなく，両国の危機管理体制の差にこそ焦点を当てて，両国の危機に対する制度的なレジリエンス（非常時耐久力・回復力）に違いが生じることを明らかにした。具体的な両国の差は続く以下の論点に集約される。

第2の論点は，制度構築と政策分野についてである。ドイツでは各州政府の水平的協働の枠組みである IMK での議論に連邦政府が加わることで，連邦レベルが所掌する軍事的な住民保護政策と州レベルが所掌する非軍事的な災害支援政策との分断を克服し，連邦・州の協働を実現する制度的枠組みである BBK, GMLZ が構築された。一方の日本では，ともに防災政策に位置づけられるはずの自然災害と原子力災害に対する備えすら全く連携していなかった。そしてあれから5年を経てなお，日本の危機管理体制は基本的に現状を維持したままである。
　第3の論点は，中央地方関係についてである。ドイツでは連邦・州・自治体に至る多層レベルの政府アクターが協働する制度的枠組みが構築されていた。GMLZ が連邦と各州を結節しただけでなく，特に最も大きく被災したザクセン・アンハルト州では中層官庁 LVwA が州レベルと自治体レベルを結節した。一方で，日本では東日本大震災直後の初動対応から復興庁の設置に至るまで中央政府が前面に出た制度的枠組みが目立った。ドイツの GMLZ に相当するものが日本には存在せず，国と地方で並行して各々アドホックに急ごしらえされた危機管理体制は重複と混乱を伴いながら奮闘したものの，危機的状況を脱し復興体制へ移行するに際してもそのまま，復興庁を中軸とする中央政府が前面に出た制度的枠組みが構築された。
　第4の論点は，危機管理体制から復旧・復興体制への移行についてである。ザクセン・アンハルト州では，常設の州中層官庁 LVwA が非常時から平時へのシームレスな回帰を可能とした。一方の日本では，国と地方自治体を結び付けるという点で LVwA と機能的には比較し得る復興庁の設置までに約1年弱の時間を要した。
　以上を踏まえた今後への展望として，あらかじめ中央と地方の多様な政府アクターが協働する制度的枠組みを整備しておくことこそが，中央地方間での制度的な軋轢を回避し，機能的な危機管理体制を実現し，復旧・復興体制へのシームレスな移行を可能にするだろう。日本の復興行政について，2020年度末までの廃止が予定される復興庁の出先機関である復興局と被災県との間での競合関係が顕在化しつつあるとの伊藤（2015：115）の指摘は重要である。いずれの枠組みが相応しいにせよ，宮城県とほぼ同じ人口規模のザクセン・アンハルト州が州政府として大きな自立性を有し，その州政府と自治体を結節する常設の中層官庁

LVwA が，緊急時から平時までシームレスに，多様なアクターと多様な政策の収束と分散の結節点としてしっかり機能していることは大いに参考となろう。

　本章から明らかとなった日本とドイツの違いは，単に連邦制国家か否かから生じるだけではない。ドイツには，中央政府そのものが強力でなくとも，自律的な各州政府が水平的に協調して連邦政府と協働することで，むしろ全アクターを結節して強力なレジリエンス機能を発揮する中心が形成されている。一方で日本の中心には，地方分権もかなり進んでいるとはいえ，非常時となれば中央政府が押し出してきてそのまま平時にまでとどまり続け，地方政府にもどことなくそれを望む依存心が共有されているのではないか。さらなる復興推進と次なる震災への備えに不可欠なのは，依存心ではなく覚悟を持って自立した地方政府と，それを尊重する中央政府とが共に協働できる枠組みの実現であろう。

【さらに理解を深めたい人のために】
　村松岐夫・恒川惠市監修『大震災に学ぶ社会科学』第 2 巻他，全 8 巻，東洋経済新報社。

参　考　文　献
縣公一郎（1992）「統一後ドイツの協調的連邦主義——ノルトライン・ヴェストファーレン州とブランデンブルク州の水平的協力を実例に」『年報行政研究』第 27 号，167-192 頁。
石田勝則（2012）「関西広域連合による被災地支援の取組み」『季刊行政管理研究』No.137，19-36 頁。
伊藤正次（2015）「復興推進体制の設計と展開」小原隆治・稲継裕昭編『震災後の自治体ガバナンス』（村松岐夫・恒川惠市監修『大震災に学ぶ社会科学』第 2 巻），東洋経済新報社，97-119 頁。
稲継裕昭（2015）「広域災害時における遠隔自治体からの人的支援」小原隆治・稲継裕昭編『震災後の自治体ガバナンス』（村松岐夫・恒川惠市監修『大震災に学ぶ社会科学』第 2 巻）東洋経済新報社，167-190 頁。
岩崎忠（2011）「東日本大震災復興基本法の制定過程」『自治総研』通巻第 394 号，48-62 頁。
上田啓史（2012）「2012 年度日本行政学会報告」『季刊行政管理研究』第 138 号，

58-63 頁。

岡本全勝（2013）「東日本大震災からの復興――試される政府の能力」『年報行政研究』第 48 号，2-19 頁。

岡本全勝（2015）「復興の現状と課題――未曾有の事態へどのように対応してきたのか」『地方財務』第 730 号，94-117 頁。

片岡寛光（1990）『国民と行政』早稲田大学出版部。

警察庁緊急災害警備本部（2015）「平成 23 年（2011 年）東北地方太平洋沖地震の被害状況と警察措置」（平成 27 年 12 月 10 日）。

国立国会図書館（2012）経済産業調査室・課「福島第一原発事故と 4 つの事故調査委員会」『調査と情報』第 756 号，1-20 頁。

小滝晃（2012a）「東日本大震災（地震・津波）の初動・応急対応（上）――緊対本部の 12 日間と復興対策本部発足までの 3 ヶ月間」『季刊行政管理研究』第 140 号，42-91 頁。

小滝晃（2012b）「東日本大震災（地震・津波）の初動・応急対応（下）――今後の巨大災害対策のあり方に関する教訓」『季刊行政管理研究』第 141 号，31-65 頁。

小室一人（2012）「東日本大震災　全国自治会の対応」『季刊行政管理研究』第 138 号，16-30 頁。

小原隆治（2015）「東日本大震災と自治体」，小原隆治・稲継裕昭編『震災後の自治体ガバナンス』（村松岐夫・恒川惠市監修『大震災に学ぶ社会科学』第 2 巻）東洋経済新報社，1-19 頁。

櫻井敏雄・政木広行・柳瀬翔央（2012）「復興体制の整備――復興特区法，復興庁設置法，福島特措法」『立法と調査』第 329 号，14-25 頁。

産業競争力懇談会（COCN）・東京大学政策ビジョン研究センター（2014）『レジリエント・ガバナンス』産業競争力懇談会 2013 年度研究会最終報告。

政府の危機管理組織の在り方に係る関係副大臣会合（2015）「政府の危機管理組織の在り方について（最終報告）」（平成 27 年 3 月 30 日）。

全国知事会（2013）「東日本大震災における全国知事会の取組」。

曽我謙悟（2013）『行政学』有斐閣アルマ。

寺迫剛（2011a）「コンパクトシティとしてのザクセン・アンハルト州ハレ市」『早稲田政治公法研究』第 96 号，43-58 頁。

寺迫剛（2011b）「富山市とハレ市──コンパクトシティの行政」井手英策編『雇用連帯社会』岩波書店，89-127頁。

寺迫剛（2014）「ドイツ新連邦州における州制度構築と日本における道州制論」『早稲田政治公法研究』第107号，15-33頁。

寺迫剛（2015a）「ザクセン・アンハルト州における3県庁からLVwAへの移行と州政権交代」『早稲田政治公法研究』第110号，17-36頁。

寺迫剛（2015b）「集中復興期間最終年の復興庁──「司令塔機能」から「管制塔機能」へ」『季刊行政管理研究』第150号，27-37頁。

東京新聞（2015）2015年3月10日第1面。

西尾勝（2001）『行政学［新版］』有斐閣。

福島民報社編集局（2015）『福島と原発3──原発事故関連死』早稲田大学出版部。

復興庁・内閣府（防災担当）・消防庁（2015a）「東日本大震災における震災関連死の死者数（平成27年9月30日現在調査結果）」（平成27年12月25日）。

復興庁（2015b）「復興推進会議（第13回）議事要旨」（平成27年6月24日）。

復興庁（2015c）「平成28年度以降5年間（復興・創生期間）の復興事業について（案）」（平成27年6月）。

復興庁（2015d）「東日本大震災からの復興の状況に関する報告」（平成27年11月）。

松雄俊憲（2012）「被災地に寄り添う～陸前高田市"丸ごと支援"の取組み～」『季刊行政管理研究』第138号，31-47頁。

松本敦司（2013）「東日本大震災に関する政府の組織面での対応について」『季刊行政管理研究』第143号，21-36頁。

三瀬佳也（2011）「東日本大震災における政府の組織編成」『立法と調査』第317号，33-37頁。

山下哲夫（2011）「政府の被災者生活支援チームの活動経過と組織運営の経験」『季刊行政管理研究』第136号，48-80頁。

BBK (Bundesamt für Bevölkerungsschutz und Katastrophenhilfe) (2008), *50 Jahre Zivil- und Bevölkerungsschutz in Deutschland*, Druckpartner Moser.

BBK-AKNZ (2015), *Jahresprogramm 2016; Akademie für Krisenmanagement, Notfallplanung und Zivilschutz (AKNZ)*, Media-Print Informationstechnologie

GmbH, Paderborn.

BBK (2013), *Der Jahresbericht 2013; Bevölkerungsschutz geht alle an*, Silber Druck oHG, Niestetal.

BBK (2014a), *Der Jahresbericht 2014*, Medienhaus Plump GmbH, Rheinbreitbach.

BBK (2010b), *Das Gemeinsames Melde- und Lagezentrum von Bund und Ländern (GMLZ), Gemeinsames Krisenmanagement von Bund, Ländern und Organisationen*, Broschüre.

BBK (2014b), *LÜKEX:Eine strategische Krisenmanagementübung*, Projektgruppe LÜKEX Bund, Bonn.

BBK (2004), *Materialien zur Gesetzgebung: Gesetz über die Einrichtung des Bundesamtes für Bevölkerungsschutz und Katastrophenhilfe (BBKG)*, zusammengestellt von der Fachinformationsstelle Zivil- und Katastrophenschutz, Bonn.

BBK (2010a), *Neue Strategie zum Schutz der Bevölkerung in Deutschland*, 2. Auflage.

BBK (2011), *Schutz und Hilfe für die Bevölkerung-Wir über uns*, Druckpartner Moser, Rheinbach, Nachdruck im BVA 2014.

BMI (Bundesministerium des Innern) (2013), *Bericht zur Flutkatastrophe 2013: Katastrophenhilfe, Entschädigung, Wiederaufbau*.

Bogumil, Jörg. und Werner Jann (2005), *Verwaltung und Verwaltungswissenschaft in Deutschland*, VS Verlag für Sozialwissenschaften, Wiesbaden.

LSA (Land Sachsen-Anhalt) (2014a), Ministerium für Inneres und Sport, *Katastrophenschutzreport zum Hochwasser 2013 in Sachsen-Anhalt*.

LSA (2014b), Wiederaufbaustab Hochwasser 2013 (WAST), *Bericht der Landesregierung zur Hochwasserkatastrophe 2013*, Mai 2014.

LVwA (Landesverwaltungsamt) (2013), *Jahresrückblick 2013*, LVwA Stabsstelle Kommunikation, Halle.

LVwA, (2014a), *Jahresrückblick 2014*, LVwA Stabsstelle Kommunikation, Halle.

LVwA (2014b), *Landesverwaltungsamt-Unsere Aufgaben-Ihr Kontakt*, Flyer, Halle.

Niehaves, Björn. (2009), *Verwaltungsreform in Deutschland und Japan: Eine empirisch Analyse Kooperativer Kommunaler Reformpolitik*, VS Verlag für Sozialwissenschaften, Wiesbaden.

Stadt Halle (2013a), *Hochwasserbericht 2013*, Informationsvorlage V/2013/12026 der Stadt Halle (Saale).

Stadt Halle (2013b), Amtsblatt Nr.10, 12. Juni 2013.

Stadt Halle (2013c), Amtsblatt Nr.11, 29. Juni 2013.

第8章

安全規制政策
科学技術の利用と規制システム

大藪　俊志

【本章のねらい】現代社会における我々の日常生活は，科学技術の成果を利用することにより成り立っている。しかしながら，科学技術の進歩は，社会に便益だけでなくリスクをもたらすこともあり，リスクが現実のものとなった場合，その被害の影響は広範囲に及ぶ。そこで，この章では，科学技術の成果を社会に導入する際，いかにして安全性を確保すべきなのかという問題認識のもと，安全規制（リスクを低減させるための仕組み）を構築する場合に考慮すべき論点を検討する。

以下，第1節では，現代社会における科学技術の多様な側面を論じる。次に第2節では，科学技術の成果の利用に関する安全規制について，その必要性と仕組みについて検討する。続いて第3節では，東京電力福島第一原子力発電所事故において露呈した原子力安全規制の欠陥を素材として，安全規制が抱える問題点を考察する。最後に第4節では，安全規制の見直しに必要とされる論点を整理し，本章のまとめとしたい。

1　現代社会における科学技術の諸相

今日に至るまで目覚ましい発展を遂げてきた科学技術には，正と負の両面が存在する。科学技術の進歩は，知的・文化的な価値や経済的・社会的な価値を創り出すことにより，医療や福祉，情報・通信技術，防災などの技術を改善し，日常生活における課題の解決と利便性の向上に貢献してきた（文部科学省 2007：3-5）。その一方で，科学技術の高度化・複雑化は，社会との接点における倫理的・法的・社会的課題（ELSI）の発生や，地球規模の環境問題，大規模な技術システム（原子力発電，石油・化学プラント，交通システム，情報通信ネットワーク等）の事故・災害などにみられるように，現代社会に様々なリスクをもたらすようにな

った（日本リスク研究学会 2006：144-145；文部科学省 2011：47-54）。

　また，科学技術には，知識を生産し利用する局面において多様性と不確実性が存在する（城山 2007：41-44）。科学知識の生産においては，専門誌の編集・投稿・査読活動を担う科学者のコミュニティ（「ジャーナル共同体」）が科学的知見の正しさを判定し，妥当性を保証している（藤垣 2003：13-30）。しかしながら，その妥当性は暫定的なものであり，「いつでも」「厳密な」回答を社会に示せるわけではない（藤垣 2012a：132-143）。例えば，科学的知識の妥当性をめぐる判断は専門分野ごとに異なることがある（藤垣 2003：31-51）。さらに，科学の知識は研究活動の進展に伴い更新されていくものであり（「作動中の科学」），最新の知見においても未解明なグレーゾーンが残り得る（藤垣 2003：53-71）。科学技術の成果の利用においても，それを用いる者の意図によって社会的な結果が左右される用途の両義性（dual use）が存在する（日本学術会議 2012：ⅱ）。この用途の両義性とは，「研究開発成果やその産物，技術が人類の平和や健康，経済発展などの平和利用に寄与する一方，意図的，あるいは意図しない破壊的行為につながる可能性のある利用により，ヒトや環境に重篤な影響を与える」ことを意味する（科学技術振興機構 2013：1）。

　科学技術と社会の関係も，1970 年代以降，「トランス・サイエンス」(trans-science）の問題に直面するようになった[2]。トランス・サイエンスとは，科学と政治が交錯する領域を指し，「科学によって問うことはできるが，しかし，科学だけでは答えることができない問題群からなる領域」が拡大したことを意味する（小林 2007：120-178）。その一方で，現代社会では，科学技術に関わる専門家にも未解明な領域があり厳密な科学的知見を示すことが難しい場合においても，問題の解決に向けた意思決定を求められる事態が生じ得る（例えば，地球温暖化問題や低線量被曝の対策など）。また，科学技術の成果の利用に関しては，科学者や技術者などから構成される専門家集団だけでなく，行政機関，企業，市民など

---

[1]　ELSI（Ethical, Legal and Social Implications）の具体例として，ライフサイエンス分野における生命倫理問題（クローン技術，ヒト ES 細胞，ヒトゲノム・遺伝子解析研究，遺伝子組換え実験）が挙げられる（文部科学省 2011：50-52）。

[2]　「トランス・サイエンス」の概念は，Alvin M. Weinbeg, "Science and Trans-Science," *Minerva*, vol.10, no.2, 1972. において提唱された。

様々なアクターが利害関係を有する。このような状況のもと，科学技術に関わる専門家の集団には，科学的真理の追求や技術開発の活動だけでなく，研究開発とその成果の利用について広く社会の理解を得るための努力が求められている。

　以上の論点を踏まえると，社会において科学技術の進歩の成果を安全に用いるためには，科学知識の生産と技術開発の利用に伴う便益とリスクを比較衡量し，例えば安全規制など負の影響を局限するための仕組み（規制システム）の構築を行う必要がある。また，科学技術に関わる問題に関し何らかの意思決定を行う場合には，多様なアクターの関与と科学的不確実性（グレーゾーン）の存在を前提としなければならない（藤垣 2012a：132-144）。

2　安全規制の仕組み

　科学技術の健全な発展のためには，学問研究の自由が保障されなければならない。また，科学技術の成果の利用に関しその安全を確保することは，一義的には利用する側（事業者等）の社会的責任とされる。その一方で，科学技術の研究と成果の利用から生じる可能性のある危険やリスクから市民の安全を確保するためには，何らかの統制の仕組みが必要となる。そのため，科学技術に携わる専門家の集団（科学者・技術者，学術団体，企業・研究機関など）には，高い倫理観を保ち社会的責任を自覚した行動が求められる。この点，これまでにも科学者のコミュニティにおいて自主規制が行われた例（遺伝子組換え実験のガイドラインに関するアシロマ会議など）があり，科学者・技術者が遵守すべき倫理規定の整備も行われている。[3]

　しかしながら，高度化・複雑化する科学技術を社会に導入し利用する際，その安全性を確保するためには，専門家集団による内部統制や利用者の自主規制だけでは不十分であり，外部からの統制の仕組みも必要となる（小林 2003：18-37）。とりわけ，人間の生命・健康，自然・生態系・生命秩序に対し，事前の予測が不可能でありかつ重大な損害を招く可能性がある場合には，危険を回避するための

3　日本機械学会倫理規定（1999年制定），日本原子力学会倫理規定（2001年制定）など。

法制度を含む周到な規制の仕組みを検討しなければならない（戸波 1993：82-87）。この点，国の基本権保護義務の存在を前提とする場合，私人（第三者）による基本権保護法益（生命，健康，財産など）への侵害を防止するため，国は安全な環境を確保する義務を負うことになる（桑原 2007：178-189；桑原 2013：290-329）。そして行政には，法治行政の原則のもと，日常生活における危険の除去だけでなく，危険が発生し顕在化する前の段階における「安全・安心の創出」に向けた取組みが求められるようになった（野口 2009：1-10）。

　外部からの統制の仕組みには，民事上・刑事上の責任も含まれるが，科学技術に関わる多様な主体に対する安全規制も非常に大きな役割を果たす。一般に，安全規制とは，人の生命や身体，財産を事故や災害から守るための規制を指し，社会的規制の典型例とされる（八代・伊藤 2000：247）。行政は，安全確保の観点から経済的・社会的活動に対し規制を行い，その対象は，最終製品から機械，設備，建造物，原材料，製品・サービスの生産に従事する者など広範囲に及ぶ（横倉 1997：186, 201）。

　安全規制の基本的な仕組みは，特定行為の禁止，基準・認証，検査・検定，資格制度等の運用にあり，罰則（行政罰，刑事罰）によりその実効性を担保する（社会的規制研究会 1996：12-18；八代・伊藤 2000：249-251；植草 2000：294-296）。

　このうち特定行為の禁止は，規制対象である事象・行為の発生を絶対的に防止することを目的とする（麻薬取締法など）。また，基準は，製品・設備などの安全性を確保するための技術的基準のことであり，この基準を遵守していることについて確認する方法・手続を認証（適合性評価）という。認証の代表的な例としては，工業標準化法に基づくJISマーク表示制度や，消費者生活用製品安全法に基づくPSCマーク制度がある。検査・検定では，製品や機械・設備などの安全性を確保するため，使用前検査，定期検査，立入検査などを行う。例えば，ボイラーの設置・運用に関しては，労働安全衛生法に基づき，構造検査，製造検査，使用検査，落成検査，使用再開検査などが実施されている。資格制度は，一定の業務に従事する者の専門的な知識，経験，技能について，その能力を公的に認定・証明する制度であり，業務独占資格（医師など），必置資格（高圧ガス製造保安責任者など），名称独占等資格（技術士・栄養士など）に分類される（総務省 2011：5）。

安全規制の手段は多種多様であるが、規制手段の組合せや、行政の関与の程度は規制の対象により異なる。例えば、事故発生の場合の被害が甚大であり、広範囲に危険が及ぶことが予想される原子力発電所の安全規制の場合、国による安全基準の策定、発電所施設の設置の許認可、必置資格者の設置義務（原子力主任技術者）、検査（使用前、定期、立入）、行政罰と刑事罰、損害賠償制度の整備など、法制度上は行政の関与が強い規制の仕組みとなっていた（横倉 1997：209）。

　この安全規制の制度設計や見直しに当たり考慮すべき事項は多岐にわたるが、ここでは、①リスクと規制レベルのバランスの確保、②規制（基準）の策定と実施（実効性の確保）という論点に触れておきたい。

　まず、リスクと規制レベルのバランスに関しては、科学技術がもたらすリスクと便益を明示し、リスク低減の便益と規制のコストを評価したうえで規制のレベル設定を行うことが必要とされる（日本機械学会 2003：23）。また、科学的な不確実性が残る場合において予防的な規制を行うか否かの判断は、社会の政策選択に委ねられる（城山 2007：47-53）。

　規制の策定と実施に関しては、行政と民間の役割分担などが論点となる（城山 2013：23-26）。規制の策定では、リスクや産業構造の特性、科学技術の進展への対応、専門能力の確保などを考慮する必要があり、国が基準（強制規格）を策定する場合と、民間（業界・学協会）の基準（任意規格）や国際標準（国際規格）を利用する場合が想定される（城山・廣瀬・山本・川出・村山 2006：154-183）[4]。規制の実施においても、行政が直接に検査・検定を実施する場合と、公益法人など行政機関以外の団体に委託する選択肢が考えられる。いずれの場合においても、安全の確保という規制の目的を達成するため、行政と民間部門の適切な役割分担が必要とされる。

3　安全規制の問題点——原子力安全規制の場合

　科学技術の成果の利用に関連して安全規制の対象となる分野・製品は多岐にわ

4　この場合、規格（標準）の内容を、仕様基準とすべきか性能基準とするかという選択肢も想定される。

たるが，以下では，原子力の利用に対する安全規制を対象に，日本における規制システムの問題点を検討する。ここで原子力の安全規制を取り上げる理由は，原子力の利用が社会に便益とリスクをもたらす巨大科学技術システムの典型であり，他の分野・製品に関わる安全規制に共通する課題を浮き彫りにする事例と考えられるためである。日本の原子力安全規制は，東京電力福島第一原子力発電所事故（以下，「福島原発事故」という）を契機として，そのあり方が改めて議論されるようになった。

福島原発事故当時の原子力安全規制の問題点に関しては，複数の事故調査委員会による分析が行われているが，本章では国会に設置された「東京電力福島原子力発電所事故調査委員会」の報告書（以下，「国会事故調報告書」という）の検討に注目したい。[5] 国会事故調報告書では，原子力安全規制が抱えていた問題点に関し，規制機関の組織・制度上の問題と法規制の問題を取り上げて分析を行っている。

まず，規制機関の組織・制度上の問題に関し，国会事故調報告書は独立性の欠如を指摘する（国会事故調 2012：507-510）。福島原発事故の発生当時，原子力の安全規制は原子力安全・保安院（以下，「保安院」という）が担当していたが，保安院の行政上の位置付けは原子力の利用を推進する経済産業省の外局（資源エネルギー庁傘下の特別の機関）とされ，経済産業省が保安院の予算と人事権を握っていた。また，保安院の行う規制を2次審査する機能を担う組織として，内閣府に原子力安全委員会が設置されていたが，組織・制度上の制約があり期待された役割を果たすことができなかった。日本の原子力安全規制の歴史的経緯をみると，原子力の開発と利用を推進する体制に規制システムが依存する構造となっており，諸外国における原子力安全規制機関の位置付けと比べると独立性の確保は重要視されていなかった（松岡 2012：49-71；松岡 2013a：5-10）。[6]

---

[5] 国会に設置された「東京電力福島原子力発電所事故調査委員会」以外の事故調査委員会として，政府が設置した「東京電力福島原子力発電所における事故調査・検証委員会」（政府事故調），一般財団法人日本再建イニシアティブ「福島原発事故独立検証委員会」（民間事故調），日本原子力学会「東京電力福島第一原子力発電所事故に関する調査委員会」（学会事故調），東京電力「福島原子力事故調査委員会」（東電事故調）がある。

規制機関の独立性の欠如に関しては，保安院と規制の対象である事業者（電力会社など）との関係も，事故の発生と被害の拡大につながった原因の１つとされる。国会事故調報告書では，後述する規制機関の専門性（保安院の規制策定能力）の欠如から，規制機関が規制の対象である事業者の「虜」となっていたことを批判する（国会事故調 2012：451-501）。保安院よりも原子力発電に関する多くの知識と経験を有する電力会社は，電気事業連合会（電気事業者の任意団体）を通じて，安全規制の改善（原子力発電所施設の耐震安全性の再評価（バックチェック），津波による浸水対策，長時間の電源喪失対策，過酷事故（シビアアクシデント）対策など）を拒否あるいは先送りしていた。電気事業者は，既設の原子炉を停止させないことを最優先とし，既に実施されている規制や稼働中の原子炉の安全性の根拠が訴訟などにより否定されることをリスクとみなしていた。また，規制機関も事業者の意向に配慮し，規制の策定に際しては事業者側と調整を行い，改善策を微修正にとどめてきた。安全規制の強化よりも原子力の利用推進を優先する規制機関の姿勢は，構造的な安全文化の軽視につながる。安全文化とは，国際原子力機関（IAEA）の定義では，「安全にかかわる問題に対して最優先で臨み，その重要性に応じた気配りを行う態度や性格一般」を意味する（日本リスク研究学会 2008：26）。しかしながら，原子力安全規制を担う関係者（政府・事業者）は，最新の科学的知見や国際的な安全基準，諸外国の安全対策事例を取り入れることに消極的な姿勢を取り続け，国際原子力機関の総合規制評価（IRRS）における勧告や助言に関しても具体的な改善策を実施しなかった（国会事故調 2012：502-503，514-517）。その結果，規制機関と事業者は，規制システムに地震や津波，過酷事故への対策に不備を残したまま，福島原発事故に直面することとなった。

　また，規制機関である保安院には，そもそも原子力安全規制に関する専門的知識と経験が不足していたことも指摘される。このことは，政府に設置された「東京電力福島原子力発電所における事故調査・検証委員会」（政府事故調）におい

6　規制機関の独立性に関し，アメリカの原子力規制委員会（NRC）とフランスの原子力規制庁（ASN）は，それぞれ高度な専門能力を有し，原子力を推進する機関や政治からの独立性も確保されていた（国会事故調 2012：518-527）。

ても，保安院の抱える組織的・機能的な問題として指摘されている。具体的には，保安院が原子力規制に特化した組織ではないこと（産業保安も対象としていた），独自の人事運用が行えず職員の専門的知識や経験の蓄積が難しいこと，個別事故などの対応に追われ中長期的課題に対応できる組織・人員が不足していたこと，国際原子力機関など海外の規制機関との人事交流に対応できる余裕がないことなどが挙げられる（政府事故調最終報告書 2012：353-360）。保安院は，規制の策定や検査の実施に当たり電気事業者の協力を得ていたが，「事業者から教えられる形で専門的知識を習得してきたという実態」もあり，保安院において独自の専門性を高める機会を逃していた（国会事故調 2012：511-512）。

　規制機関の組織・制度上の問題では，このほかにも透明性の欠如と縦割り行政の弊害が指摘されている。規制機関の透明性の欠如は先にみた独立性の欠如の問題とも密接に関連する。原子力の利用に対して広く社会の信頼を得るためには，安全規制の策定過程や実施に関する情報の透明性を高めることが求められる。しかしながら，政府内部や事業者との関係において独立性に欠けていた保安院は，「原子力利用の推進の障害となり得る原子炉のリスクに関する情報」を巧妙に操作し，事業者とともに，不透明な安全基準の検討過程を維持し，原子力発電所が直面していたリスク（地震や津波）や電力会社内部からの告発などを隠蔽していた（国会事故調 2012：510-511）。

　縦割り行政の弊害では，原子力安全規制に関わる組織が複雑に細分化され，責任の所在が不明確であったことが問題とされた。例えば，放射線防護対策では，原子力安全委員会（内閣府），放射線審議会（文部科学省），保安院（経済産業省），厚生労働省などの機関に権限が分散していた。そのため，福島原発事故の発生に際し，情報の収集・共有や住民の避難指示など事故対応において深刻な混乱を引き起こした（国会事故調 2012：512-514）。

　次に，原子力に関する法規制の問題点に関しては，科学技術の進歩に伴う最新の技術的知見の取り込みや，諸外国の安全規制の改善事例に学ぶことを怠り，適切な規制の見直しが行われなかったことが指摘される（国会事故調 2012：531）。

　福島原発事故の発生当時の法規制の枠組みをみると，原子力基本法（原子力利用の基本理念などを規定）のもと，原子炉等規制法（核燃料物質及び原子炉の規制に関する法律）と放射線障害防止法（放射性同位元素等による放射線障害の防止に

関する法律）が原子力の利用に関する安全規制を規定するほか，電気事業法（電気工作物としての原子炉施設を規制）や原子力災害特別措置法（原子力災害の防災対策を規定）などが原子力安全に関わる法令の体系を構成していた（政府事故調中間報告書 2011：363-364）。また，原子力発電所の安全性確保に関する規制要求として，技術基準を定める多数の政令・省令・告示と併せ，原子力安全委員会が定める安全審査指針が整備されており，具体的な技術的仕様では学協会が定める規格（日本電気協会規格，日本原子力学会規格など）が活用されていた（政府事故調中間報告書 2011：364-365）。

　これらの法規制は，原子炉施設の設置から運転に至る各段階（最終的には施設の廃止）において実施される。具体的にみると，設計・建設段階では原子炉の設置許可に係る安全審査，工事計画の認可，使用前検査，保安規定の認可が行われ，運転段階では，保安検査，定期事業者検査，定期安全管理審査が実施される（幸田 2009：118-124；政府事故調中間報告書 2011：366）。このような段階的な安全規制が適切に実施された場合には，「大規模産業施設の設置運転という複雑な行政過程を複数の行政行為相互の法的関係へと還元して行政過程を明確化・透明化」することにより，法的な統制の可能性を高めるとされたが，その一方で審査過程が断片化されるというマイナス面も指摘されていた（高橋 1998：95；黒川 2013：55-63）。

　国会事故調報告書は，福島原発事故当時の法規制が抱えていた具体的な問題点に関し，原子力利用の推進を優先し，国民の生命と安全の確保を主目的とする法体系ではなかったことを指摘する（国会事故調 2012：536-537）。法規制の見直しは，「予測可能なリスクでも過去に顕在化していない限り対策が講じられず」，特定の事故に対応した「対症療法的，パッチワーク的」な改善にとどめられ，科学技術の進歩に伴う技術的知見や諸外国の安全規制の動向を反映した取組みが行われなかった（国会事故調 2012：532-533）。

　安全規制の強化が行われなかった理由の1つに，原子炉設置許可処分の取消訴訟が提起されることを懸念した規制機関の不作為が挙げられる。既存の安全規制の妥当性に疑念が生じることを恐れる規制機関は，「訴訟提起の可能性の有無によって法規制に技術的知見を反映するかどうかを決めるといった，本末転倒な判断を行いがち」になった（国会事故調 2012：533）。そのため，日本の原子力法規

制の内容は諸外国の安全規制と比べて，原子力施設の安全確保の取組み（多層的な安全防護の構成（深層防護）など）や関係者（事業者・国・自治体など）間の役割分担のあり方などの点において見劣りのする内容となっていた（国会事故調 2012：533-536）。

また，原子力施設の安全審査に関わる技術基準の設定においても，内容と手続の両面で課題を抱えていた。具体的な安全評価に用いられる安全審査指針は，原子力安全委員会が定める行政規則（通達）であるが，内容が不適正な場合があること，策定の手続においても透明性と公正さが確保されていないことが問題視された（国会事故調 2012：537-538）[7]。

法規制の実施では，規制機関の能力不足もあり，電力事業者などの被規制者の自主規制に依存していた（城山 2003：82-88）。例えば，事業者が定めることのできる原子力施設の保安規定には，原子力施設の組織，保安教育，運転上の制限及び条件，燃料管理，放射性廃棄物管理，運転保守管理など安全に関わる重要事項が多く含まれる（幸田 2009：139-140）。事業者による自主規制の取組みは，法規制による対応が難しい場合，最新の技術的知見を安全確保の取組みに反映させることに役立つことが期待される。ところが，電気事業者は，法規制がない場合において，原子力施設の安全確保に必要な対策（耐震指針の改定によるバックチェック，過酷事故への対策など）に自主的に取り組むことに積極的ではなかった（国会事故調 2012：534）。

4 安全規制の方向性

以上にみた福島原発事故当時の原子力安全規制の問題点は，他の分野における規制システムが抱えていた課題とも共通するところが多い。

例えば，食品安全衛生の分野では，牛海綿状脳症（BSE）問題における行政対応を検証した際，危機意識の欠如と危機管理体制の不備，生産者優先（消費者保護軽視）の政策，不透明な政策決定過程，関係省庁間の連携不足，専門家の意見

---

[7] 原子力安全委員会の抱えていた問題点に関し，首藤（2014）を参照。福島原発事故当時の原子力安全規制の実態については，阿部（2015）が詳しい。

を適切に反映しない行政，法制度の不備などが指摘されていた（BSE 問題に関する調査検討委員会 2002：21-25）。

　そこで以下では，安全規制の今後の方向性に関し，規制の改善に必要な論点と意思決定のプロセスに必要な観点を検討することとしたい。このうち規制制度の改善に関しては，国会事故調報告書が，福島原発事故により露呈した制度の不備を改善するため，規制機関と法規制の見直しの方向性を示している。

　まず，規制機関のあり方に関しては，安全水準の向上に向け自己変革を行うことのできる組織とするため，主として独立性の確保，透明性の向上，専門能力の強化を必要な要件としている（国会事故調 2012：20-21，502-527）。[8] このうち独立性の確保には，政府内の推進組織に対する独立性，事業者に対する独立性，政治からの独立性が求められる。透明性の向上では，意思決定過程の情報開示と併せて，事業者など関係者との交渉に関する記録の作成・公開が必要となる。専門能力の強化では，規制対象である事業者に依存せずに高度な専門知識をもつ人材を育成するため，採用，教育，訓練の制度を整備することや，規制機関に対して適切な助言を行うことのできる組織を設置すべきとした。[9]

　これら規制機関に必要とされる要件を具体的に検討すると，独立性の確保に関しては，リスク評価（risk assessment）とリスク管理（risk management）の仕組みにも留意する必要がある。一般にリスク評価とは，ハザード（危害の潜在的な源）に曝露されることにより，「どのくらいの確率で，どの程度の健康への悪影響が起きるかを，科学的に評価する」こととされる（日本リスク研究学会 2008：210，274-275）。また，リスク管理は，リスク評価を経て「情報分析を行い，健康被害軽減のための対策を選択して実行し，その効果を見直す過程」を指す（日

---

[8] 政府事故調においても，原子力安全規制機関のあり方について，独立性と透明性の確保，緊急事態に迅速かつ適切に対応できる組織力，国内外への災害情報の提供機関としての役割の自覚，優秀な人材の確保と専門能力の向上，科学的知見の蓄積と情報収集の努力，国際機関・外国規制当局との積極的交流，規制当局の態勢の強化（国内の規制を継続的に最新・最善のものに改訂する努力など）を検討すべき事項として指摘した（政府事故調中間報告書 2011：499-503；政府事故調最終報告書 2012：353-360，399-401）。

[9] 福島原発事故の教訓を踏まえて設置された原子力規制委員会の概要と課題に関し，松岡（2013b）を参照。

本リスク研究学会 2008：288-289）。規制機関の設計に際しては，リスク評価とリスク管理の機能を分離して別々の組織に担わせるのか，同一の規制機関が担うこととするのかという判断が必要となる。[10]さらに，リスク評価では，科学的不確実性（例えば，BSE 問題における全頭検査の必要性をめぐる議論など）を考慮する必要があり，リスク管理においても規制のレベル設定をめぐる独立性の担保が課題となる。特にリスク管理では，科学技術のリスクを低減するための規制のあり方について，科学的評価だけでなく一定の社会的意思決定も必要とされるため，規制機関に対する信頼を確保するための取組み（リスクに関する社会とのコミュニケーションなど）が必要となる（城山・菅原・土屋・寿楽 2015：153-154）。

　規制機関の透明性の向上に関しては，規制の策定・実施に関わる行政と民間の役割分担などの論点も考慮する必要がある。安全規制の場合も，内容の詳細は省令等に委ねる委任立法が多用されている。特に技術基準に関しては，規制の改革や科学技術の新たな知見に対応するため行政の裁量が一定の範囲で認められており，具体的な仕様は民間の学協会などが策定した基準（任意規格）に委ね，それらを参照して安全性を判断する仕組みもみられるようになった（高橋 2011：252-259）。このような実態は規制制度のブラックボックス化につながるおそれもあり，行政手続法に基づいた審査・処分基準の明示や，行政指導の透明化，意見公募手続（パブリック・コメント）などを適切に実施する必要がある（宇賀 2013：317-330；黒川 2013：76-77；下山 2014：59-81）。さらに，民間規格を含めた基準体系を整備することや，規格策定を担う学協会の中立性の確保と策定手続の透明化，規制機関（行政）による民間規格の適切な技術評価も求められる（高橋 2011：262-268）。規制の実施においても，検査・検定の業務などを行政から受託した民間団体（公益法人等）が行う場合が多いが，安全の確保という規制の目的を達成するため，規制プロセスの透明性の確保が欠かせない。

　規制機関の専門能力の強化に関しては，高度な専門的知識を有する人材の確保や行政に技術的助言を行う組織を整備するだけでなく，事業者が提出する技術資

10　食品安全衛生の分野では，リスク評価を内閣府に設置された食品安全委員会が担い，評価の結果を受けて担当省庁（厚生労働省，農林水産省，消費者庁など）がリスク管理を実施する。これに対し原子力安全規制の分野では，原子力規制委員会がリスク評価とリスク管理の両方の機能を担うこととなる。

料を審査する体制の整備や審査の資料を解析するプログラムの開発も必要となる（師岡 2013：79-98）[11]。これらの取組みに加え，研究開発とは異なる視点から科学的知識の基盤を形成し，その成果を社会に提供する規制科学（regulatory science）の役割も重要となる。規制科学とは，一般に安全規制の制度設計や科学技術をめぐる社会的な意思決定に貢献する研究を意味する（リスク研究学会 2008：292）。規制科学は，科学的合理性と社会的合理性との間を架橋し，安全な社会の実現と科学技術の利用を総合的に捉える枠組みとして期待される（米原 2011：1-4；小林 2012：41-55）[12]。

また，法規制の見直しに関し，国会事故調報告書は，国民の安全と健康の確保を最優先の目的とする一元的な法体系に再構築することを掲げ，最新の技術的知見や諸外国の安全基準の内容を法規制に反映させること，規制に関わる当事者の役割分担を明確化すること，規制内容の改善を適時適切に行うことなどを求めた（国会事故調 2012：21，531-538）[13]。

法規制の適切な見直しが行われず，健康被害の拡大を招いた事例としては，近年，社会問題となったアスベスト（石綿）対策が挙げられる。国際的にアスベストの有害性評価が確立した頃（1970年代）の規制は限定的（吹付け作業の禁止など）なものであり，大気への飛散防止を規制する大気汚染防止法の改正（1989年）は遅きに失した。政府による対応の検証によれば，予防的なアプローチ（科学的な不確実さが残る場合においても，深刻な被害が予想される場合に何らかの対策をとる）が浸透していなかったこと，関係省庁間の連携が不十分であり，省庁間の管轄を超えた総合的な視点に欠けていたことなどが問題とされる[14]。また，関係省庁が石綿業界への配慮を優先し，アスベスト規制を適時適切に行うことを怠った行政の不作為も指摘される（小林・小杉・藤井 2006：54-65；古川・南 2009：

11　原子力規制機関に求められる専門能力に関して，阿部（2015）を参照。

12　規制科学の概念について，Shelia Jasanoff, *Fifth Branch: Science Advisor as Policy Makers*, Harvard University Press, 1990. を参照。

13　この他，新たな知見を取り入れた規制内容を既存の施設（原子炉）に遡及適用するバックフィットのルールを原則とすることも求めている。福島原発事故を受けて改正された原子炉等規制法と新たな原子力法規制の概要と課題について，高橋（2013）を参照。

175-195)。

　法規制の見直しでは，最新の科学的知見においても未解明な部分が残り，厳密な判断を示すことが難しいリスクへの対応も大きな課題となる。従来の安全規制の態様をみると，個々の事故・被害の原因を特定し，科学的な根拠に基づき解明された危険有害要因に対し具体的な対策を講じる再発防止型の取組みが多い。国会事故調報告書も，原子力の法規制の見直しが，「現実に発生した事故からの教訓がパッチワーク的に反映されるにとどまり」，その結果，「国民の生命，身体の安全の確保を第一義的な目的とした抜本的な法改正等が行われなかった」ことを批判する（国会事故調 2012：536）。そのため，今後の法規制の見直しでは，「予防原則」（precautionary principle）の概念を考慮する必要もある（中山 2013：87-116）。一般的な理解によれば，予防原則とは，「潜在的なリスクが存在するというしかるべき理由があり，しかしまだ科学的にその証拠が提示されない段階であっても，そのリスクを評価して予防的に対策を採ること」こととされる（大竹・東 2010：15-20）。この予防原則のアプローチは，近年，日本においても，化学物質管理（化学審査法）などの分野で導入されるようになった（大塚 2010：25-37）。

　最後に，これまで取り上げた論点を踏まえつつ，安全規制に関わる意思決定を行う場合に求められる視点を検討しておきたい。一般に，科学技術のリスクに対

14　アスベスト（石綿）問題への行政対応について，「アスベスト問題に関する政府の過去の対応の検証について」（2005年8月26日）等を参照（アスベスト問題に関する関係閣僚会合による会合）。https://www.kantei.go.jp/jp/singi/asbestos/index_before090916.html（最終アクセス 2016年3月26日）

15　環境リスクの場合，不確実なリスクへの対応方法には，トライアル・アンド・エラー（被害の発生を受けて原因を調査し対応を決定する），情報の収集・科学的知見の創出，事業者に対する行政指導や情報の提供，技術的に可能な範囲でのリスクの削減，立証責任（事業者に安全性を証明させる），禁止などの戦略が想定されるが，いずれの方法をとるにせよ，リスクを低減させるための取組みには規制対象から得られる便益とのバランスが必要となる（桑原 2013：259-289）。桑原（2011）も参照。

16　例えば，労働災害の防止を目的とする労働安全衛生の分野では，建設物・設備・原材料・作業行動など個々の労働災害の原因を特定し，科学的な根拠に基づき解明された危険有害要因に対して，後追い的に法規制が整備されている（労働省労働基準局1997：307-369；大関 2011：216-217）。

する判断は分野別に固定されがちであり，原子力安全規制の場合，理学や工学などの知見をまとめて規制の内容に反映させる局面において，分野を横断するコミュニケーションに課題を抱えていた（城山・平野・奥村 2015：49-89）。また，科学者の想定する理想的条件に基づく知識より，現場の条件のもとで経験的に得られた知識（ローカル・ノレッジ）の方が妥当性を有する場合もある（藤垣 2003：121-136）。[18]その一方で，科学技術の進歩を経ても未解明な領域が残り厳密な科学的知見を社会に示すことが難しい場合でも，問題の解決に向けた取組みが求められる事態は今後も生じ得る。科学技術と社会の関係がトランス・サイエンスの問題に直面する今日，ひとたび科学技術のリスクが顕在化すれば，福島原発事故のように「科学と技術と社会のあいだの界面（インターフェース）」で起こる構造災となる（松本 2012：2-10）。

そのため，規制システムの構築や見直しに際しては，行政や科学者・技術者など専門家の集団からなる閉じられたコミュニティで議論するのではなく，科学技術のリスクを低減する便益と規制にかかるコストの評価や，規制の水準などを多様な関係者の間で広く議論することが望ましい。これに関連して，科学技術の成果を社会に導入する場合，倫理的・法的・社会的課題（ELSI）を含む様々な影響を評価し，その結果を研究開発や政策に反映させる取組みとしては，テクノロジー・アセスメント（Technology Assessment）がある。その手法の一つとして市民参加の実践的方法をとるのがコンセンサス会議であり，社会的な議論の対象となった科学技術（たとえば遺伝子組換え食品など）を専門家以外の市民が評価する取組みとして注目される（小林 2004：1-38）。[19]従来，科学技術の知識と市民

17　労働安全衛生の分野においても，厚生労働省が策定した第12次労働災害防止計画では，今後の規制の方向性に関し，「技術革新が進む中で，新たな技術や物質などによって生じたリスクによって，将来発生するおそれのある健康への影響を未然に防ぐ観点から，それらのリスクによる人体への影響が科学的に解明されていない段階でも，不確実性のあるリスクやその影響をどう評価し，予防的な対策を講じていくべきか，長期的に検討を進めていく必要がある」との記述があり，「科学的に不確実なリスク」に対して何らかの対策をとることを求める予防原則に近い考え方がみられる。
18　ローカル・ノレッジが果たす役割について，藤垣（2003）を参照。
19　市民参加型のテクノロジー・アセスメントの類型について，藤垣（2012b：183-195）を参照。

の関係は,専門家が市民を一方的に啓蒙する「受容モデル」(Public Acceptance)で捉えられてきたが,今後,これを双方向のコミュニケーションが可能な「双方向的 PUS モデル」(Interactive Public Understanding of Science) に変えていくことが求められる(藤垣 2003：183-198)。これらの取組みには,専門分野ごとに細分化された意思決定システムに外部から新たな視点を取り込み,多様な視点から問題の所在を見出す俯瞰的な意思決定の仕組みに変えていくことが期待される(城山 2013：23-36)。

おわりに

本章では,社会における科学技術の利用という側面に焦点を当て,科学技術のリスクを低減させるための取組み(安全規制)のあり方を検討した。福島原発事故の経験からは,規制機関の独立性の確保・透明性の向上・専門能力の強化,科学的知見を適切に反映した法規制の改善などが教訓・課題として得られる[20]。また,安全規制の制度設計に関わる意思決定には,科学技術に関わる様々な利害調整の場を広く社会に開き,専門家・市民・行政・企業が話し合う必要性がある。意思決定における多様性の確保とは,異なる視角からの意見を尊重することであり,そのうえで科学技術の進歩に適切に対応するため,柔軟性をもつ規制システムを構築しなければならない。

【さらに理解を深めたい人のために】

小林傳司(2007)『トランス・サイエンスの時代──科学技術と社会をつなぐ』NTT 出版。

藤垣裕子(2003)『専門知と公共性──科学技術社会論の構築に向けて』東京大学出版会。

松本三和夫(2012)『構造災──科学技術社会に潜む危機』岩波書店。

---

20 なお,法規制の見直しに関しては,情報提供や事故原因を究明する仕組みの設計,加害者への制裁と被害者救済のあり方なども検討すべき論点となる(城山・廣瀬・山本・川出・村山 2006)。

参 考 文 献

阿部清治（2015）『原子力のリスクと安全規制——福島第一事故の前と後』第一法規。

植草益（2000）『公的規制の経済学』NTT 出版。

宇賀克也（2013）『行政法概説 I　行政法総論［第 5 版］』有斐閣。

大関親（2011）『新しい時代の安全管理のすべて』中央労働災害防止協会。

大竹千代子・東賢一（2005）『予防原則』合同出版。

大塚直（2010）「日本の化学物質管理と予防原則」損害保険ジャパン・損保ジャパン環境財団編『環境リスクと予防原則——法学的・経済学的検討』有斐閣，25-37 頁。

科学技術振興機構研究開発戦略センター（2013）「ライフサイエンス研究の将来性ある発展のためのデュアルユース対策とそのガバナンス体制整備」科学技術振興機構。

倉橋義定（1997）「労働災害防止法制の変遷と労働安全衛生法の制定」労働省労働基準局編『労働基準行政 50 年の回顧』日本労務研究会，309-323 頁。

黒川哲志（2013）「原子力安全規制の法と制度的能力」松岡俊二・師岡慎一・黒川哲志『原子力規制委員会の社会的評価——3 つの基準と 3 つの要件』早稲田大学出版部，55-78 頁。

桑原勇進（2007）「環境と安全」『公法研究』第 69 号，178-189 頁。

桑原勇進（2011）「リスク管理・安全性に関する判断と統制の構造」磯部力・小早川光郎・芝池義一編『行政法の新構想 I　行政法の基礎理論』有斐閣，291-308 頁。

桑原勇進（2013）『環境法の基礎理論——国家の環境保全義務』有斐閣。

幸田雅治「技術革新に伴う安全・安心——原子力安全，化学物質管理，遺伝子組換え」野口貴公美・幸田雅治編著（2009）『安全・安心の行政法学』ぎょうせい，111-172 頁。

国会事故調（東京電力福島原子力発電所事故調査委員会）（2012）『国会事故調報告書』徳間書店。

小林信一（2012）「安全な社会をデザインする」小林信一編著『社会技術概論［改訂版］』放送大学教育振興会，41-55 頁。

小林傳司（2003）「なぜ科学技術の規制が必要か——制度論的考察」『哲學』第

54 号，18-37 頁。
小林傳司（2004）『誰が科学技術について考えるのか——コンセンサス会議という実験』名古屋大学出版会。
小林傳司（2007）『トランス・サイエンスの時代——科学技術と社会をつなぐ』NTT 出版。
小林範雄・小杉隆信・藤井禎介（2006）「アスベスト対策の社会的合意へ——何が問われ，どう解決するのか」宮本憲一・川口清史・小幡範雄編『アスベスト問題』岩波書店，54-65 頁。
社会的規制研究会編（1996）『これからの社会的規制』通商産業調査会。
城山英明（2003）「原子力安全規制の基本的課題——技術基準の設定と実施に焦点を当てて」『ジュリスト』No.1254，82-88 頁。
城山英明・廣瀬久和・山本隆司・川出敏裕・村山明生（2006）「安全安心確保のための法制度」堀井秀之編『安全安心のための社会技術』東京大学出版会，154-183 頁。
城山英明（2007）「科学技術ガバナンスの機能と組織」城山英明編『科学技術ガバナンス』東信堂，39-72 頁。
城山英明（2013）「科学イノベーションの政治学」『研究　技術　計画』第 28 巻，No.1，23-36 頁。
城山英明・平野琢・奥村裕一（2015）「事故前の原子力安全規制」城山英明編『福島原発事故と複合リスク・ガバナンス』東洋経済新報社，49-89 頁。
城山英明・菅原慎悦・土屋智子・寿楽浩太（2015）「事故後の原子力発電技術ガバナンス」城山英明編『福島原発事故と複合リスク・ガバナンス』東洋経済新報社，149-190 頁。
首藤重幸（2014）「原子力規制の特殊性と問題」大塚直編『環境法研究』第 1 号，信山社，35-57 頁。
下山憲治（2014）「原子力利用リスクの順応的管理と法的制御」「原子力規制の特殊性と問題」大塚直編『環境法研究』第 1 号，信山社，59-81 頁。
政府事故調中間報告書（東京電力福島原子力発電所における事故調査・検証委員会）（2011）『政府事故調中間・最終報告書』メディアランド。
政府事故調最終報告書（東京電力福島原子力発電所における事故調査・検証委員会）（2012）『政府事故調中間・最終報告書』メディアランド。

総務省行政評価局規制改革等担当室（2011）「検査検定，資格認定等に係る利用者の負担軽減に関する調査」総務省．

高橋滋（1998）『先端技術の行政法理』岩波書店．

高橋滋（2011）「行政上の規範――安全基準を中心とした一考察」磯部力・小早川光郎・芝池義一編『行政法の新構想Ⅰ』有斐閣，245-268頁．

高橋滋（2013）「原子力規制法制の現状と課題」高橋滋・大塚直編『震災・原発事故と環境法』民事法研究会，1-35頁．

戸波江二（1993）「科学技術規制の憲法問題」『ジュリスト』No.1022，82-87頁．

中山竜一（2013）「リスクと法」橘木俊詔・長谷部恭男・今田高俊・益永茂樹編『リスク学とは何か』岩波書店，87-116頁．

日本学術会議（科学・技術のデュアルユース問題に関する検討委員会）（2012）「科学・技術のデュアルユース問題に関する検討報告」．

日本機械学会編（2003）『機械工学便覧β　デザイン編⑨　法工学』丸善．

日本リスク研究学会編（2006）『リスク学辞典［増補改訂版］』阪急コミュニケーションズ．

日本リスク研究学会編（2008）『リスク学用語小辞典』丸善．

農林水産省（BSE問題に関する調査検討委員会）（2002）「BSE問題に関する調査検討委員会報告」．

野口貴公美「安全・安心をめぐる法的環境」野口貴公美・幸田雅治編著（2009）『安全・安心の行政法学』ぎょうせい，1-10頁．

藤垣裕子（2003）『専門知と公共性――科学技術社会論の構築へ向けて』東京大学出版会．

藤垣裕子（2012a）「科学技術と民主主義」小林信一編著『社会技術概論［改訂版］』放送大学教育振興会，132-144頁．

藤垣裕子（2012b）「海外の社会技術」小林信一編著『社会技術概論［改訂版］』放送大学教育振興会，183-196頁．

古川武志・南慎二郎（2009）「国による規制とアスベスト産業の動向」中皮腫・じん肺・アスベストセンター編『アスベスト禍はなぜ広がったのか――日本の石綿産業の歴史と国の関与』日本評論社，175-195頁．

松岡俊二（2012）『フクシマ原発の失敗――事故対応過程の検証とこれからの安全規制』早稲田大学出版部，1-22頁．

松岡俊二（2013a）「原子力安全規制組織に求められるもの――3つの基準と3つの要件」松岡俊二・師岡慎一・黒川哲志（2013）『原子力規制委員会の社会的評価』早稲田大学出版部。

松岡俊二（2013b）「原子力安全規制の社会的能力」松岡俊二・師岡慎一・黒川哲志（2013）『原子力規制委員会の社会的評価』早稲田大学出版部，23-54頁。

松本三和夫（2012）『構造災――科学技術社会に潜む危機』岩波書店。

師岡慎一「原子力安全規制の技術的能力」松岡俊二・師岡慎一・黒川哲志（2013）『原子力規制委員会の社会的評価』早稲田大学出版部。

文部科学省編（2007）『平成19年版　科学技術白書』日経印刷。

文部科学省編（2011）『平成23年版　科学技術白書』日経印刷。

八代尚宏・伊藤隆一（2000）「安全の規制改革」『社会的規制の経済分析』日本経済新聞社，247-281頁。

横倉尚（1997）「安全規制」植草益編『社会的規制の経済学』NTT出版，186-213頁。

米原英典「規制科学とは」（2011）放射線医学総合研究所編『放射線防護研究における規制科学研究とその展望』放射線医学総合研究所，1-4頁。

第9章
都市インフラ政策
都市専門官僚制による経営

宇野 二朗

【本章のねらい】その時代に支配的な見方は常に存在する。1990年代以降の日本の行政の世界では「経済」がそれではないだろうか。経済的な合理性を追求すること，あるいは，民間企業のように振る舞うことが行政にも求められるようになった。過度の手続き主義に陥り，経営感覚が欠けていた行政に不満を持った者は，行政の「経済」化を熱狂的に受け入れ，不況と財政悪化という背景の下で，そうした見方が支配的となった。都市インフラストラクチャーの経営は，それが端的に表れた領域と言えるだろう。「民営化」が，思考停止を誘う魔法の言葉であった。

本章では，都市インフラストラクチャーの経営の歴史を題材に，「経済」の見方に偏る傾向から一線を画し，「経済」化の影に隠れることとなった行政に対する異なる見方を探る。もっとも，それは，「経済」化に対する完全なる代替案を探る試みではなく，「経済」の見方を相対化した上で，異なる，多様な価値や論理の間で，それぞれの地域コミュニティーに応じた新しい行政の姿を探ろうとする試みである。

1 都市インフラストラクチャーと都市行政

1 都市インフラストラクチャーとは

人口や経済活動が集積する都市は，その存立のために多くの都市インフラストラクチャーを必要としてきた。「都市インフラストラクチャー」とは，街路，都市交通などの「都市装置・設備」と，上下水道，ガス，電気，情報などの「都市供給処理施設」を含む概念であり（都市環境学教材編集委員会 2003），都市の基盤である。

そして，都市インフラストラクチャーによって供給される公共サービスは，現

代的な都市的生活様式が一般化するに従って，ほとんどすべての都市生活者にとって，日常的に必要不可欠なものとなっていった。[1]

しかも，それらは，単に生活の利便性を向上させるためのものではなく，都市社会内の分断を解消し，その統合を図る意味でも重要なものでもあった。例えば，貧富を問わずに襲いかかるコレラに対する対策として水道が導入された事実からも，その建設が，都市住民の全体のニーズに応えるために取り組まれたものであることがわかる（中嶋 2010）。

2　都市インフラストラクチャーと都市専門官僚制

水道を始めとした都市インフラストラクチャーの建設には大規模な投資を必要とし，固定費割合の高い費用構造が不可避となるため，規模の経済性が見られる（高田・茂野 1998）。また，他の施設への転用可能性も低く，それを可能とする技術革新の余地も少ないことから（太田 1994），固定費用の埋没性が指摘されている。

さらに，こうした経済的側面の特性に加えて，都市計画の観点から，都市内での一体性や戦略性を求められる施設であるとともに，安全面などへの配慮が強く求められるものであることから，古くから公的関与，特に地域的な自治団体である市町村の関与の対象となった。

そうした関与は，主に都市専門官僚制によって担われてきた（小路田 1991；持田 1993）。そうした都市専門官僚制による都市行政は，高度経済成長の時代に入ると，住民運動や革新市政の挑戦を受けることになるが，それによって完全に置き換えられたわけではなかった。

1　現在では，都市的生活様式は，非都市的な居住空間においても一般的となっていることから，地方部での都市インフラストラクチャーの整備も相当程度進み，いわば「ナショナルミニマム」化している。人口密度の低い地域でのこうした都市インフラストラクチャーの整備は，需要の過小や大きな財政負担など，都市におけるそれとは異なる問題に直面している。こうした問題は重要であるが，ここでは，都市の問題に限定して論じる。

3 民営化と企業経営主義

しかし，1980年代から1990年代以降の時期になると，民営化や自由化，あるいは企業経営化を求める「経済化」の改革潮流が強まり，伝統的な「市町村経営原則」や都市専門官僚制による経営は挑戦を受けるようになった（宮脇・真柄2007）。

実際に，古くは水道の市町村公営が伝統であった欧州の多くの国では，水道の民営化が進められた。フランスでは古くから民間委託が進められ国際的な水道会社が生み出され，また，イングランドでは，1970年代から1980年代にかけて広域化・民営化が実現された。また，ドイツでも，財政難やEUの自由化政策の影響もあり，その民営化が，公的関与の可能性を残しつつも進められていった（Allouche and Finger 2002；Citroni 2010）。

こうした民営化論の背景には，公営企業，すなわち行政官僚制による経営は，成果よりも手続きを重視し，また，硬直的であることから非効率性を招くという批判があった。その代替案は，こうした都市インフラストラクチャーの経営は，より効率的に，あたかも民間企業であるかのように行われるべきという考え方，すなわち企業経営主義（Managerialism）である。こうした視点からは，これまでの大都市の公営企業による都市インフラストラクチャーの経営は，非効率で，過剰投資を招きかねないものと映った（竹内2002）。

しかし，経済性とは異なる尺度を用いて，別の角度から見たらどのように評価されるだろうか。

本章では，東京都の水道事業を事例として，都水道局，すなわち水道分野の都市専門官僚制が，手続き重視の行政官僚制と効率性重視の企業経営主義との間で，東京都の水道の発展にどのような影響を及ぼしてきたのかを，戦後の都市化に伴う水道事業の拡張期と，需要増加が一段落した1980年代以降の転換期とに大別し検討してみたい。次節では，その前提として，東京都の水道の特徴を簡単に見ておこう。

2 東京都の水道

日本の大都市水道の中で最も早くに整備されたのは横浜の水道（1887年）であ

り，函館（1889 年）や長崎（1891 年）といった開港都市の水道が続き，その後，大阪市（1895 年），そして，現在の東京都水道事業の前身である東京市（1898 年）で通水が開始された。

　戦後は，東京都を含むいずれの大都市でも，復旧と拡張，高度経済成長期の水不足によるさらなる拡張を経て，安定成長期以降の水需要停滞と維持管理時代への転換，という発展経路を辿ってきた。

　ただし，1970 年代以降，本来の給水区域である旧東京市の区域（現在の都区部）を超えて，多摩地域の市町村水道を統合し，広域化してきた点は，他の大都市に見られない東京都水道事業の特徴となっている（嶋田 2003）。

　東京都の水道の現況について指標（平成 26 年度）を用いて他の大都市と比較してみると，特に大阪市の水道を対極に，「高い品質，高いコスト」という特徴が見出される（表 9-1）。配水管ネットワークは，特に利用者との関係から見ると極めて稠密であり，老朽化の程度が低い。また，耐震化もある程度進んでいる。こうした配水管ネットワークの特性は，漏水率が極めて低いことに関連しているだろう。一方で，財政面では，給水原価も供給単価も高く，また，経常収支比率も 110％を上回るという特徴が見られる。ただし，東京都では，1994 年を最後に値上げの料金改定は行われておらず，2005 年には逆に 2％の値下げ改定が行われている。「高い」けれども，それゆえに財政運営は安定している（宇野 2013）。

　とはいえ，東京都の水道が，当初からそうであったわけではない。1960 年代には，需要に対して供給能力が不足し，また，漏水率も 20％を超え（東京都水道局 1975a），また，1970 年代には大きな赤字を抱えていた（東京都水道局 1975b）。

　それでは，どのような経緯で，「高い品質，高いコスト」という現在の東京都の水道は形成されてきたのか。また，その発展に，東京都水道局はどのように関わってきたのか。

3　都市化と東京都水道事業——1952 年-1979 年

1　戦後の制度形成

　そもそも明治時代の水道草創期から，水道条例（1890 年制定）が水道事業を律してきた。その制定に，地方自治制度である市制町村制の制定（1888 年制定）が

表 9-1　東京都と大阪市の主要指標（平成 26 年度）

指　標	東京都	大阪市	算　式
水道メーター密度（個／km）	271	127	水道メーター数／配水管延長
経年化管路率（％）	11.7	43.3	法定耐用年数を超えた管路延長／管路総延長×100
管路耐震化率（％）	36.9	24.9	耐震管延長／管路総延長×100
漏水率（％）	3.1	5.9	年間漏水量／年間配水量
給水原価（円／m³）	192.7	138.4	（経常費用－（受託工事費＋材料及び不用品売却原価＋付帯事業費））／年間有収水量
供給単価（円／m³）	195.2	161.9	給水収益／年間有収水量
経常収支比率（％）	113.7	122.9	経常収益／経常費用×100

（注）　東京都の給水原価は，（経常費用－（長期前受金戻入＋受託工事費＋材料及び不用品売却原価＋付帯事業費））／有収水量により算出。
（出典）　東京都水道局「水道事業ガイドライン業務指標算出結果の一覧（平成 24 年度～平成 26 年度）」，大阪市水道局「業務指標の算出結果と解説（平成 26 年度）」に基づき算出。

先行したことから，この水道条例による水道の敷設は，当初は市町村公営に限定され，その後，それが原則とされた。もっとも，その内容は，原水水質の保全や事業規制に関する規定を含む内容でないなど，水道事業者や学界から批判されるようになっていった。

このため，終戦後，すぐに水道事業者側から水道条例改正の要望が出されたが，建設を重視する建設省と，公衆衛生を重視する厚生省との省庁間対立から実現せずにいた。結局，厚生省の立案によって水道条例に代えて水道法が制定されたのは，水道行政の省庁間の役割分担を明確にする閣議決定が行われた 1957 年のことであった（河口 1957）。

これに先立つ 1952 年には，資金調達を容易にしたい東京都を始めとする大都市水道事業側からの要請もあり，地方自治庁（当時）の主導により，地方自治法制の一環として地方公営企業法が制定され，大都市水道事業は，その規定に基づき経営されることになった（宇野 2009a）。

このように地方自治法制としての地方公営企業制度が先行していたため，厚生省が主導した 1957 年の水道法でも，水道条例の市町村経営原則を踏襲し，また，市町村公営水道の料金を届出制とするなど，市町村の自治を広く認める内容となった。

2　地方公営企業法の制度設計

こうした経緯からもわかるように，地方公営企業法の制度設計の目的は，企業債による資金調達を容易にすることにあり，制度設計の中心は，そのため，企業会計の導入を伴う独立採算制であった（寺尾 1981；大坂 1992）。

もう一つ注目しておくべきは，地方公営企業が直営企業として設計された点である（宇野 2009a）。これについて，地方自治庁関係者は，水道や都市内交通などの地方公営企業によって担われる公共サービスは，まさに地方公共団体の中核業務であるからだと説明した（柴田・鈴木 1951）。

もっとも，直営企業ながらも，組織的に自律化することは意識された。公営企業には，一般職公務員ではあるが，その意に反して転職されることのない管理者が置かれた。予算決定や料金決定の権限は議会に，また，予算調整や議案提出などの権限は首長に留保されたが，この管理者は，事業計画を定め，また予算見積書類を作成し，首長に送付する権限を与えられた（地方財務協会 1952）。

こうした地方公営企業の制度設計は，1966 年の改正を経て確立された。この改正では，管理者の地位と権限が強化され，また，その適用範囲の拡大とともに，租税で負担すべき経費と受益者が負担すべき経費とを区分する経費負担区分制度が導入された（大坂 1992）。

3　高度経済成長期の政策展開

高度経済成長が本格化した 1950 年代半ばから 1960 年代半ばまでの約 10 年間，東京都水道事業は，都市化とそれに伴う水不足によって特徴付けられる。特に，1961 年 10 月から 1965 年 3 月までは連続して制限給水（15～50%）が行われ，1964 年 10 月の東京オリンピックの直前には，自衛隊による応急給水が行われるほどであった（東京都水道局 1999a）。

こうした水不足への抜本的な対策として，東京都水道局は，東京都の北東部に位置する利根川からの取水を目指した。新設された水資源開発公団による利根川開発に参画することで，その実現にこぎ着け，1964 年 8 月には，東京オリンピックの開催を目前に，荒川からの暫定取水を開始し，翌 1965 年には利根川からの取水に至った（直江 1968）。

この利根川系水道拡張事業によって，東京都の水道システムは，新たな豊富な

水源を得て，また供給能力をほぼ倍増させ，また，こうした総量レベルでの量的な充実を，既存の配水管網充実のための建設投資によって個別の需要充足に結び付けた（東京都水道局1999a）。

さらに興味深いことには，利根川系拡張事業は，多摩川系から利根川系へと主要な水源の転換をもたらし，また，水源間の連携への展開を可能とすることで，新たな水道システムへと質的な転換をもたらす建設投資政策でもあった。

こうした建設投資政策の実施には，相当の資金が必要となる。東京都水道局では，この時期，施設拡充等のための拡張費を中心に，1953年からの15年間で約7倍の建設改良費の増加を見た。その財源の大半は，企業債であり，その残高が累増する結果となった。企業債の元利償還負担は，1953年度の約4億円から約163億円へと急増し，1962年度からは，企業債元金償還金の額が，内部留保資金の大部分を占める減価償却費の金額を超えることが多くなり，その分，資金状況は苦しくなっていった（東京都水道局1999b）。

4　高度経済成長期の都市専門官僚

このように，高度経済成長期の水不足を経験する中で，安定給水のための水量の確保に留まらずに，水道システムを質的に転換させたことが注目される。こうした投資政策は，誰のどのような思考習慣と関連しているのか。

まず，都民のスタンスである。水不足が顕在化する中で，それに不満を持つ都民の中には，都水道局の無為無策を責め，地方公共団体の直営企業よりも民間企業が優れているとする雰囲気や，給水制限を料金減免や助成に結び付けるような経済的利益や節約を重視する見方が存在した。その一方で，給水制限の地理的な不公平さに対する苦情も多く見られた（小林1972）。

次に，都知事と都議会のスタンスである。この期間の都知事は，東京オリンピックの実現を第一の政策に掲げた東龍太郎（1959年から1967年まで在任）であり，それを支えたのは自民党であった（土岐2003）。それゆえ，都議会での議論は，主に，東京オリンピックまでに水不足を解消できるかどうか，すなわち量的充足の問題をめぐる議論であった（小林1972）。

量的充足に留まらない水道システムの質的転換を志向したのは，世論・都民からの批判に敏感に反応した都水道局の都市専門官僚であった。

都水道局では，その前身にあたる東京市水道局の時代（1898年～1943年）から水道拡張に苦労を強いられ，その経験から，経済性よりも安定給水の確保を第一とするスタンスを固めてきた。しかも，それは，「第二水道拡張計画」（1932年市会可決）に見られるように，当時有数の大規模ダムであった小河内ダム築造によって安定給水を確保しようとする，土木技術者の論理に基づくスタンスであった（宇野 2015）。

総量としての水量を確保するだけでなく，その相互融通によって，小河内ダムに貯められた水を安定給水のために最大限に活用しようとする高度経済成長期の構想は，安定給水を土木技術によって強化しようとするもの，すなわち，過去からの運営経験に基づくものと言える。しかし，それは同時に，給水制限による都民の不平を，都水道局の専門官僚が「足らざることよりも等しからざることに不平がある」と認識した結果でもあった（小林 1972）。市域拡大に合わせて小規模な水道を取り込んできた東京の水道ネットワークにとって，配水系統間の相互連携が，給水の地域的公平をもたらすためには不可欠であったからである。

高度経済成長期の水不足とそれに伴って世論から批判された経験は，都水道局の都市専門官僚が持つ安定給水を重視する思考習慣に，地域的な公平さの重要性を付け加えることになった。

5　革新都政期の政策展開

地方政治の影響がより大きく表れたのは，都水道局とは異なるスタンスをとった美濃部亮吉都知事の革新都政の時期（1967年から1978年まで在任）であろう。

もっとも，この期間，利根川系拡張事業を中心とした建設投資政策には大きな変化は見られなかった。1970年から1976年には，第3次利根川系水道拡張事業を，1972年から1985年まで第4次利根川系水道拡張事業を推進した。

当然，過去からの積極的な建設投資政策は，財政悪化を招き，例えば，料金収入に対する元利償還金の割合は，美濃部が都知事に就任した1967年には約70％に達していた。そこで，東京都では，美濃部都政の12年間に3回の料金改定（1968年，1975年，1978年）を実施した（大坂 1992）。

6　革新都政期における水道料金の規範

　美濃部が都知事に就任する数年前から，業界レベルでは，水道料金の原価主義を強める規範が形成されていた。

　まず，1966年の地方公営企業法の改正では，経費負担区分制度の導入に加えて，原価主義料金制度の確立が盛り込まれた。すなわち，料金原価に含まれる範囲に，「企業としての実体資本を維持するための適正な資本報酬」を含むとした地方公営企業制度調査会答申（「地方公営企業の改善に関する答申」昭和40年10月）を受けて，通産省の反対にあいやゃトーンダウンはしたが（大坂1989），「地方公営企業の健全な運営を確保することができるもの」という要件が同法第21条第2項に盛り込まれた。

　さらに，日本水道協会の「水道料金制度調査会」では，水道料金算定要領（「水道料金の算定について」昭和42年7月）を作成したが，ここでも，事業報酬，すなわち「施設改良，配水施設拡充及び企業債償還に充当されるべき額であり，事業の資本構成及び給水需要の実態等を勘案して適正に算定した額」（日本水道協会1967）を料金原価に含めることが明記された。その算定方法には，資金ベースに基づく費用積上げ方式が採用されたが，これは，建設資金不足額を料金原価に算入する東京都の方式を追認するものであった（荒川2002）。

　これに対して，その代替案として，革新自治体や社会党では，建設改良費を原価に含まずに料金を算出し，勤労者層の料金を抑える一方で，大口需要者の負担を高め，また，一般会計からの繰入や土地売却収入などによって料金をできるだけ抑えようとする料金制度が構想された（大坂1989）。

7　1968年料金改定をめぐる革新都知事と都市専門官僚

　都水道局は，地方公営企業制度調査会と並行して，すでに1960年代半ばには，水道料金における「実体資本維持」の論理を精緻化させていた。すなわち，水道事業では名目資本を維持するだけでは足りず，物価上昇等を加味した実体資本を維持する必要があり，そのためには，減価償却費を回収することに加えて，相当額の余剰（「自己資本造成費」）を計上する必要があるという考え方である。特徴的であるのは，その際，株主類似の地位にある都民が望むことは，実体資本＝水道施設を維持することであるとしたことであった（小原1965）。

一方で，革新自治体や社会党が掲げていた規範と同様の考え方を，都水道局に持ち込んだのが，水道無料化を掲げた美濃部都知事であった（大坂 1992）。

　美濃部が都知事に就任した翌年の1968年度には，都水道事業は1日4000万円の資金不足が発生する見込みであり，料金改定が急務であった。そこで，美濃部は，自らのブレーンである高橋正雄九州大教授を中心に「水道事業再建調査会」を設け，水道事業の再建問題を諮問した。もちろん，水道建設に係る費用を誰かが負担せざるを得ないことが高橋の認識であり，徒に独立採算制を否定するものではなかったが，やはり「特に家庭生活最低必要量と考えられる水量の料金については特段の配慮を払うこと」という方針を打ち出した（池田 1969）。この方針に基づき都水道局は，従来からの口径別二部料金体系によりながら，使用水量に応じた累進制を強化する料金改定案（平均改定率49.2%）を策定したが，美濃部は，その発表後の記者会見において，低所得者対策の強化を強調した。その結果，社会政策的配慮を加味するため料金体系を根本的に練り直した「知事修正案」（平均改定率42.5%）が作成されることになった。そのポイントは，家庭生活における最低必要量月$8m^3$を無料としたことと，減収分を一般会計の負担で補てんすることであった。

　もっとも，この「無料」は，あくまでも$8m^3$までの「水量料金」がゼロ円であることを意味し，例え$8m^3$以下の利用であっても，口径に応じた「装置料金」を徴収することとしていた。この装置料金とは，それまでの「基本料金」から，基本水量に付着する変動費と固定費分を除いたものと説明されていたが（池田 1969），当時の水道局長であった中島が後に「十立法メートル〔ママ〕までは料金が掛からないけれども，装置料金が掛かるというような一種のごまかし」と語っていることからもわかる通り，革新都知事の無料論の形をとりながら，専門官僚が創り上げてきた水道料金を実現させるという，「羊頭狗肉」なものであった（中島 1999）。

　結局，この「知事修正案」は，自民，公明，共産各党の修正案が提出されるに至り，9月議会では否決された。その後，同年11月の臨時会において，中小企業と社会福祉施設対策のために中口径水量料金を新設した修正案（36.6%）が，社会，自民，共産，諸派の賛成によって可決された（池田 1969）。

　このように，住民運動が盛んとなっていた世論を背景に革新都知事は，大口径

利用者の負担を高め，また，一般会計からの繰入や資産売却益の活用によって，生活者の水道料金を抑制し，特に最低限度の利用分の無料化に取り組んだ。都水道局の都市専門官僚は，こうした新しい水道料金の考え方に対して，「羊頭狗肉」な料金体系案を作成することで，これまで築き上げてきた彼らの料金制度の根幹，原価主義による料金制度を辛うじて守った。この点では，水道局はある程度自律的に料金政策の内容を決定できたと言える。とはいえ，料金改定率が低く抑えられるなど，革新都知事や都議会の意向は色濃く反映された。

8　革新都政の料金政策の挫折

その後，オイルショックによるインフレが東京都水道事業にも影響を及ぼし，増嵩する資本費を背景に財政悪化が続いたが，美濃部都知事は，再三にわたり水道料金の改定を否定した。その結果，財政は悪化し，結局，巨額の資金不足を前に，美濃部都知事も料金改定をせざるを得なくなり，1975年度には，約2.6倍という大幅な料金改定に至った（小原1975）。この時には，高口径の利用者に高負担を強いる逓増度（最低単価と最高単価との比率）こそ維持されたが，「装置料金」は元の「基本料金」に戻された。さらに，1978年にも，同様の料金改定が行われた（東京都水道局1999c）。

9　都市化時代における都市専門官僚制の発展

ここまで見た都市化時代，すなわち高度経済成長期から革新都政期にかけての事業計画や料金算定を支えたのは，東京市から引き継いだ都市専門官僚制の継続性であった。

そもそも，創設期の水道建設は，外国人技師や内務省技師・帝大教授が担ったが，明治末期頃から大正期にかけて東京市採用の技師が増加し始め，昭和初期から10年代にかけて技師が急増した。初代水道局長・小川織三以降，戦前・戦中の水道局長の人事では，帝国大学を卒業し，土木分野でキャリアを積んだ技師が中心であった（宇野2015）。

こうした土木技術者中心の専門官僚制は，戦後に引き継がれた。1943年に東京市は東京都となるが，その際，給水区域（旧東京市域＝現区部）にも，水道局組織や人事にも大きな変更は加えられなかった。戦後の水道局を担うことになっ

た幹部の多くは，東京市水道局時代からの生え抜きの人材であった．また，彼らは，土木工学を大学で学んだ技師であり，土木技術者系局長の伝統を継いでいた．

注目をするべきは，1968年，美濃部都政期に，中島道夫が事務系として初めて水道局長に就任したことであろう．中島は，地方公営企業法の制定時には地方自治庁に出向し，都水道局の財政・料金政策の基礎を築いた人物であった（大塚1983）．すでに1962年から都水道局では次長制が導入され，土木系局長を事務系次長が支える体制が整えられていた．局長が事務系となると，今度は，技監を置き，局長を補佐する体制となった．

巨額の建設投資のための資金調達が経営の鍵となった時代において，都水道局では，中島だけでなく，主に主計課を中心に，予算や起債の実務を経験し，財務技術に長けた都市専門官僚を，その内部に育成してきた．これは，安定給水という土木技術系専門官僚の伝統の中で，それと協調しうる財務技術の論理，例えば「実体資本維持説」に基づく水道料金理論を育むのに十分な環境であった．

4 転換期の東京都水道事業――1980年-2013年

1 1980年代の政策展開

東京都水道事業は，1980年代頃から，水道事業の成熟化と水需要の構造変化という転換点に差し掛かった．1980年頃には，長年の建設投資の結果，普及率はほぼ100％に達し，また，施設能力も需要量に追いついた．一方で，水需要は，1978年をピークとし，それまでの増加傾向から横ばい傾向へと変化した．そこで，都水道局では，量的拡充から質の向上を目指す建設投資政策の転換が図られた．例えば，1988年から，順次，高度処理施設が導入され，1990年代半ばには，震災時の電源喪失に備え，浄水場の常用自家発電設備の導入が進められた．さらに，配水管網のブロック化と各拠点給水所への送水系統の複数化など，送・配水施設の再編が行われた（東京都水道局1999a）．

こうした質の向上にも積極的な建設投資が必要であったが，それにも拘わらず，1980年代以降の東京都水道事業は黒字傾向で推移した．この黒字基調の経営は，鈴木都政下（1979年から1994年まで）での料金引き上げ（1981年，1984年，1994年）の結果でもあった．

この3回の料金改定では，都水道局の料金理論が徹底された。建設投資額の一部を料金原価に算入する方式が採用され，また，個別原価主義に基づき逓増度が緩和された。この新たな料金制度は，大口需要者の減少という需要構造の変化の下では，安定的な料金収入の実現に貢献することになった。

　さらに，資金調達の内部化ももたらした。料金原価に算入された「自己資本造成費」を財源とすることで，建設改良費に占める起債の比率は，1975年頃には90％程度であったのが，1985年以降には30％から50％程度となり，1990年代後半以降には30％を切るようになった。しかも，これは，後の元利償還負担の低減をもたらし，その後の経営状況の安定化に寄与することになった。

2　1980年代の都市専門官僚と安定給水の拡張

　1980年代から1990年代の初頭，水道の成熟化と需要構造の変化という転換点に際して，都水道局は，鈴木都政の下にあった。特に1980年代には，鈴木の与党であった自民党，公明党，民社党の3党で過半数を占めていたことから，都政運営は安定していた（光延2006）。

　鈴木都知事のスタンスは，東京オリンピックの渇水への対策を自ら副知事として担当してきた経験から安定給水を重視したものであったが，加えて，地方公営企業制度制定時の責任者として，地方公営企業の自律に配慮するものであった。

　都議会のうち与党は基本的に都知事に追随する一方で，野党であった社会党と共産党は，一般会計繰入の削減や逓増度緩和を問題にし，料金改定に反対する立場をとった。また，水需要の増加の鈍化傾向を受けて，水需要推計の手法を批判し，過剰投資批判を繰り広げた。

　こうした過剰投資批判は，住民側にも見られた。例えば，過剰投資を批判する市民団体によるレポートが公刊される動きが見られるようにさえなった（東京・

2　会計処理方針の変更があった1994年度以降は，建設積立金への予定処分額が「自己資本造成費」に相当する。
3　数値は，東京都水道局『事業年報』の各年度版による。
4　東京都議会『公営企業委員会速記録第16号（昭和56年10月1日）』を参照。
5　東京都議会『昭和五十六年第三回東京都議会定例会会議録第12号（1981年9月29日）』を参照。

生活者ネットワーク，東京の水を考える会 1990)。

　これに対して，都水道局の都市専門官僚は，まず，安定給水を，量的確保よりも高次のものとして再解釈した。水源開発にのみ頼った水量確保について，単に費用対効果や，住民の反対運動という政治問題の観点からではなく，川のフラッシュ機能の維持という技術的合理性の観点から否定的な見解を 1980 年代初頭には示し（舩木・本吉 1982)，また，いよいよ施設能力が需要量を超えるようになると「施設の改造・更新時や事故時においても安定した給水が確保できる」施設整備が強調されるようになった（服部 1986)。

　続けて，料金政策についても，その内容を，長期的な経営基盤の強化という観点から新たな方向性を打ち出した。1950 年代には，外部資金調達が困難である情勢を背景に，現役世代にも負担させるべき給水管等の整備費に限定しながら正当化した「自己資本造成費」を，1980 年代には，再解釈された安定給水実現のための改良事業の財源とし，長期的な経営基盤の強化という観点からその正当化を試みた（菊地 1984)。

　このように，当面の拡張財源の調達を目指した 1950 年代の料金政策は，1980 年代には，将来収入の安定化と資金調達コストの低減を目的に含む，財務政策へと変貌を遂げつつあったが，その背景には，やはり，料金低減を目指す経営効率化の思考習慣というよりは，より高次な安定給水のための資金調達という思考習慣が読み取れるだろう。

　この間の料金政策の転換に対して企業性の強化という評価も見られるが（大坂 1992)，上記のような建設投資政策と合わせて検討するならば，むしろ，土木技術と財務技術の両者を含む技術者志向の行動原理に拠った転換であったと評価できる。

3　1990 年代後半以降の規範の変化

　1990 年代も半ば頃になると，長引く不況の中で，業界横断的に広まりつつあった自由化や民営化を求める規範が，水道業界にも影響を及ぼしつつあった。

　第 1 に，1996 年の水道料金算定要領の改定過程にそうした影響が見られた。この改定は，電気やガスといった他の公益事業においてプライスキャップ制やヤードスティック方式が採用されたことから，水道業界としてもそれに対応する必

要があったため行われたものであった。結局,実質的には,それまでの総括原価方式をほぼ焼き直したものとはなったが,資産維持費の計算方法をそれまでの積上げ方式から資産維持率による方式に変更するなど,形は,公益事業料金の改革動向に配慮したものとなった（荒川 2002）。

第2に,民営化の議論が水道分野にも影響を及ぼし始めた。1990年代末には,新聞や経済雑誌等で水道民営化が取り上げられるようになり,それは,都議会での議論にも影響を与えた。また,PFI法制定（1999年）や第三者委託を法制化した水道法改正（2001年）も相まって水道事業民営化の議論が盛んとなり,また,特に地方部を対象に,市町村単位に細分化されている事業主体の非効率性や持続不可能性が指摘され,広域化の議論が,改めて進められるようになった（厚生労働省健康局水道課水道計画指導室 2008）。

「新たな水道広域化」と厚生労働省が呼んだ2000年代半ばからの広域化促進策は,水資源開発を意図していた1970年代とは異なり,技術面や財政面での基盤強化,とりわけ経営効率化の手法としての側面を強調したものと理解された[6]。

4　1990年代後半以降の政策展開

このように民営化・自由化,あるいは広域化による経営効率化が第一の目標として掲げられた改革潮流の中で,都水道局は,2003年から10年間をかけて,多摩地区の市町村水道の完全統合を果たし,名実ともに広域水道へと発展した。しかし,それは,外部からの改革圧力に応じて行われたものというよりは,組織内部の継続的な思考習慣とそれに基づく日々の経営実践によってもたらされたものであった（Uno 2013）。

もともと都水道局では,直接的な契機としては美濃部都知事の号令により,

---

[6] ただし,2010年代に入り,都市が直面する人口減少の傾向が,新たな改革圧力になりつつある。人口減少の傾向が顕在化する中で,施設更新と財政的な持続可能性が改革目的として取り上げられるようになり（堀場 2015）,総務省は,2014年に「公営企業の経営に当たっての留意事項」を改訂し,施設更新や人口減少に備えた「経営戦略」の策定を要請した。そこでは,民間委託や広域化の活用が示されているが,民営化による公営企業の撤退というよりは,公営企業の基盤強化が目指されていると言えるだろう。

1970年代に多摩地区の市町村水道の都営一元化に乗り出した。美濃部都知事は「三多摩格差」と呼ばれた，都区部と多摩地区との間での行政サービス格差を問題としていたからである。しかし，市町村側の公務員労働組合の反対もあり，完全統合は難しく，最終的には，水道事業を統合した上で，地域に密着した各種サービス業務については，各市町村に委託するという不完全な形での妥協となった（「逆委託方式」）。2003年からの完全統合とは，このときの委託解消を意味し，2013年にはすべての委託解消が実現した。

5　自由化・民営化圧力の下での都市専門官僚制

　この改革の経緯で興味深いのは，都市専門官僚による統合化計画の読み替えであろう。当初，美濃部都知事のブレーンらによって，料金格差解消と経営効率化を目的とした都営一元化構想が策定された。都水道局内で事業計画として詳細化していく過程で，その構想は，都水道局の思考習慣の一部をなす水道システムの相互融通・均霑化という文脈で解釈され，1980年代から1990年代の送・配水施設の再編などと結び付けられた。

　しかも，その計画の着実な実行は，東京都の水道システムの頑健化と公平化を推し進める結果となった。例えば，地震等に脆いとされる石綿管の取替は，例えそれが周辺部の小規模市町村の水道であったとしても，都営一元化に加わらなかった市町村の水道よりも早期に進められた。また，配水管の密度は，都区部と多摩地区の各市町村との間で徐々にその格差を縮めていった（Uno 2013）。

　もちろん，この間，市町村側の職員が高齢化しつつあり，かつてのように労働組合からの反対が起こるおそれも減じていたことが，逆委託解消に取り組む意思決定に影響を与えたことは確かだろう。しかし，こうした日々の経営実践の積み重ねによる水道システムの変化が，さらなる改革を必要とし，また，可能とした。一方で，逆委託の存在が，旧市町村区域を超えた送・配水ネットワークの再構築の妨げとなるようになり，さらなる改革を進めるには逆委託解消が鍵となった。他方で，周辺部にあっても切り捨てられることなく，公平な給水が実現しつつある過去の成果は，都水道局に対する周辺市町村の信頼を高め，改革の実行を可能としたと考えられる。

　要するに，都水道局では，2000年代に入り経営効率化の切り札とも考えられ

るようになった水道広域化を，企業経営主義への転向によってではなく，むしろ，1980年代を通じて深化させた公平な安定給水という彼らの思考習慣に基づく日々の経営実践を積み重ねることによって，内側からの改革として実現したと言えるだろう。

6　転換期における都市専門官僚制の発展

1980年代以降の転換期にあっても，都水道局の都市専門官僚制は，継続性を保ちながら発展した。1980年代から1990年代までの20年間は，ほぼ事務系の局長と技監（その後，多摩水道対策本部長を含めるようになる）との，いわば二頭体制（多摩地区の統合以降は三頭体制）が続けられた（東京都水道局1999c）。

局長の在任期間は2年から3年であり，生え抜きの専門官僚の中から次代の局長を生み出していった。事務系では，厳格なルートではないが，主計課を経て主計課長を経験し，財務技術に習熟した後に，総務部長や経営計画部長，次長または多摩水道対策本部長を経験しながら，局長に上り詰めるのが一般的となった。

こうした生え抜きの局長（及び幹部）の体制は，2000年代に入ると再び技術系の局長に戻るが，2010年代まで続いている。水道局長経験者の回顧によるならば，こうした幹部人事は，決して偶然や外部から与えられたものではなく，計画的に，そして意図的に行われてきたものであった（中島1999）。

土木技術系専門官僚だけでなく，財務技術系専門官僚をも，水道局内部で育成してきた人的な自律性と継続的な人事とが，ここまで見てきた水道局内での安定給水を中心とする思考習慣の継受に寄与してきたと言っても過言ではなかろう。

5　都市インフラ政策をめぐる論理の多様性と制度枠組み

ここまで，東京都の水道事業を題材として，「安いが，それなりの水道」ではなく，「高い品質，高いコスト」という水道を創り上げてきた背景を，主に都水道局の都市専門官僚制における思考習慣とそれに基づく日々の経営実践の中に探ってきた。

要すれば，都水道局の都市専門官僚らは，社会経済環境の変化に応じて，安定給水という過去からの思考習慣を，より強く公平さを求めるように，また，より

長期的なものへと解釈し直しながら，さらに，財務技術に裏打ちされたものとして発展させてきた。

　そうした都市専門官僚制の継続的な発展は，地方公共団体の内外から人的に自律し，継続的な人事を実行できたことによって可能となった。それは，直営主義を採用することで自治の本分とも言える位置づけを都市インフラストラクチャーの経営に与えながら，地方公営企業の自律を可能とした制度枠組みの中でこそ実現できたことであった。

　こうした都市専門官僚制による水道経営の軌跡は，手続き重視の行政官僚制の論理に従う都市インフラストラクチャー経営とも，民営化論が想定する企業経営主義に従う都市インフラストラクチャー経営とも異なる，もう一つの都市インフラストラクチャー経営が存在してきたことを示しているだろう。

　最後に，こうした都市専門官僚制による都市インフラストラクチャー経営の将来を展望しておこう。

　民営化が進んだ欧州では，2010年代に入ると，財政悪化が著しい南欧地域等ではさらなる民営化が進められる一方で，パリ市の水道再公営化（2010年）やベルリン市の水道買戻し（2012～2013年）に代表されるように，一部では再公営化が議論され，また実際に進められるようになった（Wollmann 2014；鎌田 2015）。その背景として，活動的な市民団体の存在や市民投票などの直接民主的な動きも無視しえない（宇野 2009b）。

　こうした再公営化の流れは，決して，先祖返りを意味しない（Wollmann 2014）。より大きな制度枠組みのレベルにおいて，民営化によって都市行政を解体し，個別サービスたる水道の機能を高めて効率化を図ろうとする傾向（機能志向）と，再公営化によって，市民の地域的関心に即することで水道を再構築しようとする傾向（領域志向）とが併存している中で，今後，大都市水道を担う専門官僚制の思考習慣は，企業経営主義のそれに収斂していくのか，それとも，多様性を保ちながら深化していくのか。

　個別事業体の経営だけではなく，それを取り囲む制度枠組みそれ自体も，機能志向と領域志向との間で，再検討の時期に来ていると言えるだろう。

【さらに理解を深めたい人のために】

坪郷實，ゲジーネ・フォリヤンティ＝ヨースト，縣公一郎編（2009）『分権と自治体再構築――行政効率化と市民参加』法律文化社。

宮脇淳・真柄泰基（2007）『水道サービスが止まらないために――水道事業の再構築と官民連携』時事通信社。

参 考 文 献

荒川勝（2002）『『水道料金』のはなし』水道料金問題研究会。

池田和郎（1969）「料金改定の道程と焦点」『水道公論』第 5 巻第 2 号，71-75 頁。

宇野二朗（2009a）「市町村水道事業と地方自治――1947 年から 52 年まで」『札幌法学』第 20 巻第 1・2 号，75-111 頁。

宇野二朗（2009b）「自治体行政改革の日独比較――ベルリンと東京の水道事業を事例として」坪郷實，ゲジーネ・フォリヤンティ＝ヨースト，縣公一郎編『分権と自治体再構築――行政効率化と市民参加』法律文化社，93-117 頁。

宇野二朗（2013）「人口減少時代の水道事業経営――料金政策と財政運営」『公営企業』第 45 巻第 6 号，46-74 頁。

宇野二朗（2015）「市町村公営水道と都市専門官僚制」『札幌法学』第 26 巻第 1・2 合併号，23-70 頁。

大坂健（1989）「戦後における水道料金制度の展開」『立教経済学研究』第 43 巻第 2 号，47-66 頁。

大坂健（1992）『地方公営企業の独立採算制』昭和堂。

太田正（1994）「水道事業と規制緩和」『公益事業研究』第 46 巻第 2 号，19-36 頁。

大塚英雄（1983）「人物意外史　水道局 9」『都政研究』16 巻 6 号，40-42 頁。

鎌田司（2015）「海外における公営企業の「再公営化」の動きを事例に」『都市とガバナンス』第 24 号，3-12 頁。

河口協介（1957）「水道法の成立するまで」『都市問題研究』第 9 巻第 8 号，57-77 頁。

菊地俊三（1984）「東京都水道料金改定の経過」『水道協会雑誌』第 53 巻第 11 号，2-12 頁。

厚生労働省健康局水道課水道計画指導室（2008）『水道広域化の手引き』。

小路田泰直（1991）『日本近代都市史研究序説』柏書房。
小林重一（1972）『東京サバクに雨が降る』。
小原隆吉（1965）『水道料金の理論と実際』日本水道協会。
小原隆吉（1975）「二・五九倍料金への軌跡」『水道公論』昭和50年8月号，14-17頁。
柴田護・鈴木博一（1951）『地方自治と公営企業』港出版合作社。
嶋田暁文（2003）「多摩地域における水道事業――都営一元化をめぐる軌跡と現状」『中央大学社会科学研究所研究報告　多摩地域の都市ガバナンス』第22号，119-143頁。
高田しのぶ・茂野隆一（1998）「水道事業における規模の経済性と密度の経済性」『公益事業研究』第50巻第1号，37-44頁。
高寄昇三（2003）『近代日本公営水道成立史』日本経済評論社。
竹内佐和子（2002）『公共経営の制度設計』NTT出版。
竹中龍雄（1939）『日本公企業成立史』大同書院。
地方財務協会（1952）『地方公営企業法解説』地方財務協会。
寺尾晃洋（1981）『日本の水道事業』東洋経済新報社。
東京・生活者ネットワーク，東京の水を考える会（1990）『どうなっているの？東京の水――市民の手による水白書』北斗出版。
東京都水道局（1975a）『水道局事業概要　昭和50年度［改訂版］』東京都水道局。
東京都水道局（1975b）『昭和48年度　東京都水道事業年報』東京都水道局。
東京都水道局（1999a）『東京近代水道百年史　通史』東京都水道局。
東京都水道局（1999b）『東京近代水道百年史　部門史』東京都水道局。
東京都水道局（1999c）『東京都近代水道百年史　資料編』東京都水道局。
土岐寛（2003）『東京問題の政治学［第2版］』日本評論社。
都市環境学教材編集委員会（2003）『都市環境学』森北書店。
直江重彦（1968）「首都圏の水資源開発に関する政策決定過程――利根導水路事例」蠟山政道，一瀬智司編『首都圏の水資源開発』東京大学出版会。
中嶋久人（2010）『首都東京の近代化と市民社会』吉川弘文館。
中島通夫（1999）『ポリシーは自立・自営だよ――特別インタビュー構成　中島通夫さんの水道経営人生』日本水道新聞社。
服部陽一（1986）「東京水道の課題と今後の方向――服部陽一・水道局長に聞く」

『都政研究』1986年3月号，28-31頁。

舩木喜久郎・本吉庸浩（1982）「座談会　節水型社会への水道事業の方向」『都政研究』1982年3月号，22-27頁。

堀場勇夫（2015）「公営企業の経営戦略の策定とその活用——上水道事業を中心として」『地方財政』第54巻第7号，4-16頁。

持田信樹（1993）『都市財政の研究』東京大学出版会。

光延忠彦（2006）「安定的統治の政治的条件——80年代の鈴木都政を中心として」『年報行政研究』第41号，173-192頁。

宮脇淳・真柄泰基（2007）『水道サービスが止まらないために——水道事業の再構築と官民連携』時事通信社。

Allouche, Jeremy and Matthias Finger (2002) *Water Privatisation*, Routledge Chapman & Hall.

Citroni, Giulio (2010) 'Neither state nor market: municipalities, corporations and municipal corporatisation in Water services-Germany, France and Italy compared,' in Hellmut Wollmann and Gérard Marcou (eds.) *The Provision of Public Services In Europe: Between State, Local Government and Market*, Edward Elgar, Cheltenham, UK, pp.191-216.

Uno, Jiro (2013) 'Evaluating the Regionalization Policy in Japanese Water Services-A Case Study of the Tokyo Metropolitan Area,' in Toru Sakurai, Ian Macdonald, Tatsuo Yoshida and Koichiro Agata (eds.), *Financing Public Service*, Tokyo: Waseda University Press, pp.61-78.

Wollmann, Hellmut (2014) Public Services in European Countries Between Public/Municipal and Private Sector Provision - and reverse?, in Carlos Nunes Silva and Jan Bucek (eds.) *Fiscal Austerity and Innovation in Local Governance in Europe*, Farnham: Ashgate, pp.49-76.

第Ⅲ部
ダイバーシティ時代の行政制度と政策
制度分析編

第10章
公務員制度
地方自治体における任用形態と人材の多様化

大谷 基道

【本章のねらい】1990年代半ば以降、地方自治体は行革の一環として職員数の削減を進めてきた。職員数が必要最小限に抑えられる一方で、自治体の業務量は住民ニーズの多様化・複雑化に伴い増加の一途を辿っている。各自治体は業務の外部化等を推進するとともに、正規職員以外の多様な任用形態の職員を活用することで、どうにか対応している状況にある。

少ない職員で多くの業務をこなすには、職員の質を高めることも必要である。近年は、任期付職員制度の活用や採用試験の門戸拡大等により、これまでの自治体職員とは一味違う人材の新規確保に努める自治体や、女性の積極的登用等により既存人材の有効活用に力を注ぐ自治体も多く見受けられる。

本章においては、雇用形態の多様化という官民共通の大きな流れの中で、近年の自治体人事運営にどのような変化が生じているのか、その実態を明らかにする。

1 地方自治体における任用[1]形態の多用化

近年、非正規雇用を巡る諸問題がテレビや新聞を賑わせている。公務員の世界でもいわゆる正規職員とは異なる任用形態の職員が増加し、「雇い止め」や「官製ワーキングプア」のような問題も指摘されるようになった。以下、地方自治体における任用形態の多様化を巡る近年の動向を追う。

---

1 公務員については「雇用」ではなく「任用」を用いるのが一般的である。

1　民間における雇用形態の多様化と地方自治体の動向

　厚生労働省によると，非正規雇用の労働者は1994年以降緩やかに増加を続け，2014年には役員を除く雇用者全体の37.4%，人数にして1962万人にも達しているという。[2]

　このような雇用形態の多様化については，1995年に1つの大きな契機があった。当時の日本経営者団体連盟（日経連）が，円高の影響で人件費を抑制する必要が生じたことなどから雇用構造を見直そうと「雇用ポートフォリオ」の導入を提言した（日本経営者団体連盟1995；成瀬2014）。これが大きな反響を呼び，民間では雇用形態の多様化が大きく進められ，それに対応して労働法制も随時改正が行われてきた。

　公務員の世界では，公務の中立性の確保，職員の長期育成を基礎とする公務の能率性の追求等の観点から「任期の定めのない常勤職員」が基本とされ，長きにわたってそれに基づく人事運営が行われてきた。しかし，近年は民間の動きを追うように，多様な任用形態の職員，言い換えれば公務員としては例外的な任用形態の活用が拡がっている。1999年以降，民間の雇用システムの変化等を踏まえ，自治省あるいは総務省の研究会が地方自治体における多様な任用形態や勤務形態についての報告を相次いで取りまとめた（自治省1999；総務省2002, 2003, 2009）。これらの報告においては，非常勤職員や短時間勤務職員，任期付職員の活用の方向性など，「任期の定めのない常勤職員」以外の任用形態に関する考え方が提示され，順次，法制化が進められていった。

2　地方自治体における多様な任用形態

　現在用いられている「任期の定めのない常勤職員」以外の例外的な任用形態は表10-1のとおりである。

臨時職員・非常勤職員　臨時職員とは，地方公務員法（以下，「地公法」という）22条2項および5項に基づく臨時的任用職員のことである。前述のとおり，自治体運営は「任期の定めのない常勤職員」（以下，「正規職員」という）によることを基本としているが，その特例として，緊急時や一時的な業務の増加等に弾力的に

2　厚生労働省「非正規雇用の現状と課題」。

表10-1　地方自治体における例外的な任用形態

区分	概要	任期	勤務時間 常勤	勤務時間 短時間	能力実証
臨時職員	臨時的業務（1年以内）に従事	1年以内	○	○	×
非常勤職員	常時勤務を要しない業務に従事	1年以内（ただし再任可）	×	○	△（一般職のみ必要）
任期付職員	期間が限られた業務（1年超）に従事	最長5年以内	○	○	○
再任用職員	定年退職者等のいわゆる再雇用	1年以内（最長65歳まで更新可）	○	○	○

（出所）　筆者作成。

対応するため，職員を最長1年以内で臨時的に任用することができるとするものである。総務省の調査によると，2012年4月1日現在，全自治体の合計で約24.5万人の臨時職員が任用されており，うち約13.2万人は常勤である。

　非常勤職員とは，一般に勤務時間が常勤職員の4分の3を超えない職員をいう。非常勤職員は，地公法3条3項3号に基づく特別職非常勤職員と，同法17条に基づく一般職非常勤職員に区分される。後者が正規職員と同じ一般職に属し，勤務時間を限る特段の必要がある場合に限りその存在が認められるのに対し，前者は，顧問，参与，調査員，嘱託員など特定の知識，経験等に基づいて随時，自治体の業務に従事するものとされている。同じく総務省の調査によると，2012年4月1日現在，特別職非常勤職員は23.1万人，一般職非常勤職員は12.7万人が存在する。

　臨時職員，非常勤職員とも，近年新たに創設された制度ではなく，古くから少なからぬ人数が存在していた。正規職員と異なり，厳密な能力実証が不要で安易な採用が可能なことから，1950年代から60年代にかけては，臨時・非常勤職員を繰り返し任用して実質上恒久的な任用とする脱法的な運用の指摘が相次いだこ

3　総務省「臨時・非常勤職員に関する調査結果について」（平成24年4月1日現在）。調査の対象となる職員は，全地方自治体の臨時・非常勤職員であって，任用期間が6月以上または6月以上となることが明らかであり，かつ，1週間当たりの勤務時間が19時間25分以上の者。なお，この調査は数年に1度実施されるものであり，本稿執筆時点ではこれが最新のものである。

ともある。現在でも相当数が存在し，主に定型的・補助的な業務を担っている。

　2005年4月1日現在の総務省調査によれば，臨時職員と非常勤職員の合計は約45.6万人であったが，2012年4月1日現在では約60.4万人に大きく増加している。

任期付職員　地公法は原則として任期の定めのない任用を想定しているが，「地方公共団体の一般職の任期付職員の採用に関する法律」等により任期付の任用も認められている。

　この任期付職員制度は，2002年に創設された。自治体内には存在しない専門的知識経験等を有する者を一定の期間活用する場合に任期を区切って採用するもので，任期5年以内の常勤職として任用される。この制度が創設された背景には，地方分権の進展に伴い地方行政の高度化・専門化が進む中，自治体内部では得られにくい高度の専門性を備えた民間の人材を一定期間のみ活用することが必要な場面が生じてきたことがある。

　この専門的知識経験等に係る任期付職員（3条任期付）には，高度の専門的な知識経験または優れた識見を有する「特定任期付職員」と，専門的な知識経験を有する「一般任期付職員」が存在する。専門的な知識経験を有する職員の育成に相当の期間を要する場合や，専門的な知識経験が急速に進歩する技術に係るものである場合などに活用され，訴訟法務やIT関連業務などが具体例として挙げられる。

　2004年には，より柔軟な任用・勤務形態の必要性が高まったことを受け，任期付職員制度が拡充された。これにより，①一定の期間内に終了が見込まれる業務，②一定の期間内に限り業務量の増加が見込まれる業務，に従事させる場合についても任期を区切って採用することが可能となった。この場合，任期3年以内（特に必要な場合は5年以内）の常勤職として任用される。このいわば時限的な職に係る任期付職員（4条任期付）は，例えば，国体などの臨時的なイベントの開催に伴う業務や，景気悪化に伴う生活保護業務の増加など業務量が一時的に増加するような場合に活用される。

　この年の制度拡充においては，短時間勤務の任期付職員制度（5条任期付）も同時に創設された。常勤職員より短い勤務時間（概ね常勤職員の4分の3を超えない範囲）の職に充てる者を任期を区切って採用するもので，上記①②の場合に

加え，住民に対するサービスの提供体制の充実，部分休業を取得する職員の業務の代替を目的とする場合に用いられる。この場合，任期3年以内（特に必要な場合は5年以内）の短期間勤務職として任用される。

業務量との関連で設けられた4条任期付および5条任期付については，脱法的な運用が指摘されてきた臨時・非常勤職員に代わるものとしての活用が見込まれていた。しかし，能力実証が必要であるなど採用手続が煩雑になるため，まだそれほど活用されてはいない。

2012年4月1日現在，任期付職員の総数は5933人（3条任期付850人，4条任期付1338人，5条任期付3745人）であったが，その後，東日本大震災の被災地で震災復興に活用されるようになり，2014年4月1日現在では，9665人（3条任期付1470人，4条任期付3337人，5条任期付4858人）に急増している。[4]

再任用職員 通常，自治体職員は，60歳に達した年度の末日をもって定年退職となる。その定年退職者を，従前の勤務実績等に基づく選考により，1年を超えない範囲内の任期で常勤または短時間勤務の職に採用したのが再任用職員である。[5] これは，公的年金の支給開始年齢の引き上げに伴い，雇用期間の延長を図るとともに，高齢者の能力や経験を活用することで公務の能率的遂行を図ろうとするものである。任期の更新も可能であるが，年金の満額支給開始年齢である65歳が限度である。

常勤のほかに短時間勤務の職での採用が予定されているのは，再任用される高齢者が短時間の勤務形態を望む傾向があることなどを踏まえたものである。ただし，再任用の場合は短時間勤務といえども正規職員と同様の本格的な業務に従事するものであり，臨時・非常勤職員とはこの点において大きく異なる。

この再任用制度は，2001年から段階的に導入され，2014年4月1日現在，再任用職員の総数は8万4280人（常勤2万5099人，短時間勤務5万9181人）であ

4　総務省「地方公共団体における任期付職員制度の活用状況等について」（平成26年4月1日現在）。

5　地公法28条の4および同条の5の規定に基づき各自治体が条例を制定して実施する。定年退職前に退職した職員についても，条例で定める要件を満たす者については再任用が可能である。国に準じた場合，勤続年数25年以上で，退職から5年以内の職員等が対象となる。

る。短時間勤務の場合，週4日勤務が全体の約6割，週3日勤務が約2割を占める。[6]

　全自治体合計の定年退職者数は，ここ数年7万人前後で推移している。65歳まで最長5年の再任用が可能であることを考えれば，再任用の対象となる人数は30万人を超えるものと思われるが，再任用職員の人数はそれに比べればかなり少ない。これは退職者本人の希望によることもあるが，自治体によって対応が異なることも大きい。再任用の実施率は，都道府県・政令指定都市では100％，市・特別区でも約85％であるのに対し，町村では約40％にとどまっている。なお，再任用は希望すれば自動的に任用されるのではなく，現職時代の勤務評価等をもとに採用の可否が判断される。採用率は自治体によって異なるが，全国平均でみれば希望者の96％以上が採用されている。[7]

　再任用職員については，一度退職したことで職務への執着が薄まり，安易に中途退職するケースも少なくない。また，高齢ゆえにICT化の進んだ現代の仕事の進め方に馴染めなかったり，現役時より職位が下がることが多く，それにうまく適応できなかったりするなどの課題も指摘されている。

2　任用形態の多用化の背景

　地方自治体における任用形態の多様化の動きはなぜ起こったのか。民間の場合は人件費の抑制が理由の一つであったが，地方自治体の場合はどうだったのか。以下，地方自治体における人件費削減の動きを追う。

1　地方自治体職員数の大幅かつ継続的な削減

　地方自治体の総職員数は，1994年をピークに減少に転じた。それまでは行政需要の増加とともに職員数も概ね増加傾向にあったが，バブル崩壊とその後の長引く不況によって深刻な財政難に陥った各自治体は，人件費を圧縮するため，給与の適正化を図るとともに，職員数の削減に大きな力を注ぐようになった。その

6　総務省「平成25年度地方公務員の再任用実施状況等調査」。
7　同前。

結果，1994年に328.2万人であった総職員数は，2014年までの20年間で274.4万人へと16％も減少した（図10-1）。

このような大幅な職員数の削減には，国からの要請が大きな影響を及ぼした。バブル経済が崩壊し，既に地方財政の見通しが極めて厳しくなっていた1994年には，自治省が「地方公共団体における行政改革の推進のための指針」を策定し，各自治体が自主的・主体的に定員適正化計画を策定・推進することを求めている。また，1997年には，同省は「地方自治・新時代に対応した地方公共団体の行政改革推進のための指針」を策定し，各自治体が定員適正化計画に数値目標を掲げて着実に実行するとともに，行財政環境の変化に即した定員管理に努めることを求めた。その結果，地方自治体の総職員数は1995年以降純減を続け，2004年までの10年間で19.8万人以上の削減を達成した。

自治体に最も大きな影響を与えたのが，2005年に総務省が策定した「地方公共団体における行政改革の推進のための新たな指針」である。同指針は，行政改革の数値目標を盛り込んだ「集中改革プラン」の策定・公表を全自治体に要請した。職員数については，2005年4月1日の職員数を基準に，2010年4月1日までの5年間で4.6％以上の純減が数値目標として掲げられた。

この4.6％という数字は直近の5年間（1999～2004年）における地方自治体の総職員数の純減率に由来する。市町村合併の進展，電子自治体や民間委託の推進等を踏まえると，2005年からの5年間においてもそれを上回る純減を図る必要があるとされたのである。その手法として，抜本的な事務・事業の整理，組織の合理化，職員の適正配置，積極的な民間委託等の推進，ICT化の推進などとともに，任期付職員制度の活用が推奨された。なお，集中改革プランの推進状況については，総務省が必要に応じて自治体に助言等を行うものとされた。

2005年指針による4.6％という純減目標は，翌2006年6月に公布・施行された「簡素で効率的な政府を実現するための行政改革の推進に関する法律」にも明記された。同法においては，その達成のため，国は職員数の厳格な管理を要請することとされた。[8]

2006年8月には，同年7月に閣議決定された「経済財政運営と構造改革に関する基本方針2006」を踏まえ，総務省が「地方公共団体における行政改革の更なる推進のための指針」を策定した。同指針においては，5年間の純減目標を

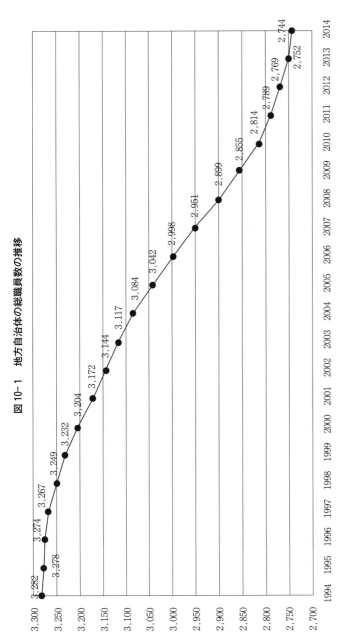

図 10-1 地方自治体の総職員数の推移

(注) 単位は千人。上記は、「常勤の職員数」(=いわゆる正規職員＋任期付常勤＋再任用常勤。常勤であっても臨時職員は含まない)。
(出所) 総務省「平成 26 年地方公共団体定員管理調査結果の概要」。

第 10 章 公務員制度　197

4.6％から行政機関の国家公務員の定員純減と同程度の5.7％に引き上げるとともに，定員純減をさらに1年継続するとした。

このような状況を背景に，全自治体が集中改革プランを策定・公表し，そこに記された純減目標の合計は5.7％を上回る6.4％に達した。実際にはこれをさらに上回る削減が行われ，全自治体トータルの職員純減率は5年間で7.5％を記録，中でも最も純減率の高かった都道府県の一般行政部門では14.8％に達した。

2　正規職員削減の代替としての活用

このようにして職員数の削減が近年進められてきたところであるが，実はこれには自治体で働く職員が全て含まれている訳ではない。ここでいう職員数とは「常勤の職員数（臨時職員を除く）[9]」であって，これに含まれない任用形態の職員も自治体には少なからず存在する。

地方自治体の行政運営は，「任期の定めのない常勤職員」（いわゆる正規職員）によることが基本であるとされ，その採用に際しては，情実主義や恣意的な任用を排除し，成績主義の徹底を図るため，能力実証主義に拠ることとされている。

近年，住民の生活様式や価値観の多様化に伴い，住民ニーズも多様化・複雑化の様相を呈している。それに伴い，行政が担うべき役割は益々拡大し，業務量も増加しつつある。他方，自治体の財政事情は非常に厳しく，正規職員を増員して対応することは財政的にも極めて困難である。また，一時的に発生する業務に任期の定めのない職員を充てたり，業務量が1人分に満たない業務に常勤の職員を充てたりすることは，決して効率的であるとは言えない。これらの状況を踏まえ，「任期の定めのない常勤職員」以外の多様な勤務形態の活用が進められるようになった。

行政改革の数値目標等によって職員数の削減圧力が働く場合，自治体ではまず，自治体が担うべき業務か，担うにしても職員が自ら行うべき業務かといった視点

8　第55条「政府は，平成22年4月1日におけるすべての地方公共団体を通じた地方公務員の総数が平成17年4月1日における当該数からその1,000分の46に相当する数以上の純減をさせたものとなるよう，地方公共団体に対し，職員数の厳格な管理を要請するとともに，必要な助言その他の協力を行うものとする。」

9　いわゆる正規職員のほか，常勤の任期付職員と再任用職員が含まれる。

から，業務の廃止・縮小，民間委託の推進等による外部化などの検討が行われる。その結果，やはり職員が自ら行うべき業務であると判断されれば，次に，正規職員が担うべきなのか，それ以外の任用形態の職員でも対応可能なのかを検討する。その結果，後者でも対応可能と判断されれば，正規職員を削減し，その代わりに臨時・非常勤職員，任期付短時間勤務職員または再任用短時間勤務職員を充てる。このいずれを充てるかは，担当業務が時限的なものか，恒久的なものか，特定の知識・経験等を要するものか，定型的なものか，などを踏まえながら，それぞれの制度趣旨を勘案して決定することになる。

3　職員定数と多様な任用形態

ところで，なぜ正規職員の代わりに臨時・非常勤職員，任期付短時間勤務職員または再任用短時間勤務職員が活用されているのか。

地方自治体は，その職員の定数を条例で定めることとされ，臨時または非常勤の職については定数に含まれないとされる（地方自治法172条3項）。つまり，職員定数の対象となるのは「常勤の職員」（ただし臨時職員を除く。以下同じ）である。そのため，自治体の職員数に係る調査等においては，これに平仄を合わせて「職員数＝常勤の職員数」と定義づけられることがほとんどである。

集中改革プラン等における職員数の削減目標についても，その対象は「常勤の職員」である。したがって，臨時・非常勤職員，任期付短時間勤務職員および再任用短時間勤務職員は職員数にカウントされない。そのため，「常勤の職員」の大多数を占める正規職員を削減し，その代わりに臨時・非常勤職員，任期付短時間勤務職員および再任用短時間勤務職員を充てれば，大きな穴を空けることなく職員数を削減できるため，これら多様な任用形態の活用が進んだのである。

なお，再任用短時間勤務職員については，職員数削減の代替策としての活用のほか，年金支給開始年齢の引き上げに伴い増加した再任用希望者の受け入れ策としても活用されている。常勤の再任用職員は職員定数に含まれてしまい，職員数削減の流れに逆行してしまうため，短時間勤務の職員として再任用する自治体が多いためである。ただし，定数にカウントされないとはいえ，正規職員と同様な業務に従事することを考慮すると，いたずらに再任用短時間勤務職員を増加させることは慎むべきであり，その増加は正規職員の削減と連動させることが適当で

表10-2　任用形態別にみた地方自治体職員数の変化

	2005年(A)	2012年(B)	増減(B-A)
常勤職員（臨時職員を除く）	3,042	2,769	▲273
臨時・非常勤職員	456	604	148
任期付短時間勤務職員	1	4	3
再任用短時間勤務職員	15	51	36
合計	3,514	3,428	▲86

（注）　単位は千人。いずれも4月1日現在。ただし，2005年の任期付短時間勤務職員のみ7月1日現在。
（出所）　総務省資料に基づき筆者作成。

あると解されている。そのため，再任用職員を入れるために正規職員の無理な削減が行われることもあるという。

このようにして，「常勤の職員数」が減少する一方で，それ以外の任用形態の職員数は逆に増加するという結果が生じた（表10-2）。業務の見直し等によって人員を減らすことができたのは，単純に頭数で見れば，削減した常勤職員の3分の1に過ぎないことが見てとれる。

3　人員削減の影響と人材の多様化

地方自治体が職員数を削減するに際しては，国主導で定められた高い削減目標を達成するため，正規職員からその他の任用形態の職員への置き換えがかなり大胆に進められた。その結果，自治体の人事運営にはどのような変化が生じたのか。

1　一般行政部門における大幅な削減

地方自治体の職員数の推移を部門別にまとめたのが図10-2である。

警察，消防，教育部門は，国が定める職員配置の基準等により，自治体が主体的に職員数の見直しを行うことが比較的困難な部門である。このうち教育部門は生徒数の減少等に伴いかなりの削減が行われているものの，警察，消防部門は安心安全の確保に向けた体制強化のため大きく増加している。このしわ寄せを受けたのが一般行政部門である。一般行政部門は，福祉関係を除き，国が定める職員

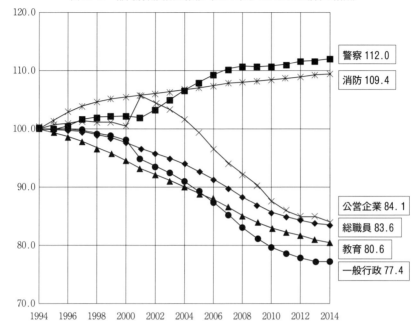

図10-2 部門別職員数の推移（1994年を100とした場合の指数）

警察 112.0
消防 109.4
公営企業 84.1
総職員 83.6
教育 80.6
一般行政 77.4

──◆── 総職員　──●── 一般行政　──▲── 教育　──■── 警察　──＊── 消防　──×── 公営企業

（注）　2001年度に生じた一般行政部門と公営企業等会計部門の変動は，調査区分の変更によるもの。
（出所）　総務省「平成26年地方公共団体定員管理調査結果の概要」。

配置の基準等による制約が比較的少なく，自治体が主体的に職員数の見直しを行うことのできる余地が大きい。そのため，警察，消防部門の職員数の増加分を吸収できるほどの大きな削減を，福祉関係を除く一般行政部門で行い，全体として削減目標を達成できるような調整が行われている。

また，一般行政部門の中でも行政ニーズの高い分野は職員数を増やさざるを得ない。1994年を100とした場合の指数で見ると，2014年には一般行政部門全体

10　警察官については「警察法施行令」により都道府県ごとの基準数が，小・中学校教職員については「公立義務教育諸学校学級編制及び教職員定数標準法」により都道府県ごとの標準数が定められている。また，消防職員については「消防力の整備指針」（消防庁告示）により配置指針が示されている。

は77.4に減少している中，同部門の中でも近年ニーズの高い防災分野は271.6，児童相談所等は164.2，福祉事務所は149.9と大きく増加している。つまり，一般行政部門の中でも，これら以外の分野が相当に大幅な削減を強いられているのである。

2　職員数の削減とマンパワー不足

このように，かなりの削減が行われた一般行政部門では，様々な歪みが生じている。例えば，「非常勤職員が2005年からの4年間で33％増加」，「保育所では，非常勤職員数と正規職員数の比率がおおむね1：1」といった事態も発生している。このため，地方自治体からは，「職場がかなり忙しくなってきているという実感がある」，「モチベーションの維持や事故防止は大きな課題である」，「仕事上の凡ミスが増えていることが気掛かりである」，「職員への影響として，精神疾患が増えていることを懸念している」，「目に見えないサービスの低下が起きている可能性がある」，「部署によっては非常勤職員の占める割合が大きく，責任の所在が課題である」といった意見も寄せられている（総務省 2010）。

ここまで削減せねばならなかったのは，「集中改革プラン」の影響が大きい。同プランに明確な数値目標を掲げた以上，議会や住民の手前，それを達成しなければならない。その数値目標は，国が示した目標を踏まえて各自治体が定めたものであるが，国の行政機関における純減目標をそのまま自治体にも適用したものであって，個々の自治体にとって必ずしも適切な目標であったとは限らない。場合によってはかなり無理のある目標であった可能性もある。例えば，国や他の自治体よりも早い段階から大幅な削減に取り組んできた自治体にとって，他の自治体と同じ削減幅をさらに達成することは相当の困難を伴うと言わざるを得ない。[11]

---

[11] そのような自治体においては，「既に十分な削減をしているので，国の求めるほどの削減はもう必要ない」と言い切れれば良いのであろうが，どこまでやれば十分な削減と言えるのか，その客観的な証拠を示すのは困難であるため，そう言い切るのは極めて難しい。国が示した削減目標は，地方全体で達成すべき目標であり，全ての自治体がそれを上回る目標を立て，それを達成することを必ずしも要求するものではない。しかし，自分のところだけ国の示した削減目標を下回る目標を立て，その理由を説明することは実際には困難であろう。

このような事情を背景に，集中改革プランに掲げた削減目標を達成するため，かなり無理をして人員を削減した自治体も少なくなかった。その際の人員削減の手法の1つとして，いわゆる正規職員に代えて，職員定数にカウントされない臨時・非常勤職員，任期付短時間勤務職員，再任用短時間勤務職員といった多様な任用形態の職員が活用された。

　しかし，臨時・非常勤職員は定型的・補助的な業務に就くことが多く，正規職員と同等の活躍を求めることは難しい。正規職員と同様の本格的な業務を任せることが可能な任期付短時間勤務職員，再任用短時間勤務職員もまだまだ活用が限定的で，職員の総数から見ればごく少数にとどまっている。その結果，頭数はそれなりに揃っているように見えても，正規職員の負担が従前よりも増えてしまったのである。

3　マンパワー不足を補うための多様な人材の確保

　職員の行き過ぎた削減によって，自治体行政の現場では深刻なマンパワー不足に陥り，住民サービスの低下まで懸念されるようになった。しかし，議会や住民の手前，一旦削減した職員数を増やすのはなかなか難しい。そこで人材の量を増やすのではなく，その質の向上を重視する動きが強まるようになっていった。つまり，優秀な人材の新規採用や既存人材の有効活用等が積極的に行われるようになったのである。

3条任期付職員の活用　多様な人材の確保策の1つに任期付職員の活用，特に3条任期付と呼ばれる専門的知識経験を有する者を任期を区切った常勤職として採用するものが挙げられる。これはそもそも地方分権の進展に伴い，専門的な知識を有する職員を確保しようとするものであった。しかし，職員数の削減に伴い，職員1人ひとりの質を上げるため，質の高い人材を確保する際にも用いられるようになった。従来から活用されていたIT関連業務に加え，近年は弁護士資格を有する者を採用して訴訟法務に従事させたり，金融機関勤務経験者を採用して資金運用業務に従事させたり，広告代理店やPR会社の勤務経験者を採用して自治体広報やシティセールスなどの業務に従事させたりする例が多々見られるようになっている。

　ただし，任期満了後に新たな仕事に就ける保証がないこと，給与水準が民間の

第一線で働く場合に比べて低いことなどから，有為な人材の応募がまだまだ少なく，応募してきたとしてもそろそろ第一線を退くような高齢層ばかりであるなど，第一線で活躍中の人材の確保はなかなか難しいようである。また，民間から来た任期付職員が自治体の組織風土に馴染めず，能力を十分に発揮できない場合が少なくないことも課題の一つと言われている。

採用試験の見直し　いわゆる正規職員の採用試験の見直しも進められている。これまでの公務員試験のイメージといえば，試験科目が多く，その出題範囲も極めて広いのが一般的であり，民間企業を第一希望とする学生が併願感覚の軽い気持ちで受験するようなものではなかった。そこで，試験科目を面接や小論文だけにするなど，民間企業志望者も受験しやすくすることで受験者数の増加を図り，従来の公務員試験勉強一筋型の人材とは異なる人材を確保しようとする動きが見られるようになった。例えば，教養試験や専門試験を実施せず，1次試験をエントリーシートと小論文だけとする「特別枠」を設置したり，専門試験を廃止するとともに，教養試験に代えて民間企業等の志望者も受けやすい内容の「職務基礎力試験」を実施したり，民間企業で多く使われている総合適性検査「SPI」のみを実施したりするようなことが行われている。このようないわば「受験者負担軽減型」の採用試験を行うことで幅広い受験者を確保し，より優秀な人材を採用しようとした結果，申込者数が倍増した自治体も見られるなど，取りあえず一定の成功を収めているようである。ただし，自治体職員に求められる「住民に対する忠誠心」，「公共への奉仕の心」を持たず，安易な就活併願気分で公務員になってしまう可能性があることが課題であるとの指摘もなされている（大谷 2015）。

女性職員の積極的な活用　女性職員の登用も積極的に行われるようになった。既存人材を最大限に活用するには，これまで十分に活用されてこなかった女性職員の活用推進が不可欠である。その推進に際しては，男性中心の考え方で築き上げられてきた従来型のワークスタイルに女性を放り込むのではなく，ワークススタイル自体を見直すことが必要とされる。つまり，少数者である女性に適応を求め，従来からの男性型社会の同質性を高めるのではなく，男女の違いや多様性を受け入れて活かしていく「ダイバーシティマネジメント」の発想が求められる。例えば，茨城県では，女性関連施策の総合的な取組み強化と庁内意識改革を目的とする「女性政策統括監」を全国に先駆けて設置するなどの取組みを進めている。

また，暫定的に必要な範囲において女性を優先的に処遇する「ポジティブ・アクション」に取り組む自治体も見られる。近年の男女共同参画の流れの中で，特に政府が2003年に「2020年までに指導的地位に女性が占める割合が少なくとも30％程度」との目標を掲げて以降，多くの自治体が，管理職における女性比率等について十分な注意を払うようになり，女性の抜擢人事も目立つようになってきた。しかし，2012年における都道府県の本庁課長相当職以上に占める女性の割合は僅か6.5％[12]であり，まだまだ目標には程遠い。そのため，ポジティブ・アクションにより女性の登用をさらに強く進めることも一つの手段として重要と考えられている。

4　小　　括

　本章では，地方自治体における任用形態の多様化がどのように進められ，それが人材の多様化にどのような影響を与えたのかを追ってきた。

　民間同様，地方自治体においても，厳しい財政事情を背景に，人件費削減のため人員削減が進められ，その手段の一つとして任用形態の多様化が活用されてきた。国からの強い圧力を受け，自治体はかなり無理をして人員削減を進めた。しかし，住民ニーズが多様化・複雑化する中，業務量の縮減による人員削減には限界があり，いわゆる正規職員以外の職員への置換を多用するようになっていった。

　その結果，自治体行政の現場では深刻なマンパワー不足に陥り，住民サービスの低下が懸念されるようになった。しかし，議会や住民の手前，一旦削減した職員数を再び増やすのは困難である。そこで人材の量を増やすのではなく，その質の向上を重視する動きが強まった。その結果，優秀な人材の新規採用や既存人材の有効活用等が積極的に行われるようになってきたのである。

【さらに理解を深めたい人のために】
猪野積（2016）『地方公務員制度講義［第5版］』第一法規。
大森彌（2006）『官のシステム』東京大学出版会。

12　内閣府「女性の政策・方針決定参画状況調べ」（平成24年12月）。

田尾雅夫（2015）『公共マネジメント——組織論で読み解く地方公務員』有斐閣。

参 考 文 献

今井照（2006）『自治体のアウトソーシング』学陽書房。

大谷基道（2008）「地方自治体における非正規雇用の現状——行政内部の格差解消策と地方公務員制度との関係」『年報自治体学』第21号，130-156頁。

大谷基道（2009）「女性自治体職員の活用と管理職登用」『地方自治職員研修　臨時増刊92号　自治体ひとづくり読本』，182-193頁。

大谷基道（2013）「地方公務員制度」新規採用研修研究会『自治体職員スタートブック（第1次改訂版）』学陽書房，119-157頁。

大谷基道（2015）「自治体人事の転換点？——公務員受難の時代の人事行政」『地方財務』通巻第727号，21-26頁。

上林陽治（2012）『非正規公務員』日本評論社。

自治体給与人事研究会（2008）『自治体の給与・人事戦略』学陽書房。

自治省（1999）「地方自治・新時代の地方公務員制度——地方公務員制度改革の方向」（地方公務員制度調査研究会報告書）。

総務省（2002）「分権型社会にふさわしい地方公務員の多様な任用制度の実現へ向けて」（分権型社会における地方公務員の任用制度のあり方等に関する検討会報告書）。

総務省（2003）「分権新時代の地方公務員制度——任用・勤務形態の多様化」（地方公務員制度調査研究会報告書）。

総務省（2009）「地方公務員の短時間勤務の在り方に関する研究会報告書」。

総務省（2010）「地方公共団体における適正な定員管理の推進について——集中改革プランの取組を踏まえて」（地方公共団体定員管理研究会報告書）。

地方公務員定員問題研究会編（2003）『分権時代の地方公務員定員管理マニュアル』ぎょうせい。

成瀬健生（2014）「雇用ポートフォリオ提言とこれからの雇用問題」『DIO 連合総研レポート』通巻第295号，5-8頁。

日本経営者団体連盟（1995）『新時代の「日本的経営」——挑戦すべき方向とその具体策』日本経営者団体連盟。

橋本勇（2014）『新版 逐条地方公務員法［第3次改訂版］』学陽書房。

早川征一郎・松尾孝一（2012）『国・地方自治体の非正規職員』旬報社。

第11章
行 政 統 制
公共サービスの評価を通じた統制の多様な展開

久保木 匡介

【本章のねらい】本章では，20世紀末から21世紀初頭にかけてイングランド，スコットランド，日本という3つの国で形成された学校評価システムを比較・検討する。そのねらいは，従来の公共サービス供給システムの改革が進行するのに対応して，各国で公共サービスの統制の仕組みがどのように変容したのかを明らかにすることである。新たに形成された3つの学校評価システムは，共通の傾向を持ちつつもそれぞれに異なった特徴を有している。そこには，各国において新たに形成された教育サービスのガバナンスの違いが反映しているのである。

1 公共サービスの変容と行政統制

公共サービスに従事する組織は，市民に対して様々なレベルで責任を負っている。そしてこの多様な行政責任を確保する手段が行政統制であり，行政統制は行政責任の多様性に対応して多様なレベルで存在する。これらの統制手法が複雑に重なり合いながら，現実の公共サービスの質や量を統制している。

1980年代から90年代にかけて，各国では従来の行政責任および行政統制のあり方が大胆に見直されるようになった（森田 2001：210-211）。その背景には，戦後の先進資本主義諸国において共通に採用されてきたケインズ主義的福祉国家の諸政策が財政危機を契機に行き詰まり，新自由主義に基づく官僚制や公共サービスの見直しが進められたことがある。これらの改革のねらいは，従来の官僚制による公共サービス提供の「弊害」を，専門職集団の閉鎖性，財政的な非効率性，サービスの画一性などに見出し，それらを政治主導，効率性重視，顧客重視の観

点から改革することであった。各国では，公共サービスにおける民営化や民間委託などにより供給主体の多様化が図られるとともに，公共部門に民間経営の手法を導入することが盛んに行われた。

このような公共サービスの構造変化を受けて，行政統制のあり方には以下のような変化が生じた（山谷 1997：185）。まず統制の「仕組み」では，従来は法令，事前手続，予算，通達などによる事前統制が中心であったのに対し，20 世紀末には監査，業績測定，政策評価などによる事後統制が重視されるようになった。次に統制で重視される「内容」では，従来は法令順守，手続といった事項が重視されてきたのに対し，20 世紀末以降には，効率性や成果，顧客の満足といった事項が重視されるようになった。

各国における様々な事後統制手法の増加は著しく，その変化は「監査社会」化と表現された（Power 1997）。この動きを主導したのは NPM（New Public Management）である。NPM は，イギリスやアメリカ，ニュージーランドにおける行政改革を嚆矢として日本を含む各国に普及した，市場志向の行政改革の理論と運動である。NPM に基づき公共サービスの供給システムに民間企業など多様な主体が導入されるとともに，公共サービスの運営に民間経営の手法を導入する改革が進行した。それに伴い，公共サービスの統制手法にも上記のような変化がもたらされたのである。

他方で，NPM に対する態度は，各国政府あるいは地方政府によってさまざまであった。そして，行政統制システムにおいても，事後評価，外部評価，成果重視という共通の特徴を観察することが可能である一方で，いくつかの注目すべき分岐が見られた。それは各国における行政システムや，行政と社会の諸アクターとの関係を含むガバナンスのありようと密接に関係していた。

ガバナンスとは，1970 年代以降の政府の統治能力の低下についての認識と，公共サービスにおける政府以外の供給主体の増加という事態を受けて登場した概念である。ガバメントが政府という統治主体を表すのに対し，ガバナンスは，政府とともに民間セクターやサードセクターなどを含む諸主体が，公共サービスの提供にあたって取り結ぶ関係性や相互作用を表す概念である。

政府の守備範囲の限界や公共サービス供給主体の多様化がある程度共通の傾向だとしても，各国のガバナンスを規定する公共サービス供給システムやそれを貫

表11-1　ガバナンスのモデル

	戦後の伝統的な行政	新公共経営（NPM）	コミュニティ・ガバナンス
ガバナンスの目的	福祉国家政策のインプットとサービス供給の管理	顧客への応答。アウトプットの効率性の管理	市民の関心事の実現 効果の最大化
組織原理	官僚制	市場	ネットワーク
組織内の関係	ヒエラルキー	競争／契約	協働／パートナーシップ

（出所）　Stoker（2004：11），永田（2011：78），Burnham & Horton（2012：24）を参考に筆者作成。

く調整様式は多様である。その多様性は，表11-1のようにそれぞれのガバナンスが重視する組織の原理や関係性により，「官僚制／ヒエラルキー」，「市場／競争」，「ネットワーク／協働」などと表現される。各国では，新自由主義やNPMに影響を受け，政府部門の縮小と公共サービス供給主体の多様化という共通の傾向を持ちつつも，国あるいは政権ごとに異なる供給構造と調整様式が存在しており，異なるガバナンスが存在していた。

本章では各国のガバナンスにおける分岐が，行政統制のありようにも大きな影響を与えていると考え，それぞれの行政統制の成立過程や特徴を，ガバナンスと関連付けて説明することを試みる。

2　学校評価の興隆とその多様性

各国の公共サービスの中でも，学校教育分野は行政統制のありようが最も大きく変化した分野の一つであろう。20世紀末葉，多くの国で教育分野の新たな行政統制の1つとして導入されたのが，種々の学校評価制度である。

学校の教育や運営を評価することは，国によっては19世紀から行われていたが，早い国では1980年代後半から，遅い国でも2000年代初頭には導入された「現代の」学校評価システムは，先述の行政統制システムの変化を反映し，客観的な証拠（エビデンス）に基づく評価，統一的な評価基準による評価，成果と効率性の重視などを共通の特徴としていた。本章では，これらの共通性を持って20世紀の後半から21世紀にかけて形成された学校評価制度とそれらを運用するアクター間の諸関係やプロセスを「現代的学校評価システム」と呼ぶ。他方で，

現代的学校評価システムを導入した国々でも，それぞれの評価システムの導入の文脈や制度の内実は国ごとに差異が見られた。

各国の学校評価システムの特徴を大雑把に見ると，①評価目的の重点，②評価の主体およびプロセスの重点，によって分類することができる（長尾 2007：5）。評価の目的では，保護者や子どもというサービスのユーザーをはじめとする諸アクターに対する「説明責任」を重視するものと，教育の質や子どもの学びの質，学校の経営などを「改善」することを重視するものとに分けられる。評価の主体とプロセスでは，外部機関による第三者評価や格付けなど「外部評価」を重視するものと，学校自身による「自己評価」を重視するものとに分けることができる。

そしてこれらを図 11-1 のように整理してみると，各国の評価システムの中でも次のようなグループが浮かび上がる。1つは，評価目的においてユーザーへの説明責任を重視し，評価主体とプロセスでは外部評価を重視する，イングランドやニュージーランド，アメリカなどのグループである。もう1つは，評価目的において学校改善を重視し，評価主体とプロセスにおいては，学校自己評価を重視するフランスやスコットランド，ドイツなどのグループである[1]。

本章で検討したいのは，各国において導入された現代的学校評価システムが，一定の共通項を持ちつつもこのような著しい分岐を見せている根拠は何かということである。そして本章では，各国で構築されてきた教育ガバナンスの分岐が，行政統制としての学校評価システムの違いに大きな影響を与えていると考える。それは，特定のガバナンスにシフトするという「選択」が，公共サービスにおける供給構造を改革し，サービスに関わる行政組織と民間事業者および市民との関係を変え，それに伴うサービスに対する統制構造の変革を促すからである。

本章では，まずイングランドとスコットランドという，同じ連合王国（UK）内部にあって異なる学校評価システムを運用している2つの「国」の教育ガバナンス改革と学校評価システムの形成過程を検討する。「両国」を取り上げる理由

---

1 前者にも目的に学校改善を，評価プロセスに自己評価を取り入れている国があり，後者にも外部評価を取り入れている国もあるのでこの分類は相対的なものである。図 11-1 の分類につき，本章で扱わない国の学校評価制度については，木岡・窪田（2004）を参照されたい。

図11-1 学校評価制度の分類

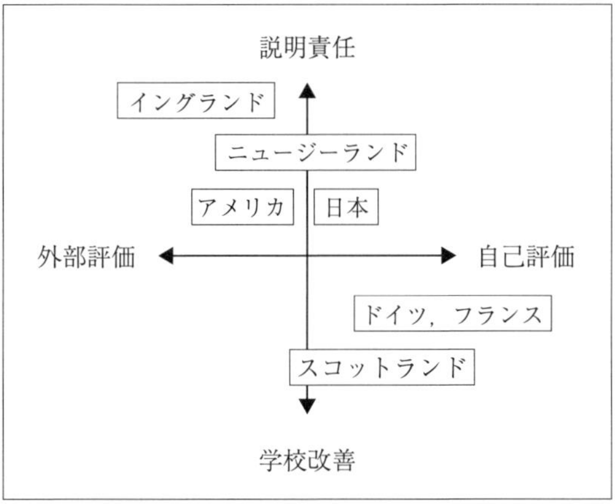

```
              説明責任
                ↑
        ┌──────────┐
        │ イングランド │
        └──────────┘
              ┌────────────┐
              │ ニュージーランド │
              └────────────┘
        ┌──────┐ ┌────┐
        │ アメリカ │ │ 日本 │
        └──────┘ └────┘
外部評価 ←────────────────→ 自己評価
                          ┌──────────────┐
                          │ ドイツ，フランス │
                          └──────────────┘
              ┌──────────┐
              │ スコットランド │
              └──────────┘
                ↓
              学校改善
```

（出所）著者作成。

は，これらの国々が，経済のグローバル化や知識社会への対応という共通の改革ニーズを抱えながら，現代的学校評価システムの構築にあたっては，前者は市場競争と外部評価を重視し，後者は自己評価と教育関係者間の支援による専門性向上を重視するという対照的な路線選択を行っているからである。これら好対照なシステムの分析を行った後に，日本における教育ガバナンス改革と学校評価システムの形成過程を検討し，その特徴を析出する。

3 イギリスにおける2つの学校評価システム
――イングランドとスコットランド

1 イングランドにおける学校評価システムの展開

イングランドの教育ガバナンス改革 第2次世界大戦後のイングランドにおける教育行政は，自治体の教育部局である地方教育当局（LEA）と学校の強力なパートナーシップの影響下で行われていた。特に各学校で採用されるカリキュラムの決定は，校長をはじめとする現場の教員に事実上委ねられていた。すなわち，各学校の教員と地方教育当局という専門職の集団によって，学校現場の教育内容や学校経営に対する統制が形作られてきたのである（Hood, et al. 1999：140-141）。こ

のように，教育内容や学校経営に強い影響力を行使してきた，各学校の教員と地方教育当局のパートナーシップを，戦後イングランドにおける教育分野の「地域政策共同体」と呼びたい。

　しかし，この地域政策共同体は，1970年代までの連合王国における経済停滞の一因として学校教育の低いパフォーマンスが指摘されるようになると，次第に教育行政改革の主要な対象として認識されるようになった。そして，この地域政策共同体による行政サービスの統制構造を劇的に改編したのが，保守党のサッチャー政権と続くメージャー政権による一連の教育改革であった。

　保守党政権の改革はサッチャー政権第3期の1988年教育改革法を中心に進められたが，その内容は以下のようなものだった。

　第1に，国家による教育内容と教育の到達水準の決定である。戦後初めて中央政府によりナショナル・カリキュラムが定められるとともに，キーステージごとに到達度を測定するナショナル・テストが導入された。

　第2に，自律的学校経営の導入である。学校予算編成権や人事権を地方教育当局から学校理事会に委譲し，校長をトップとする各学校に経営権限とその責任を付与した。

　第3に，学校体系の多様化である。地域の公立学校に，国庫補助学校（GMS），シティ・テクノロジーカレッジ，スペシャリストスクールなどを導入し，学校体系の多様化を図った。労働党政権期に導入された公設民営学校「アカデミー」は，今や全国で数千校に拡大し，公立学校の多様化と市場化が進行している。

　第4に，学校間の競争化である。すべての公立小中学校に学校選択制を導入するとともに，生徒1人当たりに応じた予算制度を導入し，生徒数をめぐる学校間の競争環境を整備した。のちの学力テストの学校別結果公表によってこの競争環境は一層強化された。

　以上に概観したように，保守党政権下の教育サービスにおいて，一方では利用者による供給主体の選択が可能になり，他方ではサービス供給主体（＝学校）が自立するとともにそのサービスの多様化が図られた。このように公的資金で賄われる公共サービスにおいて，利用者と供給者の間に「交換関係」が成立することを，「準市場」化という（児山 2004：134-136）。この「準市場」化によって，供給主体間に利用者および財源をめぐる競争的な関係が組織され，供給主体の多様

化によって選択の誘因が強められ,「選択と競争」が促進された。イングランドの教育サービス改革では,地域政策共同体に代わって形成されたガバナンスは「準市場」であった。

このような教育サービス供給における「準市場」の形成は,必然的に従来とは異なる行政統制の仕組みを要請することとなったのである。

イングランドにおける現代的学校評価システム　サッチャー政権における教育改革を受け,メージャー政権下では,『親のための憲章(Parent's Charter)』(1991)が制定された。同憲章では,学校選択を行う保護者の「選択の権利」を強化するため,各学校についての規格化された評価を情報として提供し,選択を支援することがうたわれた。これに基づき,ナショナル・テストの学校別結果と並んで公表されたのが,新たに設立される教育水準局(Office for Standards in Education: OFSTED)による統一的な学校査察(school inspection)であった。1993年より教育水準局は,各学校に対し4年に1回という規則的な査察を開始したが,それは以下のような特徴を有していた(久保木2009)。

第1に,査察の主要な目的は,先の「親のための憲章」の理念に基づき「親への説明責任」におかれたということである。同時に,学校査察を通じ各学校の長所と短所を認識し,教育の到達水準を引き上げるという「学校改善」も目的に掲げられた。しかし,学校査察を通じて個々の学校を改善するための助言や支援が行われるわけではなく,学校改善は査察の結果を受けて各学校が自主的に行うものという位置づけがなされた(OFSTED 1995)。

第2に,査察の主体は,教育水準局という外部評価機関である。1992年教育(学校)法により設立された教育水準局は,教育省から独立した非大臣庁であり,議会下院の教育特別委員会へ報告義務を持つ。イギリスでは,19世紀から教育官庁に属する勅任視学官(HMI)による査察が行われてきたが,教育水準局査察の導入はこの伝統を根本的に改革し,教育官庁からも地域政策共同体からも独立した学校評価システムを構築することとなった。

第3に,査察のプロセスは以下のような特徴を有していた。

① 教育水準局が定める共通の評価指標と査察枠組みに基づき,査察が行われるようになった。査察項目の中では学力テストの結果や不登校の割合などの「客観的な」数値情報が重視された。

②　学校ごとに公表される査察報告書では，各学校の評価が七段階で「格付け（grading）」された。
　③　格付けの結果により中央政府から各学校へ介入が行われるようになった。
　改善が見られない場合，教育大臣は「閉校」措置を行うことも可能になった。
　総じて，教育水準局査察は，客観的な業績に基づく厳格な「格付け」と結果に対する強力な介入を特徴とするものであったといえよう。

NPM 型行政統制の成立と展開　保守党政権下で進行したイングランドの教育ガバナンス改革が，供給主体の競争化，分権化，多様化という NPM の特徴を備えていることについて異論はないだろう。NPM は公共サービスの供給構造の改革であると同時に，サービスの質に対する統制構造の改革でもある。では，新たな学校評価システムである教育水準局査察を含めた教育ガバナンス改革は，総体としてどのような統制構造を創出したのであろうか。

　ここでは，2つの統制が組み合わさることによって新しいサービスの統制構造が成立していることを指摘したい（毎熊 2002：105-106；久保木 2016）。

　1つ目の統制は，教育ガバナンス改革によって生み出された，供給主体＝学校に対する社会レベルの統制である。これは「選択の自由」の拡大を通じて競争原理を働かせ，供給者の側に予め消費者の期待を"考慮に入れる"という誘因を組み込むことを企図する統制のあり方である。これらの統制は，教育ガバナンスの改革を通じ，各学校が競争的環境におかれることにより，各学校のパフォーマンスをより「親の期待に応える」方向，「より多くの入学者を獲得する」方向に振り向ける。これを「市場型統制」と呼ぶことができよう。

　もう1つの統制は，評価システム等の改革により，評価権を持つ部門が，被評価者たる自律したサービス供給主体に対して，客観的な基準を満足させるだけの成果を求める仕組みである。これは公共サービスに関わる組織間あるいは組織内において行われる統制である。1990年代に成立したイングランドの学校評価システムでは，査察を通じて評価される項目や基準が明確化され，評価結果が教育

2　主な査察項目としては，①教育の質，②児童生徒の到達した教育水準（standards），③予算使用の効率性，④児童生徒の精神的，文化的，社会的，倫理的発達などがあった。

水準局にとって満足できる水準であったかどうかが判定される。各学校は学校査察という新たな評価システムを通じ，政府の影響を強く受けた評価機関の求める水準のパフォーマンスを生み出せているかどうかの挙証責任を負わされるようになったのである。このような統制の仕組みは，民間企業経営に範をとったものであり，「経営管理型統制」と呼ぶことができよう。

　1990年代イングランドの教育行政で成立した行政統制の要諦は，各供給主体が社会レベルで市場型統制にさらされることを前提に，行政組織間における経営管理型統制で業績をコントロールすることである。教育水準局査察がナショナル・テストの学校別結果公表と同時に導入されたことに象徴されるように，競争環境の整備を通じた供給主体に対する市場型統制の創出と，共通の枠組みと基準に基づく評価制度の整備を通じた経営管理型統制の創出はセットで行われたのである。このことは，1990年代イングランドにおける学校評価システムが，NPM型行政統制の1つの「完成型」を体現したものであったことを示している。

　この学校評価システムは，一定の修正を経ながら今日まで継続している。1997年以降の労働党政権期には，保守党政権期の教育改革に対する批判を受け，学校査察プロセスへ学校自己評価が導入された[3]。これによって，学校評価システムの強力な外在的統制としての性格が一定程度緩和され，各学校の実情に即した評価と改善が行われるようになったといわれる。しかし2010年に保守党が自民党とともに政権に復帰すると，学校自己評価の位置づけは弱まる一方，学校査察における判定が厳格化された。それと同時に，教育水準局の査察結果は，政権の推進する学校の「公設民営化」と強く結びつけられるようになり，学校評価システムにおける外在的統制は再び強化された。

2　スコットランドにおける学校評価システムの展開

スコットランドの教育ガバナンス改革　同じ連合王国内にありながら，20世紀末から21世紀初頭にかけて展開したスコットランドの教育政策は，前述のイングランドとはかなり異なる特徴を有していた。すなわち，イングランドが新たな教育

---

[3]　教育水準局の査察に対しては，当初から「親への説明責任ばかりを重視し，現場の学校改善を軽視している」という批判が寄せられた。参照，久保木（2009）。

ガバナンスとして「準市場」を選択したのに対し，スコットランドでは教育サービスの「準市場」化は総じて否定され，地域の公立学校と地方教育当局という従来からの「地域政策共同体」が教育内容や学校経営に責任を持つ体制を維持しつつ，経済のグローバル化や知識社会に対応するための教育改革が進められたのである。

　もともと戦後スコットランドの教育行政および学校体系は，イングランドを中心とする連合王国政府から独自の発展を遂げてきた。例えば，イングランドの公立中等学校には無選抜の総合制学校のほかに選抜制のグラマースクール等が存在するのに対し，スコットランドの中等学校には選抜制は存在しない。1980年代以降，イングランドでは公立学校体系の多様化が進み，現在では公設民営学校の割合が急速に高まっているのに対し，スコットランドでは無選抜の総合制公立学校を一貫して重視してきた。

　この背景には，1つには，19世紀から伝統的にスコットランドの教育の中にある「平等主義」や「民主主義」という価値観の存在が指摘できる（森川2013：53）。もう1つには，政治的背景がある。戦後のスコットランドは一貫して労働党が優勢な地域であり，同党は保守党のエリート主義と選別主義に対抗し，社会における公正・平等を実現する重要な政策手段として，誰もが通える公立の総合制学校の拡大を推奨してきた。サッチャー政権による攻勢の中で，イングランドでは公立学校の多様化が進んだが，スコットランドでは，総合制学校中心の教育サービスが堅持されたのである（Gilles 2009：113-114）[4]。

　したがって，イングランドでは精力的に進められた教育サービスの「準市場」化は，スコットランドでは容易に浸透しなかった。イングランドの公立小中学校が1988年教育法によって基本的には完全な学校選択制となったのに対し，スコットランドでは小学校のみ学校選択が可能である。また，学校予算や教職員の人事権など学校経営については，一貫して地方教育当局が責任を負っている。したがって，学校間で子どもの入学数をめぐる競争が起きる誘因は弱い。

4　1999年にはスコットランド議会が創設され，教育行政がUK政府から独立したことにより，スコットランド議会多数派である労働党の教育政策の推進が加速された。2007年にはスコットランド国民党（SNP）が政権についたが，教育政策についての基本路線は維持されている。

この教育政策の分岐が鮮明になったのが，ナショナル・カリキュラムとナショナル・テストの「受容」過程であった（森川 2013：50-52）。1988 年教育改革法によりイングランドをはじめとする UK にナショナル・カリキュラムが導入されたが，スコットランドは独自のカリキュラムを導入した。さらに，ナショナル・テストについては，当初 UK 政府のテストを導入したものの，教職員や父母の強力な反対運動がおこり，スコットランドにおいて UK 政府のナショナル・テストは廃止された。その後，スコットランド独自の学力テストが導入されたが，この独自の学力テストの目的は，イングランド型の「外部評価」ではなく，ナショナル・カリキュラムに基づく子どもの学習の診断とその改善におかれ，テスト結果を学校外部に公表することはなかった。また，この独自テストを含む子どもの評価のあり方は，従来の「地域政策共同体」の外部ではなく，教師，親，地方教育当局という 3 者によるパートナーシップの中で検討するという合意が形成されてきたという。

　総じて，20 世紀末から 21 世紀にかけてスコットランドの教育改革において形成されたガバナンスは，従来の教育行政制度および教育サービスの供給構造を維持するという意味において「ヒエラルキー」重視であったが，それを前提に学校（教師），親，地方教育当局および場合により視学官や研究者などの連携が重視されたという意味においては「コミュニティ」（ネットワーク）の重視であったといえよう。

学校評価システムの特徴　現在のスコットランドの学校評価は，学校自己評価を中心に行われる子どもの学習支援と教員の専門性向上のための評価を，スコットランド政府レベルの査察機関による外部評価が補完する形で行われている。

　スコットランドでは，イングランドと同様，19 世紀以来の伝統を持つ HMI という査察機関が定期的に各学校の評価を行ってきた。20 世紀の第 4 四半世紀には，UK 全体に拡大した「財政支出に見合う価値（Value for Money）」を求める行政改革の影響が，スコットランドの教育界に対しても，より体系的で客観的な質保証の仕組みとしての学校評価システムの整備を求めることになった。

　しかし HMI が 1990 年代に注力したのは，査察機関としての自らの権限の明確化と並び，各学校が行う学校自己評価の体系化であった。それは 1992 年および 1996 年に作成・公表された学校自己評価ガイドラインに集約される。これら

の整備によって，スコットランドでは各学校が共通の枠組みによって学校自己評価を行い，定期的に外部評価を受け，学校改善計画を作成するというサイクルが確立された。特にここで掲げられた学校自己評価のための多くの指標は，欧州各国でも参照されるものとなった。他方で，1990年代の改革では，UK政府が進めた「市民憲章」政策による消費者主権的な風潮やナショナル・テスト導入論議の影響もあり，学校評価の目的は説明責任を重視する傾向が強まり，査察後には各学校の「格付け」を公表することが行われた。

しかし，1999年のスコットランド議会創設後には，1990年代の「限界」を克服し，学校自己評価中心の仕組みをさらに発展させる現代的学校評価システムの構築が進められた。その特徴を3点にわたって紹介しよう。

第1に，学校評価の目的は，学校自己評価を通じた学校の自己改善と外部評価を通じた専門的な支援による教育の質の保証である。まず学校自己評価の目的は，学校自身が自己評価を通じて学校の長所と改善すべき分野を明確にし，評価報告書を通じて改善のための計画を作成することである（HMIE 2002：1）。それに対し，外部評価機関による学校査察の目的は，①学校自身の継続的な改善を支援し，②学校の改善能力を評価報告し，③ユーザーに教育の質の保証を提供することなどが掲げられている（Education Scotland 2011）。

したがって第2に，学校評価の主体は何よりもまず，学校自身ということになる。ここには，「教育の質を改善する最も効果的な方法は，学校自身が質の改善に責任を持つことである」というスコットランドの現代的学校評価システム全体を貫く信念が表れている。そしてこの学校自己評価をもとに外部評価を行うのが，スコットランド政府レベルにおかれる査察機関である。1990年代の査察部局はUK政府のスコットランド省のもとにおかれていたが，1999年のスコットランド議会創設に伴い，学校査察を含むスコットランドの教育行政は連合王国政府から独立してスコットランド議会の下におかれた。学校査察機関はスコットランド教育査察局（HMIE）と呼ばれ，スコットランド政府から組織的に分離された執行エージェンシーとなった。さらに2011年からは，これにほかの教育機関の機能が統合され新たに「スコットランド教育庁（Education Scotland）」が設立され，学校評価を所管している。

第3に，学校評価システムのプロセスの特徴である。スコットランドでも，標

準化された評価基準，評価結果の公開，エビデンスの重視など，イングランドなど他国と共通する特徴を見出すことができる。それに加え，スコットランドに独自な特徴として，以下の内容を指摘できる（久保木 2014）。
① 自己評価に基づく学校ごとの査察プロセスの形成。
② 査察官と教員の間の専門性に基づく対話（Professional Dialogue）と助言的支援の重視。
③ 評価指標や6段階の判定を，外部への説明よりも改善のための，特に「反省的実践家」としての教師の振り返りのためのツールとして活用すること。
④ 査察機関と学校を媒介する存在としての地方教育当局の重視と3者のパートナーシップ（three way partnership）の形成。
⑤ 評価者と被評価者の双方向の対話と査察結果と改善点についての「合意」の重視。

総じてスコットランドの現代的学校評価システムは，「準市場」化を拒否し，従来の地域政策共同体とコミュニティを重視するガバナンスに対応して，公共サービスの供給主体たる学校と教師の専門性に対する信頼を基礎に，それらの職能改善を通じた質の向上を，教育サービスに責任を持つ自治体とスコットランド政府レベルの評価機関が評価を通じて支援する仕組みとなっているといえよう。

4 日本における現代的学校評価システム

1 日本における教育ガバナンス改革

日本において「1990年代以降に観察される教育におけるガバナンス改革はNPM型である」（青木 2009：43）といわれる。確かに，1990年代末から2000年代にかけ，日本では学校選択制の導入，学力テストの実施と学校別の結果公表，学校体系の多様化，そして学校評価制度の導入などが相次いで行われた。そしてそれらの改革を推進した勢力の中でも，後述するように特に内閣府系の諸会議等において，イギリスを含む諸外国のNPM型教育改革をモデルとする言説が多く見られた。他方で，日本におけるここ20年ほどの教育改革の「成果」は以下のようである。
① 学校選択制：2000年代から大都市部を中心に各自治体で導入が進んだが，

2012年時点で小学校,中学校とも全国で約15%の導入状況である。
② 学力テストの導入と結果公表：全国学力テストが2007年に導入された。結果については,都道府県ごとの平均点公表が中心であり文部科学省は結果の学校別公表には否定的であった。2014年には結果公表の判断が各市町村の教育委員会に委ねられることとなった。
③ 学校経営の権限：戦後,予算配分は市町村,教員人事は都道府県の教育委員会が所管し続けている。したがって学校運営の「自律性」は限定的といえる。
④ 学校体系の多様化：コミュニティスクールや小中一貫校などが設立され,多様化が徐々に図られている。他方で,義務教育公立学校の民営化は行われていない。

総じて,日本の教育分野においては,「準市場」化は進展しつつあるものの,イングランドと比較してその進展は遅く,規模は限定的である。利用者による「供給者の選択」やそのための「情報の標準化」は,全体として未確立であるといえる。もとよりイングランドのようにNPMがその理念型通りに展開する国はまれであり,NPMの影響を受けた場合にもその受容形態は多様である。したがって,日本では教育サービスの供給においてNPM化の進展が「一部にとどまっている」ということもできるし,「緩やかに進行している」ともいえる。

この複雑な状況の背景には,教育サービスの路線選択をめぐる主要なアクター間の分岐がある。戦後日本において教育政策については,文部科学省（文部省）が常に中心的な決定主体であった。しかし,社会経済環境の変化の中で,特に2000年代以降,政策決定に関わる主体は多元化する。教育分野に限らず,2000年代における公共サービス供給システムのNPM化をけん引したのは,小泉純一郎政権と第1次安倍晋三政権という2つの政権とその下で活動する内閣府系諸機関であった。特に,経済財政諮問会議,総合規制改革会議,さらに第1次安倍政権下の教育再生会議などが,NPM理念に基づき,学校選択制,学力テスト,教育バウチャー,および学校評価の導入を積極的に主張した。この動きの背景には日本経団連をはじめとする経済界の強い影響力があった。

これに対し,文部科学省は政策ごとに,妥協,抵抗,再編などの対応を行った（谷口 2012：144）。例えば,学校選択制の拡大につながる通学区規制の弾力化を

許容したのに対し，学校設置者を民間事業者に広げる案については特区のみ許容する，全国学力テストの導入については学校ごとの結果公表を行わないなどの「限定的な」措置が取られた。また教育バウチャー制度の導入については否定された。このような中央政府レベルの分岐に加え，各地域において生じた，学校選択制や学校統廃合，学力テストの結果公表などの政策に対して反対する動きもまた，NPM型教育改革の展開に対して影響力を持った。

　この結果，学校選択制や学力テストの結果公表，教育バウチャー，そして外部機関による学校評価を含めたNPM型教育改革は，当初期待されたほどには拡大しなかった。

　いずれにせよ，20世紀末以降の日本における教育ガバナンスでは，一方でNPMという強力な選択肢の登場に強い影響を受け「準市場」化が一定進行したが，他方では文科省を中心とした従来の政策共同体による統治構造も影響力を保持したまま存在し，さらに地域ごとにガバナンスの選択が異なるという複雑な状況となった。そして，この複雑さは，次に述べる教育サービスの統制構造にも表れることとなったのである。

2　日本における学校評価制度の展開

　日本における現代的な学校評価制度についての議論は，1990年代末から文部省を中心に本格化した。2000年代に入ると，文科省は各学校の学校自己評価と結果公表を方針化し，2002年に制定された学校設置基準において，第2条「当該小学校（中学校）の教育活動その他の学校運営の状況について自ら点検および評価を行い，その成果を公表するよう努めるものとする」との規定が盛り込まれた。初期の学校評価制度の導入は文科省の主導で行われ，各学校の教育活動を対象に教育目標に対する自己評価を行うことを「努力義務」とする，緩やかな制度としてスタートしたのである。

　これに対し2000年代に入ると，内閣府系の諸会議が，上述した教育サービスの準市場化にかかる提言と結びついた，NPM型行政統制としての学校評価システムの導入を提言した。これらの議論は，その後の小泉純一郎政権期において，経済財政諮問会議と総合規制改革会議から始まる規制改革系諸会議によって展開され，第1次安倍政権期においては教育再生会議によって繰り返し提言が行われ

た。

　2005年6月の経済財政諮問会議による「骨太の方針2005」では，「義務教育について，学校の外部評価の実施と結果の公表のためのガイドラインを平成17年度中に策定するとともに，学校選択制について，地域の実情に応じた導入を促進し，全国的な普及を図る」ことが明記された（経済財政諮問会議 2005：14）。続く2005年8月に出された規制改革・民間開放推進会議の「第2次答申」では，従来の画一的な教育サービス提供に対し「児童生徒・保護者というユーザー本位の教育を実現」するために，児童生徒および保護者による匿名の教員評価とその結果の処遇への反映，そしてそれらを含む学校評価システムを構築すべく「国は，授業評価，学級経営，生徒指導等を含む学校教育活動に関する児童生徒・保護者による評価を学校評価のガイドラインに位置付けるべき」ことが提言されている（規制改革・民間開放推進会議 2005：130-131）。

　これらの議論の特徴は，評価システムの導入が，学校選択制の拡大，学校経営権限の学校への付与，学力に関する情報公開と学力調査の導入，および教育バウチャーによる「児童生徒数を基準とする予算配分方式」への転換等の教育ガバナンス改革と連動する形で提言されていることである。さらに，続く第1次安倍政権下の教育再生会議では，教育成果を測るための「全国学力調査」の導入と「第三者機関（教育水準保障機関）による外部評価・監査システムの導入」（第1次報告），「国が各教科の到達目標を設定し，各学校がその到達目標を基準にして児童生徒の習得度を絶対評価すること」（第2次報告）などが提言された。

　福嶋（2011）は，規制改革系諸会議の制度構想が主に学校間・教師間競争の組織化を主眼とする「競争組織型学校評価制度」であるのに対し，教育再生会議の制度構想は国の設定した到達目標や成果の達成を重視する「教育成果管理型」であるとしている（福嶋 2011：141）。本章の整理に従えば，前者は市場型統制，後者は経営管理型統制に対応する構想であるといえよう。このように2000年代中盤までは，内閣府系諸会議によって教育におけるNPM型行政統制の導入が強力に主張されたのであった。

　さて，現在の日本における学校評価制度の基本的な枠組みは，文科省が2006年に定め改訂を続けている「学校評価ガイドライン」に規定されてきている。この「ガイドライン」の制定と改訂は，上述の内閣府系諸会議の動向や2007年教

育基本法改正等の情勢変化に対応しているが，評価システムの内実は，内閣府系諸会議が構想したNPM型統制システムとは異なるものとなっている。

　ここでは文部科学省「学校評価ガイドライン（平成22年改訂）」に沿って，その目的，評価主体，プロセスについて概観しよう（文部科学省2010）。ガイドラインでは，学校自己評価を中心として，それに学校関係者評価および第三者評価という外部評価を組み合わせることが推奨されている。

　まず学校評価の目的について。「ガイドライン」では，① 教育活動や学校運営について目標の達成状況や取り組みの適切さを評価し，改善を図ること，② 評価結果の公表により説明責任を果たし，保護者，地域住民等と協力して学校づくりを進めること，③ 設置者等が学校への支援や改善措置を通じて教育の質の保証と向上を図ること，が記されている。目的における特徴は，学校自身による改善，保護者や地域など学校関係者による改善，および設置者等による改善という，「重層的な学校改善」である。また「説明責任」は，学校関係者評価との関係で触れられるが，NPM型のように，保護者の学校選択のための情報提供という側面はなく，学校改善のための理解を進めるという文脈で触れられている。

　次に，評価主体について。上述のように「ガイドライン」では，学校自己評価，学校関係者評価，第三者評価の3つを組み合わせた評価システムを示している。この中で中心をなすのは学校による目標設定と自己評価であり，その自己評価の透明性を高めるために関係者評価がおかれている。したがって，この評価システムにおける主要な評価主体は，学校と校長をはじめとする教職員である。学校関係者評価では，「学校・家庭・地域を結ぶコミュニケーションツール」という言葉にも表れているように，学校・家庭・地域が連携して学校運営を改善することが企図されている。これをさらに外部から補完するのが第三者評価である。しかし第三者評価の実施は任意であり，法令上の実施義務，努力義務はない。

　このように，「ガイドライン」が提示する日本の学校評価システムは，各学校の教育と学校運営の改善を目的とし，学校ごとの目標設定と自己評価を中心として展開し，学校関係者がその自己評価の評価に加わる形で学校改善を支援していくプロセスが想定されている。このような学校自己評価中心のシステムに対しては，上述のように内閣府系諸会議のNPMに基づく改革提言を受けて，外部評価を導入することが求められてきた。しかし，現状では文科省の主導で作成された

「ガイドライン」は，市場型統制も経営管理型統制も評価システムとしては採用していないということになろう。

しかし，以上をもって日本における学校評価システムが全体として NPM 型統制システムと異なる方向に向かっていると単純に考えることはできない。日本の教育における評価制度は，イギリスのような能率と節約を重視する資源管理の色彩の強い業績測定と異なり数値化を避ける傾向が強い一方，学校評価と教員評価において「目標管理型」を採用している点は NPM に対応しているとする指摘がある（青木 2008：13）。また「ガイドライン」が公表され各地で学校評価が導入されているさなかに，全国学力調査が復活しており，イングランドと同様の統制システムとして機能する「危険性」を指摘する論者もいる（山本 2008：35）。

文科省が定める「ガイドライン」はあくまで中央政府の指導・助言の文書であり，現実の学校評価システムは自治体ごとに異なっている。その中で，いくつかの自治体は明確に NPM 型統制を企図した学校評価システムを導入している。代表的なものに，東京都の品川区，杉並区，足立区，そして大阪市を挙げることができるだろう。他方で少数ながら NPM 型のガバナンス改革と評価制度を拒否する動きも存在する。このように，中央政府レベルでも地方自治体レベルでも，教育に対するあるべき統制システムをめぐる分岐とせめぎ合いが存在しているのが日本の現状である。

5　小　　括

以上で検討したように，1990～2000 年代に制度化された現代的学校評価システムは，イングランド，スコットランド，日本の各国において，一定の共通項を有しつつもそれぞれ独自の発展を見せてきた。その分岐を規定したのは，各国において形成された教育ガバナンスの違いであった。

現代的学校評価システムは，ガバナンスの時代に対応して生まれた行政統制である。しかし，教育サービスを提供する学校は，このシステムの中にありながら，同時にさまざまな統制に服している。従来の行政統制にかかる主要な論点は，専門家集団による内在的統制の必要性や合理性が強調される中で議会による外在的統制を通じた民主的正統性を確保することであった。これに対し，今日では専門

家集団による内在的統制に対する信頼が低下する一方で，それを市場や外部評価機関による外在的統制に置き換えることに対しても，それによって公共サービスの質や民主的正統性が確保できるのかどうか，議論が続いている。このような状況下で，例えば教育サービスの「準市場」を前提に市場型統制や経営管理型統制が学校に求めるパフォーマンスの改善と，各学校が教育専門職の見地から取り組む改善と，子どもや父母の個別ニーズに応えることをめざす改善という複数の要請が，学校によせられることになる。したがって今後の行政統制の考察では，主要な統制手法の変化に注目するだけでなく，異なる統制手法を適切に組み合わせてよりよいサービスの質を確保する方途の探求にも，より一層の注意が向けられるべきだろう。

【さらに理解を深めたい人のために】

ジュリアン・ルグラン（2007）『準市場　もう一つの見えざる手——選択と競争による公共サービス』（後房雄訳）法律文化社。

マイケル・パワー（2003）『監査社会——検証の儀式化』（國部克彦・堀口真司訳）東洋経済新報社。

山谷清志編（2010）『公共部門の管理と評価』晃洋書房。

参考文献

青木栄一（2008）「評価制度と教育のNPM型ガバナンス改革（続・完）」『評価クォータリー』2008年4月号，13-22頁。

青木栄一（2009）「評価制度と教育のNPM改革」『日本評価研究』第9巻第3号，41-54頁。

木岡一明・窪田眞二編著（2004）『学校評価の仕組みをどう創るか——先進5か国に学ぶ自律性の育て方』学陽書房。

規制改革・民間開放推進会議（2005）「規制改革・民間開放の推進に関する第2次答申」（平成17年12月21日）。

久保木匡介（2009）「イギリス教育水準局の学校査察と教育の専門性（1）——1990年代保守党政権期を中心に」『長野大学紀要』第31巻第1号，45-58頁。

久保木匡介（2014）「現代スコットランドにおける学校評価——教師の専門性向上を軸とした学校自己評価と学校査察」『長野大学紀要』第36巻第2号，65-

79 頁。

久保木匡介（2016）「英国の学校評価システム――NPM 型行政統制の構造と陥穽」日本行政学会編『年報行政研究 51　沖縄をめぐる政府間関係』ぎょうせい。

経済財政諮問会議（2005）「経済財政運営と構造改革に関する基本方針 2005」（平成 17 年 6 月 21 日）。

児山正史（2004）「準市場の概念」『年報行政研究 39　ガバナンス論と行政学』ぎょうせい，129-146 頁。

谷口聡（2012）「現代における教育条件整備基準解体の枠組みと手法」世取山洋介・福祉国家構想研究会編『公教育の無償性を実現する――教育財政法の再構築』大月書店，129-165 頁。

長尾眞文（2007）「学校評価の理念と実践の課題」『日本評価研究』第 7 巻第 1 号，3-19 頁。

永田祐（2011）『ローカルガバナンスと参加――イギリスにおける市民主体の地域再生』中央法規。

西尾勝（1990）『行政学の基礎概念』東京大学出版会。

毎熊浩一（2002）「NPM 型行政責任再論」『会計検査研究』No.25, 103-117 頁。

森川由美（2013）「教育専門職による拡張型学習活動――スコットランドのカリキュラム改革」一橋大学社会学研究科博士論文。

森田朗（1998）「12　行政責任」森田朗編『行政学の基礎』岩波書店，198-214 頁。

文部科学省（2010）「学校評価ガイドライン（平成 22 年改訂）」。

福嶋尚子（2011）「中央政府における学校評価政策の展開と制度構想の特徴」『日本教育政策学会年報』第 18 号，136-150 頁。

山本由美（2008）『学力テスト体制とは何か――学力テスト・学校統廃合・小中一貫教育』花伝社。

山谷清志（1997）『政策評価の理論とその展開――政府のアカウンタビリティ』晃洋書房。

Barnham, June and Sylvia Horton (2012) *Public Management in the United Kingdom: A New Introduction*, Palgrave.

Education Scotland (2011) *Arrangement for inspecting schools in Scotland.*

Gilles, Donald (2009) The Politics of Scottish Education, in *Scottish Education: Fourth Edition*, Edinburgh, pp.109-119.

HM Inspectorate of Education (2002) *How good is our school? Using Performance Indicators*.

Hood, Christopher et al. (1999) *Regulation inside Government: Waste-Watchers, Quality Police, and Sleaze-Busters*, Oxford.

OFSTED (1995) *The OFSTED Handbook: Guidance on the Inspection of Secondary Schools*, TSO.

Power, Michael (1997) *Audit Society Rituals of Verification*, Oxford.

Stoker, Gerry (2004) *Transforming Local Governance: from Thatcherism to New Labour*, Palgrave.

第12章
NPO
政治的・社会的機能の維持・発揮のための方策

廣 川 嘉 裕

【本章のねらい】本章は，NPOがもつさまざまな政治的・社会的機能について概説したうえで，それらが行政の下請け化や過度な商業化によって損なわれないようにするための理論と取り組みについて紹介することを目的としている。

　NPOは，社会問題の当事者の「居場所」の創出や潜在能力の活性化，市民参加の促進，多様な価値観の表出，アドボカシーなどというかたちで多元的な社会の構築にとって重要な役割を果たしうる。他方で，NPOは自らを取り巻く制度や環境との関係から強く影響を受ける存在であるがゆえに，NPOをめぐる制度・環境のあり方次第では行政組織や営利企業に組織形態や活動内容が接近していく危険もある。そこで，そうした問題を回避しNPOの独自性を維持・発揮していくために，NPOが資源を依存する政府・行政との関係の再構築のための試みとNPOセクターの中での自己管理のための取り組みについて検討してみたい。

1　本章の問題意識

　近年，「新しい公共」という概念が提起され，それに沿った政策もいくつか展開されることになった。しかし，さまざまな政府の政策文書の中でNPOを「新しい公共」の担い手と捉える論調が広がっているが，そこではNPOは行財政をスリム化するための公共サービスのアウトソーシング先として期待されているという見方もある。「公共性の認知」は行政が行うものとされ，NPOの持つ社会的機能や民主主義との関係，政策形成における参加については等閑視されているといわれているのである（藤井2010e：131；原田・藤井2010：47）[1]。
　NPOは，サービスの提供のみではなくさまざまな政治的・社会的機能を担っ

ているが,これらの政治的・社会的機能を犠牲にして公共サービスのアウトソーシング先になることに過度に注力すれば資金提供と引き換えにNPOが政府・行政のサービス提供の下請け機関になる危険性も否定できない。

　他方において,NPOの活動には政府・行政からの支援も大きな役割を果たしており,政府・行政との関係を軽視(忌避)することはNPOの営利企業化をもたらすことにもなりかねない。NPOの受益者はサービスに対する費用を全く,あるいは一部しか支払えないことなどから,NPOが事業収入や寄付金といった民間財源だけで経済的に自立することは極めて困難である。それにもかかわらず,NPOがあえて政府財源に頼らない形での経済的自立の道を進もうとすれば,採算性にとらわれるあまり困窮者がNPOの利用やNPOへの参加から排除されるとともに,NPOの多様なミッション(使命)が歪曲されることになりかねない(原田・藤井 2010:27, 48-49参照)。

　NPOは,補助金や事業委託(政府による再分配),事業収入(市場による交換),寄付・ボランティア(コミュニティによる贈与や互酬性)から成り立つとともに政府の持つ全体的な公益目標,官僚的マネジメントや営利企業の持つ採算重視,マーケティング戦略などといった異なるセクターの目標・文化・運営メカニズムの影響も強く受ける存在である。政府や市場との関係のあり方次第では,NPOは行政に取り込まれたり営利企業化する可能性があるため,NPOにとっては自らのミッションや価値を維持しつつ他のセクターとの関係を有効に構築していくことが重要な課題となる(藤井 2010b:18-20)。

　「社会的使命が営利動機や政府(行政)機関の下請化によって駆逐されたとき,それはNPOとしての死を意味する」(藤井 2010b:7)といわれる。そこで,NPOが独自の政治的・社会的機能を喪失することなく政府・行政との関係性を構築していくための条件を検討することが,理論および実務の面で強く求められることになるのである。

1　この点については,松井(2003:2006a)も参照。

2 NPOの政治的・社会的機能

 NPOの機能としては，多様かつ柔軟・迅速なサービスを供給しうることがよく知られている。それは，基本的には普遍的（平均的）なニーズに対して法律や規則に基づき公正・公平にサービスを提供することが求められる政府・行政に対して，NPOは従来の考え方にとらわれることなく多様なニーズや価値観に対応し，緊急時などにはより素早い行動をとることが可能なためである。

 他方，NPOの機能はサービスの提供のみにとどまらないことも指摘しなければならない。NPOは，市民参加や民主主義の深化において政府や企業にとっては代替困難なさまざまな機能を果たしうる。そこで，ここからは，NPOの政治的・社会的機能をいくつか指摘したい。NPOが社会において果たしうる役割として，政治的な要素があるものを挙げるとすれば，①エンパワーメント，②参加の促進，③多様な価値の擁護，④アドボカシー，⑤監視（チェック）といった機能があるだろう。

1 NPOの社会的機能

 まず，エンパワーメントについて簡単に説明する。NPOでは，何らかの社会問題に直面した当事者を中心に彼ら／彼女らが「安心して，自分のままでいられる空間」（「居場所」といわれるような緩やかで小規模なコミュニティ）が作り出される。こうした場は，社会問題の当事者たちが社会的に孤立し自らに対する否定的なアイデンティティを形成していく状況から脱却して他者との関係を再構築し，お互いの経験・感情を共有しつつ肯定的なアイデンティティを回復するうえで重要な意味を持つ。また，そこでは他者との交流・社会参加の経験を通じて自らの能力・スキル・ネットワークといった潜在的な資源の再発見と活性化をする機会がもたらされうる。社会問題の当事者は，受け身の顧客ではなく主体的に行動する力を身につけ，自らの潜在的な可能性を解放していくという意味において，NPOはエンパワーメントにとって重要な基盤を提供するのである（藤井2013a：246-247）。

 次は，参加の促進である。NPOにおいては，多様な市民が寄付やボランティ

アなどを通じて自発的に社会貢献に参加する機会がもたらされると同時に，市民が社会サービスの「共同生産者」になることが促進されるという形で市民参加が促されることもある（藤井 2009：174）。サービスの送り手と受け手が重なる程度が高まれば，人々の満足度は高まり，コミュニティは強化されるといわれている（田尾 2011：75参照）。また，パットナムがいうように，コミュニティの問題への市民参加のネットワーク（ソーシャル・キャピタル）の蓄積は，政府による公共政策の遂行などに大きな影響を与える可能性がある（塚本 2004：28-29）。

2 NPOの政治的機能

NPOは，多様な価値を擁護する機能も果たしうる。サラモンがNPOを「価値の守護神」と表現しているように，人々はNPOを通してさまざまな価値観を表現することができる。つまり，NPOは多元主義や多様性，自由を涵養することができるというのである（サラモン 1999：17-18）。民主的な社会においては，多様な価値の共存が認められなければならず，特に既存の支配的な価値への異議申し立てが容易である必要があるが，市民活動は新たな価値に光を当てて社会にアピールし，浸透させる機能を果たすことで民主主義の深化をもたらす可能性がある（毎熊 2007：60注39参照）。

またNPOは，問題を抱え対応が必要な人の存在に対して注意を促したり，現行の政策の不備を指摘したりするというように，アドボカシーをすることもできる。アドボカシー活動には，マイノリティや社会的に不利な立場にある人々への一般社会の理解の促進およびそうした人々を支援するための社会環境の整備の促進といった側面（須田 2004：22）と，政府の政策や提案に対してコメントをしたり，自ら率先して政策の代替案を提示する政策提案という側面（ジョンソン 2002：206-207）などがある。

まずNPOは，政府セクター・市場セクターにおいて排除されがちなマイノリティに寄り添ってそのニーズに対して敏感に反応し，社会問題として顕在化させることで既存の排除的な公共圏の幅を広げ，多元性・複数性をもつ公共圏を生み出すという点で，社会的に排除されてきた人々の包摂と多元的民主主義の推進を担う重要な存在といえる（藤井 2010b：8）。また，多くのNPOが地域社会や市民との密接な関係を通じ市民の側に立って政策の社会的影響の評価について発信

することで,公共政策の評価にとって重要なフィードバックを提供している(レイド 2007:271)。多くのアドボカシー型 NPO は,政府の政策をより善いものに変えることを意図しており,政府の政策に対する正当な根拠と必要性をもった NPO の政策提言は,決して万能とはいえない政府の政策決定を補完し強化しうるのである(眞鍋 2009:88 参照)。

さらに,NPO には,政府や市場をさまざまな視点から監視し,世論に働きかけることで政府や市場に緊張感を持って説明責任を果たさせるようにするチェック(監視)機能もある(傘木 2005:178)。行政の無駄遣いや不正を追及する市民オンブズマンとよばれる組織や,環境への影響・労働条件・商品の品質などの面から企業活動をチェックし,市民に対する情報提供や批判・告発等を行う NPO の活動は,その例であるといえよう[2]。

つまり,NPO は単なる事業体ではなく質の高い社会の実現をめざす「社会の生産」の担い手であることを考えると,幅広い団体が市民活動を展開し,政府のあり方を問い公共的役割を担おうとしている点にも注意が必要なのである(牛山 2006:265-266)。

3 NPO の政治的・社会的機能にとっての脅威

1 「制度的同型化」とは何か

本節では,「制度的同型化」の理論を参考に,NPO の政治的・社会的機能にとっての脅威(NPO の独自性を脅かしうる要素)とそれがもたらす負の側面について論じる。

ディマジオとパウエルによれば,同型化には ① その組織が依存している他組織からの圧力,説得あるいは法的枠組みといったものによってもたらされる「強制的同型化」,② 環境が不確実であるため,先駆的な他組織を模倣することによってできるだけ少ないコストで環境に対処しようとする「模倣的同型化」,③ 専門家集団等の強固な価値観や政府による評価がもたらす「規範的同型化」がある。

---

[2] 企業活動をチェックし,市民に対する情報提供や批判・告発等を行う NPO の活動については,谷本(2002)参照。

「強制的同型化」は，制度的に上位に位置する組織から下位の組織に対する指令・規則といった明示的な形での圧力や報告義務といった黙示的な圧力により同一の制度選択が求められる過程である。「模倣的同型化」は，経営技術に対する不十分な理解や目標の曖昧さなどによって成功しているとされる組織の模倣がもたらされるものである。「規範的同型化」は，専門化の進行を通じた専門家集団の基盤と正統性の確立による共通の認識枠組みの形成，および専門家のネットワークの拡大が特定・同一の制度の選択をもたらすとするものである。

　そして彼らは，「ある組織は，他の組織に依存すればするほどその相手組織に構造・風土・行動の焦点が類似する」，「組織の目的が不明確であればあるほど，成功していると考える他の組織を模倣するようになる」，「組織の活動が行われる場がその存続にとって不可欠な資源を単一，あるいはいくつかの類似した供給元に依存すればするほど同型化の度合いが高まる」，「組織が活動する場においてモデルになりそうな組織の数が少なければ少ないほどそこでは急速に同型化が進む」，「組織が活動する場において専門化の度合いが高まれば高まるほど制度的同型化にあたる変化が生じる」などといった仮説を提示した（DiMaggio and Powell 1983；秋吉 2015：184-185；堀田 2012：673-674 注4）[3]。

　以上の理論モデルを参考に，NPO（の活動が）がいかなる条件の下で行政組織および営利企業に近似（同型化）していくのか，そしてそのことがどのような問題をもたらすのかを先行研究をもとに見てみたい。

2　行政の下請け化・行政への同型化の問題

　まず，行政の下請け化・行政への同型化をもたらす要因と，それらがもたらす否定的側面について述べる。

　行政の下請け化とは，「行政からの安価な委託の仕事を続けてゆくうちに，次第に活動の大半を行政からの仕事で占めるようになり，その結果，NPOとしての自発性，自由な発想や創造力を失っていくこと」（田中 2011：82）である。

---

[3]　ここで例示した仮説は，本章での議論に大きく関わるもののみである。なお，NPOにおける制度的同型化については，堀田（2012：664-672）が詳細に論じている。また，社会的企業における制度的同型化については，今井（2011：226-228）参照。

NPO が人的資源や運営能力の脆弱なまま委託に従事すれば，大半のエネルギーをその事業に費やさなければならなくなる。また，行政との委託契約には期間や再契約回数に限度がある場合が多いため，その事業が終了した後も組織の維持のために別の委託事業でつなぐことになり，結果としてメンバーや寄付者への対応がおろそかになっていくというのである（田中 2011：82-83）。
　行政からの委託が安価になる理由や，それにもかかわらず NPO が行政からの委託に依存していく理由としては，次の点が考えられる。
　原田は，NPO への委託契約は安価であるうえ積算根拠が不明確であるが，そのことについて自治体の担当職員も NPO のスタッフも認識が不足しており[4]，その背景には「ボランタリーな活動はただ」という思い込みがあるように思われるとしている。
　イギリスにおいても，企業と比較すると NPO に対してはサービスの対価に見合ったコストが支払われない傾向があるとされており，さらに煩瑣な事務手続もある政府からの競争的資金で収入を得ようとすればするほど数をこなすために一層委託事業への依存を強め，組織の使命よりも委託事業の遂行が優先される事態が生じているとされる。
　ボランティアの受け入れやモチベーションの向上にはそのための体制づくりの費用が必要であるが，こうしたコストを適切に計算することなく安い費用で事業を発注・受注すればそれだけ NPO は疲弊し，独自の活動を行う余地が狭まっていくことになるだろう（原田 2010c：72-73；原田 2010a：201 参照）。
　また，契約のあり方が行政の下請け化・行政への同型化を引き起こしうる。政府主導の契約関係がもたらす制度的な圧力は，組織をより官僚的にする可能性がある。それは，マネージャーや労働者が政府によって定められたルールに適応する過程の中で官僚的な行動を学び身につける傾向があるためである（Tsukamoto 2012：291）。
　それでは，行政の下請け化・行政への同型化はどのような問題をもたらすのか。

4　NPO との契約における行政側の客観的な積算基準の未整備と，NPO の側のこれに対する科学的根拠をもった主張の不十分さについては，松井（2010a：253；259-264）参照。

田中（2011：83-84）は，行政の下請け化した団体の特徴として以下の7つを挙げる。
1) 社会的使命よりも雇用の確保，組織の存続目的が上位に位置する。
2) 自主事業よりも委託事業により多くの時間と人材を投入する。
3) 委託事業以外に新規事業を開拓しなくなってゆく。新たなニーズの発見が減る。
4) 寄附を集めなくなる。
5) 資金源を過度に委託事業に求める。
6) ボランティアが徐々に疎外されている。あるいは辞めている。
7) ガバナンスが弱い。規律要件が十分に整っておらず，理事の役割についてあらかじめ組織内の正式合意事項として共有されていない。理事は，行政からの委託条件やコンプライアンスを守るための代理機能になっている。

3　営利企業への同型化（NPOの過度な商業化）の問題

次に，営利企業への同型化（NPOの過度な商業化）をもたらす要因と，それらがもたらす否定的側面について見ていく。

藤井は，日本のNPOが事業化傾向を強めている要因としてNPOの資金調達環境を指摘している。寄付文化の弱さ，行政の下請け化を助長する可能性のある条件の下での委託事業に対して，NPOが自らの使命に即した事業を展開するためには使途に規制がない一般市場からの事業収入の増加が重要と考えられるようになったというのである（藤井2007：86）。

アメリカにおいては，レーガン政権以降NPOの活躍する分野で政府からの補助が減少したことで，NPOにとって商業化して事業収入を得ることは財政的なサステナビリティの確保の重要な手段となった。また，医療・保健・社会サービスの分野等における営利企業との市場競争の激化によって，生き残りのために企業的な経営方針を模倣するようになったことなども，NPOの商業化の背景にあるという（藤井2007：87-88参照）。

欧州各国においては，公共サービスに市場原理が導入され，政府からNPOへの委託契約が増加したが，その性質として継続的な委託関係と安定的なサービス提供を特徴とする「パートナーシップ・モデル」から，サービスの提供コストの

削減や生産性を重視する「市場モデル」が促進されるようになったとされている（原田・藤井 2010：36）。

　こうした「市場モデル」に見られるような競争的な資金提供も，NPO の活動を大きく変容させる要因になりうる。原田（2010a：198-199）によれば，NPO の社会的機能の適切な評価がないまま（競争入札などという形で）政府資金の提供における競争的な要素が強まると，事業者にとっては評価の対象になりにくい価値の実現に対するインセンティブが薄れる。また，発注者にとっても不確実で客観的に示しにくい社会的機能を積極的に評価することは顧客や納税者に対するアカウンタビリティという観点から困難と考えられるようになるため，評価のための指標の標準化が進む。こうしたことによって，公的資金を受ける NPO の官僚的なマネジメント構造が強化されるのである。

　それでは，NPO の企業性の追求，あるいは営利企業への同型化にはどのような問題があるのであろうか。

　藤井（2007：89-90）は，通常官僚制化や専門化，利用者と供給者の明確な分離や規模拡大を伴う企業性の追求は，利用者やボランティアの参加，地域コミュニティとの密着という方向性に逆行するものであり，NPO の地域社会のニーズに対する密着や柔軟で革新的な事業展開を阻害する可能性があるとする。また，藤井（2010f：ⅲ）は，営利企業への制度的同型化（NPO の過度な商業化）がもたらす否定的側面として採算性の重視による困窮者の排除やそれに伴うミッションの変容，ボランティアの減少，競争によるネットワークの阻害，企業からの不公正競争への批判といった問題を招来する可能性を指摘している。

　また，原田（2010a：199-200）によれば，NPO がサービスの供給以外に有している「キャンペーン」「コミュニティ形成」「当事者の声の代弁」といった機能は，数値化が困難であるためアウトプット指標に代替されたり価格の多寡で評価されることになりがちである。しかし，成果指標の測定や監査対象がサービスの直接的な成果にとどまれば，（「キャンペーン」「コミュニティ形成」「当事者の声の代弁」を通して）市場原理に基づく消費者主義から排除された人々をエンパワーメントする力や「分断化されてしまった人たちを結び付け，声なき声を拾い，問題解決能力を高めていこうという共同統治（co-governance）を具現化していく力」といった価値が複線化されてしまうことになる。

粕谷（2009：298）は，以下のように述べているが，これは「社会的企業」を「NPO」に置き換えてもよい指摘であろう。

> 最悪の事態は，……「社会的企業」が「社会的」であるが故に動員する各種の社会的関係資源（ボランティア労働，寄付，社会的信頼，連帯等々）を，営利企業（低賃金，劣悪労働条件の非正規労働にますます多く依存する）とのサバイバル競争に動員することになり，地域の労働者の賃金，労働条件を引き下げるように機能するばかりでなく，結局は，「社会的企業」を存立させた社会的関係資源をボロボロにしかねないことである。

4 「行政の下請け化」と「NPO の商業化」への対抗に向けた理論と取り組み

前節まで見てきたように，NPO は柔軟かつ多様なサービスの提供だけでなくさまざまな政治的・社会的機能を有しているが，活動環境のあり方次第では行政組織および営利企業に組織形態や活動内容が近似していき，その独自性が損なわれてしまう可能性も大きい存在であるといえる。そのため，NPO への資源（資金）供給源である政府・行政と NPO との関係の再検討，そして NPO 自らがその独自の存在価値を維持・発揮していくための意識的な取り組みが求められることになる。

そこで本節では，NPO が行政の下請け化・行政への同型化，あるいは過度な商業化をしていくことに対抗するための理論と実践について先行研究をもとに論じていくこととする。

1 「行政の下請け化」への対抗に向けた理論と取り組み

行政の下請け化を回避するための方策としてまず考えられるのが，「フルコスト・リカバリー」である。[5]

フルコスト・リカバリーとは，イギリスの中間支援組織の ACEVO（Associa-

---

5 日英におけるフルコスト・リカバリーについては，馬場（2013：第 5 章）にも詳しい。

tion of Chief Executives of Voluntary Organisations) が研究・提言した概念であり，契約の積算において直接費だけでなく間接費も含めて事業の実施のために必要な費用を全て回収するという考え方をさす。イギリスでもかつては政府セクター等の資金提供者が間接費を負担することに消極的であったとされるが，間接費の負担がないことは NPO の発展を阻害するという声が NPO の間で高まり，資金問題の研究に着手した ACEVO が 1999 年に研究レポート「誰が間接費を負担するのか」(Who pays for core costs？) を発表した。その後，政府と NPO セクターの間で取り交わされた「コンパクト」(盟約) の行動指針として策定された「資金コード」で間接費を考慮する必要性が書き込まれるとともに，財務省の 2002 年のレポートでも全省庁でフルコスト・リカバリーに取り組むことが明言されたことで認知度が高まっていった。NPO セクターでも，中間支援組織を中心としてテンプレートの発表や研修プログラムなどで，フルコスト・リカバリーを普及させる取り組みが行われている（松井 2010a：264-266）。

　日本においては，愛知県の実務者会議で議論を行った結果，事業委託においては直接費に対して 30％の間接費を上乗せすべきということが県の報告書に載せられることとなった（馬場 2011a：31）。これで十分であるかについてはまだ結論が出ているとはいえないが，それまでの間接費の支払い状況と比較すると一定の

6　ただし，必ずしも政府から支払われる助成金や事業委託費で完全に費用を回収できなければその助成金や事業委託を受けるべきではない，というわけではないという考えもある。つまり，組織にとってよい事業であれば当面組織の積立金の一部を使って事業をしながら政府と交渉して不足分を埋めていくこともできるということである（バブ 2011b：25-26）。馬場（2011b：40）は，「フルコストっていうのは，それを必ず回収しなければいけないということではなくて，足りないなら足りないで，それでもやらなくちゃいけない事業だとか，他から財源を持ってくる努力が必要だとか，そういうことを団体内で見極めるためのツールだと思います」と述べている。

7　さらに，NPO の側も自分たち自身の活動（サービス提供）にかかるコストを計算するのが苦手であり，そのフルコストを把握できていないという問題もあった（バブ 2011a：17-18）。

8　間接費の負担がない場合，NPO のスタッフが資金調達に追われて NPO の戦略づくりや他の機関とのネットワーク形成などの NPO の発展に不可欠な業務が犠牲になったり，長期的なビジョンを構想する余裕をもてず活動が場当たり的になることなどが問題として指摘される（松井 2010a：265 注 8）。

意義がある可能性があるといえるだろう。

　フルコスト・リカバリーの導入にあたっては，行政側の理解とNPO側の意識改革が求められるが，同時に①必ずしも全てのNPOがフルコスト・リカバリーを求めているわけではなく普及が困難であること，②財政削減が合言葉になっている中でフルコスト・リカバリーを主張しても認められるのは難しいこと，という現実的な問題があるとされている。しかし，NPOが自らの活動にかかるコストを可能な限り適正に把握し，それを回収するための調査研究および議論を行っていくことは，NPOセクターの発展にとって極めて重大な課題であるといえるのである（松井 2010a：272-276）。

　さらに，NPOが行政の下請け化することを回避し，独自性を発揮できるようにするためには，①「セクター間の協議・交渉の場づくり」と，②「サード・セクターの社会的価値に対する評価のあり方」を検討することが重要となる。[9]

　NPOがサービス供給者として準市場や委託契約を通じて資金を調達することは，他律的統制の強化（資金提供者や市場における顧客へのアカウンタビリティの重視）とコミュニティ形成機能やアドボカシーなどの価値の複線化をもたらす可能性がある。また，競争的な資金の比重が高まることで，資金獲得をめぐるNPO間の競合関係の激化と水平的な連帯関係の弱体化が引き起こされ，NPOの使命の持続的な達成が困難になる可能性がある。これに対して，NPOの側はセクターとしてのまとまりを形成し，一定の公共性を帯びた形で政府・行政と適切なパートナーシップをめぐっての交渉をしていくことがまず重要となる。

　NPOを含むサード・セクターの社会的価値に対する評価に関しては，NPOの活動によってもたらされるさまざまな付加価値を公契約の際に適切に評価する制度や政策の用意が重要となる。特に随意契約においては，達成すべき事業目標や取り組むべき社会的価値について協議のうえで契約を締結できるため，発注者・

9　原田は，「自治体のパートナーシップ施策が，組織間学習の回路となり，ボトムアップ型の政策形成の基盤として機能するため」に求められることとして「セクター間の協議・交渉の場づくり」と「サード・セクターの社会的価値に対する評価のあり方」について論じている。組織間学習やボトムアップ型の政策形成については本章で（詳細に）扱うことはできないが，これらはNPOが行政の下請け化することを回避するうえでも有用な指摘であると思われるので，ここで参照したい。

受注者双方の意向が事前に確認でき成果の確認もしやすく，契約書にコストの実額を記載することで無理のない安定的なサービスの供給が可能になりうる。随意契約は，特定組織との癒着などをもたらしかねない危険性がある。そのため，政府・行政の側には契約当事者に期待する社会的価値とその評価のし方を積極的に表明することや，そのためにNPO等と協議・交渉を通じて政策的要素を含む契約に係る準則を制定・公開するとともにその準則を定期的に改善・改良していくことが求められる。同時に，公的資金を受けようとするNPOを含むサード・セクターの側にも，ステークホルダーの関与を受けつつ自らの社会的機能を明確に規定し，それに即した評価基準を構築することが求められるということになる（原田 2013a：19-25 参照）。

2 「NPOの商業化」への対抗に向けた理論と取り組み

次に，営利企業への同型化（過度な商業化）を回避するための方策について検討してみたい。

原田（2013b：147）は，企業への同型化のプレッシャーに対抗するには「サード・セクター固有の機能とそれに基づく社会的価値をどう正当化できるかということが，重要な争点」であるとする。そこで，ここからは第2節で述べたNPOの重要な政治的・社会的機能，特に「参加」という観点を中心にNPOの独自性を保つうえで考えられるポイントを整理していくことにする。

NPOが営利企業への同型化を回避し，自らの独自性を維持・発揮していくうえでまず重要となるのは，当事者の組織のガバナンスへの参加（民主的な組織形態）であろう。

藤井によれば，メンバー（特に社会問題の当事者など）の組織のガバナンスへの民主的参加は，当事者のニーズを無視し得ない声として組織の意思決定プロセスに反映させ，社会的使命の風化の抑止と経営者による機会主義的な行動を抑制することにつながる（藤井 2013b：66 参照）。社会的使命が実質的な裏付けをもつためには，当事者の声が聴かれ続け，彼らのニーズが組織内で学習され続ける必要があるが，そのためには「当事者の参加，あるいは少なくとも，当事者との継続的な対話が可能な組織形態は決定的に重要」とされるのである（藤井 2013c：214-215 参照）。

また，当事者，ボランティア，労働者を含むマルチ・ステークホルダーの参加は，（コンフリクトを生み出す場合もあるが，）異なるステークホルダーの出会いと対話により「現場の知識」が蓄積され，社会問題の可視化や当事者の潜在的なニーズや資源（能力）の顕在化と，それらに基づいた新しい事業やプログラムの「共同生産」および社会運動・政策提言につながる可能性がある。多様なステークホルダーの参加や幅広いネットワークの構築は，多様な知識・技術や資源の動員とそれらの相乗効果を通じた問題解決を可能にしうるという点において，組織学習・組織間学習において不可欠の要素とされているのである（藤井 2013d：104-106）。

　NPOが営利企業への同型化を回避し，自らの独自性を維持・発揮していくうえで次に重要となるのは，「社会監査」である。

　先に述べたように，NPOを含むサード・セクターの社会的価値を公契約の際に考慮するのであれば，自らの生み出す社会的価値の評価は避けて通れない。また，そうした評価は当事者のニーズについての組織学習等にも密接に関係する。評価をめぐってはさまざまな立場や困難な問題もあるが，NPOを含むサード・セクターの発展にとって重要なのは組織目標そのものの適切さや優先順位に関するアカウンタビリティを確保するための評価であり，問われるべきは「本当に当事者のニーズに沿った社会的目的が構築されているのか，また，そうした社会的目的が維持されているのか」であるとされる（藤井 2013e：128-131）。

　このような形の評価を行う際に有用なのが，「社会監査」とよばれる手法である。社会監査とは，組織が社会的な業績や倫理的行動に対して説明責任を果たしたりその業績について報告・改善する過程であり，当事者を含むステークホルダーが組織目標や評価基準の設定に参加したうえで質的データも含めて業績基準に関連したデータを集積して評価を行い，ステークホルダーの代表や第三者の立会いの下監査報告書を作成して次年度の社会監査のサイクルに活かすものである。こうした社会監査はステークホルダーのニーズの顕在化，彼らの間での対話の促進，組織の課題の明確化と評価自体の不断の問い直し等をもたらすものであり，高い公益性の確保と公的資金の導入に対する正当性の調達を追求するとともに，NPOが（政府や）営利企業に制度的同型化をしていくことに対抗していくうえで重要な意味を持つものとなるのである（藤井 2013e：131-132；原田 2013b：

171-173；堀田 2012：431 注 12）。

　社会監査に関しては，①ステークホルダーの参加方法の適切さ＝社会監査の公正な実施の確保，②社会監査を実施するための時間的・経済的負担という課題や問題もある。これに対して，政府（自治体）や民間からの社会監査の資金・人材・ノウハウの面での支援を通じて NPO の健全な発展を社会的に支えていくことで，NPO が「市民パターナリズム」に陥ることを防ぐ仕組みづくりが，非営利セクターにとっての最も重要な課題の 1 つであるといわれている（村山 2001：113）。

5　残された課題

　最後に，NPO が行政の下請け化および営利企業化することを回避し，NPO の機能を発揮するための政府―NPO 関係の再構築，および NPO セクター自体の基盤強化について残された課題として，ここまで十分論じられなかった点をさらに指摘するとすれば，中間支援組織の存在やその活動の重要性についての議論がある。

　中間支援組織とは，資源提供者（寄付者・ボランティア等）と NPO の間での資源の媒介（仲介），マネジメント支援，NPO 間のネットワーキング，NPO 関連の社会啓発活動，NPO セクター発展のための調査研究，政策提言等の多様な役割を担い，またこうした機能を組織の主なミッションとする組織であるが（藤井 2010d：84-85），本章で述べてきたこととの関連でいえば，とりわけセクター間の交渉やセクター内における NPO の（社会的機能に関する）評価について積極的役割を果たしていくことが期待される。[10]

　日本においては，「NPO の中間支援組織の多くは，情報提供や場所貸し程度の活動にとどまり，肝心の政府・自治体との交渉やアドボカシーといった機能が抜け落ちているように見える」（原田 2010b：184）とされている。しかし，NPO の

---

[10] セクター間の交渉における中間支援組織の役割については，松井（2010b）を，セクター内における NPO の（社会的機能に関する）評価については，社会的企業について述べたものであるが藤井（2013e：131-132）を参照。

「社会変革性」の発揮のためには，NPO セクターとしての戦略を内部で議論し，セクターとして対外的に発言することが最も現実的であるとともに，NPO が行政の下請け化することなく対等に発言するためには中間支援組織の力量向上とそれを通じた NPO セクターの能力強化と信頼保証の役割の発揮が必要であるともいわれている（松井 2006b：156-157）。「『セクター』というからには，これらの個々の活動がバラバラに存在するだけではなく，互いにその価値観の多様性を認め合いながらも，それらを総体として社会的に位置づけ，その存在意義を自己認識することが必要になる」（山岡 2011：47）といわれるが，このようにセクター間の交渉や NPO がセクターとしての独自性を発揮していくために果たすべき中間支援組織の役割は，ますます大きくなっていくだろう。

　もっとも，中間支援組織が支援対象とする NPO の支払い能力や NPO の利害表出・政策提言といった事業の収益性を考えると，中間支援組織に対しても公的資金の供給は不可欠であると考えられる（藤井 2010d：100-101）。そして，公的資金を受けるのであればその正当性を示すことが求められるが，それには（政府の側というよりも）中間支援組織の側で自らの社会的機能を規定し，独自の評価基準を打ち出しながら評価を行うことが一般企業や政府への同型化を回避するうえで重要となる（藤井 2010a：248-249 参照）。ここでもまた，政府・行政と NPO との関係性や NPO セクター内部でのアイデンティティの確立，および自己革新が大きな課題となるのである。

【さらに理解を深めたい人のために】
坂田周一監修，三本松政之・北島健一編（2014）『コミュニティ政策学入門』誠信書房．
田尾雅夫・吉田忠彦（2009）『非営利組織論』有斐閣．
山本隆編（2014）『社会的企業論――もうひとつの経済』法律文化社．

参 考 文 献
秋吉貴雄（2015）「政策決定と制度――行動のルールと構造は政策にどのような影響を及ぼすのか？」秋吉貴雄・伊藤修一郎・北山俊哉『公共政策学の基礎［新版］』有斐閣，168-186 頁．

今井貴子（2011）「イギリスの公共サービス改革と社会的企業」大沢真理編『社会的経済が拓く未来——危機の時代に「包摂する社会」を求めて』ミネルヴァ書房，221-249頁．

牛山久仁彦（2006）「社会運動と公共政策——政策形成における社会運動のインパクトと『協働』政策の課題」『社会学評論』第57巻第2号，259-274頁．

傘木宏夫（2005）「公共部門における環境NGO・NPOの役割を考える」横倉節夫・自治体問題研究所編『公民の協働とその政策課題』自治体研究社，173-215頁．

粕谷信次（2009）『社会的企業が拓く市民的公共性の新次元（増補改訂版）——持続可能な経済・社会システムへの「もう一つの構造改革」』時潮社．

サラモン，レスター M.（山内直人訳）(1999)『NPO最前線——岐路に立つアメリカ市民社会』岩波書店．

サラモン，レスター M.（江上哲監訳）(2007)『NPOと公共サービス——政府と民間のパートナーシップ』ミネルヴァ書房．

ジョンソン，ノーマン（青木郁夫・山本隆監訳）(2002)『グローバリゼーションと福祉国家の変容——国際比較の視点』法律文化社．

須田木綿子（2004）「社会福祉領域における民間非営利組織の日米比較——アカウンタビリティジレンマの視点から」『季刊家計経済研究』第61号，20-28頁．

田尾雅夫（2011）『市民参加の行政学』法律文化社．

田中弥生（2011）「強く自立したNPOへ——民が担う公共領域の好循環」坪郷實・中村圭介編『新しい公共と市民活動・労働運動』明石書店，73-101頁．

谷本寛治（2002）「NPOと企業の新しい関係」谷本寛治・田尾雅夫編『NPOと事業』ミネルヴァ書房，14-49頁．

塚本一郎（2004）「NPOの経済・政治理論」塚本一郎・古川俊一・雨宮孝子編『NPOと新しい社会デザイン』同文舘出版，17-35頁．

馬場英朗（2011a）「ACEVOのフルコスト・リカバリー・ツール」後房雄編『フルコスト・リカバリー（総費用の回収）——サードセクターが公共サービスを担うために』日本サードセクター経営者協会，30-35頁．

馬場英朗（2011b）「中央省庁の事例」『フルコスト・リカバリー』36-40頁．

馬場英朗（2013）『非営利組織のソーシャル・アカウンティング——社会価値会計・社会性評価のフレームワーク構築に向けて』日本評論社．

バブ，スティーブン（2011a）「イギリスにおける公共サービス改革とサードセクター」『フルコスト・リカバリー』15-19 頁。

バブ，スティーブン（2011b）「イギリスのサードセクターの新しい挑戦」『フルコスト・リカバリー』20-29 頁。

原田晃樹（2010a）「英国におけるサード・セクターに対する公的資金」原田晃樹・藤井敦史・松井真理子『NPO 再構築への道――パートナーシップを支える仕組み』勁草書房，190-218 頁。

原田晃樹（2010b）「英国におけるパートナーシップ政策」『NPO 再構築への道』159-189 頁。

原田晃樹（2010c）「日本における NPO への資金提供――自治体の委託を中心に」『NPO 再構築への道』54-82 頁。

原田晃樹（2013a）「新しい公共における政府・自治体とサード・セクターのパートナーシップ」日本地方自治学会編『「新しい公共」とローカル・ガバナンス』（地方自治叢書 25），敬文堂，3-31 頁。

原田晃樹（2013b）「サード・セクターと政府セクターの協働――日英の政策動向とアカウンタビリティ」藤井敦史・原田晃樹・大高研道編『闘う社会的企業――コミュニティ・エンパワーメントの担い手』勁草書房，144-175 頁。

原田晃樹・藤井敦史（2010）「NPO と政府との協働」『NPO 再構築への道』26-53 頁。

藤井敦史（2007）「ボランタリー・セクターの再編成過程と『社会的企業』――イギリスの社会的企業調査をふまえて」『社会政策研究』編集委員会編『社会政策研究』第 7 号，東信堂，85-107 頁。

藤井敦史（2009）「社会集団と組織（NPO）」岩田正美・大橋謙策・白澤政和監修，三本松政之・杉岡直人・武川正吾編『社会理論と社会システム』ミネルヴァ書房，167-182 頁。

藤井敦史（2010a）「英国における地域インフラストラクチャー組織の機能――GAVCA の事例から」『NPO 再構築への道』219-251 頁。

藤井敦史（2010b）「NPO とは何か」『NPO 再構築への道』1-25 頁。

藤井敦史（2010c）「『社会的企業』とは何か――2 つの理論的潮流をめぐって」『NPO 再構築への道』103-123 頁。

藤井敦史（2010d）「地域密着型中間支援組織の機能とその課題――CS 神戸を事

例として」『NPO 再構築への道』83-102 頁。

藤井敦史（2010e）「日本における社会的企業概念の受容と研究の課題」『NPO 再構築への道』124-158 頁。

藤井敦史（2010f）「はじめに」『NPO 再構築への道』 i -iv 頁。

藤井敦史（2013a）「NPO とコミュニティ・エンパワーメント」坂田周一監修, 浅井春夫・三本松政之・濁川孝志編『新・コミュニティ福祉学入門』有斐閣, 243-252 頁。

藤井敦史（2013b）「企業サイド・アプローチの批判的検討」『闘う社会的企業』56-78 頁。

藤井敦史（2013c）「社会的企業のハイブリッド構造と社会的包摂」藤村正之編『協働性の福祉社会学——個人化社会の連帯』東京大学出版会, 203-223 頁。

藤井敦史（2013d）「ハイブリッド構造としての社会的企業」『闘う社会的企業』79-110 頁。

藤井敦史（2013e）「ハイブリッド構造を可能にするために——欧州 WISE の実態から見えてきた理論的課題」『闘う社会的企業』111-143 頁。

堀田和宏（2012）『非営利組織の理論と今日的課題』公益情報サービス。

毎熊浩一（2007）「市民の行政統制術・鼎談編——『まちドック』からみた松江市行政経営の一断面」『季刊行政管理研究』第 118 号, 45-66 頁。

松井真理子（2003）「NPO セクターと公的資金——地方分権と『新しい公共』の視点から」『四日市大学総合政策学部論集』第 3 巻第 1・2 号, 73-89 頁。

松井真理子（2006a）「自治体における『新しい公共』と NPO の社会変革性——NPO セクター会議の設立に向けて」『四日市大学総合政策学部論集』第 5 巻第 1・2 号, 37-55 頁。

松井真理子（2006b）「自治体における『新しい公共』をめぐる NPO の現状と課題」『法の科学』第 37 号, 日本評論社, 152-157 頁。

松井真理子（2010a）「NPO と自治体との契約の現状と課題——フルコスト・リカバリーの可能性を中心に」『NPO 再構築への道』252-277 頁。

松井真理子（2010b）「協働を促進する中間支援組織——NPO セクター会議」『NPO 再構築への道』278-299 頁。

眞鍋貞樹（2009）『NPO のチャレンジ』一藝社。

村山浩一郎（2001）「非営利組織と社会的監査——英国スコットランドの事例か

ら」『社会福祉学』第41巻第2号，107-116頁。

山岡義典（2011）「社会福祉における市民セクターの意義と課題——3.11と改正NPO法を見据えて」『社会福祉研究』第112号，鉄道弘済会，47-55頁。

レイド，エリザベス J.（2007）「NPO・アドボカシーと政治参加」ボリス，エリザベス T.・スターリ，C. ユージン編（上野真城子・山内直人訳）『NPO と政府』ミネルヴァ書房，264-299頁。

DiMaggio, Paul J. and Walter W. Powell (1983) 'The Iron Cage Revisited : Institutional Isomorphism and Collective Rationality in Organizational Fields,' *American Sociological Review*, 48(2), pp.147-160.

Tsukamoto, Ichiro (2012) 'The Potential of Nonprofit-Government Partnership for Promoting Citizen Involvement,' in Victor Pestoff, Taco Brandsen, and Bram Verschuere (eds.) *New Public Governance, the Third Sector and Co-Production*, New York : Routledge, pp.281-294.

第13章
政策調整
政府横断的な政策調整・管理機能のあり方

武藤 桂一

【本章のねらい】本書がテーマとする「ダイバーシティ」を具体的な行政運営面から考えると，政策目的，政策対象，政策作成主体，政策実施主体等々の側面が想定されよう。現実の行政運営においては，それら多様な政策，主体を1つの政策体系としてまとめ上げることが必要となってくる。というのも，行政運営には法体系，予算，組織，時間等の様々な制約があり，ダイバーシティを実現すること自体が政策目標である場合を除けば，こうしたダイバーシティを現実の行政運営の範囲内に適合していく試みが必要となってくるからである。そこで，本章では行政においてダイバーシティを実現することで発生してくる「統合」や「調整」の問題について考えてみることとする。行政には本来分節化を招く傾向があり，我が国の行政組織にはこうした問題をさらに強める性質を持っている。こうした点を踏まえて我が国において統合や調整がどのように行われてきたのか，今後どうあるべきなのかについて考えることとする。

1　官僚制と専門分化

1　専門官僚制の確立

　近代民主主義国家の発展初期，とりわけイギリスやアメリカにおいては，官職は選挙の勝利者等により政治的・恣意的に配分されていた。選挙という政治的競争における成果（獲物）として官職をとらえる「猟官制（スポイルズ・システム）」や政党の関係者に官職を配分する「情実任用制（パトロネージュ）」がその例である。
　しかしながら，こうした官職の取り扱いは官職をめぐる腐敗を招くだけでなく，官職にあたる者が当人の行政能力とは関係なしに政治的に選ばれることから，近

代化が進み複雑化していく行政に対応可能な専門知識を備えた人材が官職に任命されず，行政における公共目的の実現に対して致命的な欠陥を招く可能性を持つこととなる。これらの問題に対応するため，イギリスのノースコート＝トレヴェリアン報告書（1854年）やアメリカのペンドルトン法（1883年）において官職を個人の能力を基準として公開競争試験により任用する仕組み，当事者の能力や業績に従って昇進する仕組みの構築が求められることとなる。

こうした要請に応じて整備された「資格任用制（メリット・システム）」は，従来の官職任命の弊害を除くとともに，近代国家に対応した官職任用のあり方を規定するものとなり，官職は能力すなわち業務に関する専門知識を持つ専門家の集団として組織され，近代的公務員制度が形成されることとなる。

2　行政の専門分化と分節化

20世紀初頭に提唱された経営学の端緒とも言われるテイラーによる科学的管理法は，企業経営における効率性の向上のため，生産現場における熟練職人による生産を前提とした生産管理から業務の標準化等による分業体制を前提とした生産管理への転換を求めた。こうした生産管理の発想の転換は，政治学とは別個の領域を持つ新しい学問として19世紀末に誕生した行政学にも大きな影響を与える。行政学が政治学とは異なる学問体系を構築する論拠の1つとして求めたのが効率であり，科学的管理法が企業経営において追求すべきものと類似の効率が行政運営にも必要であるとして，経営学から多くの知見を取り込んでいく。

また，19世紀末から20世紀初頭にかけて活躍した社会学者ウェーバーは，国家における支配の形態として「伝統的支配」「カリスマ的支配」「合法的支配」の3つの原則を提示し，近代国家的な支配形態としての合法的支配における支配の実現手段として合理的，合法的性質を持つ官僚制を不可欠なものとした。そのうえで，近代官僚制の1つの特徴として専門知識に基づく分業制を挙げた。このようにして，20世紀における行政運営は専門知識集団としての公務員組織を持つ官僚制において効率を追求するものとして発達していく。

3　現代国家と行政の専門化

第2次世界大戦終了後の現代国家では，行政の担う役割がさらに増大し，いわ

ゆる行政国家化が進むこととなった。こうした行政国家現象においては，行政の役割が量的に増大するだけでなく，社会保障分野を中心として行政が担うべき分野が多岐にわたり，かつ複雑化・高度化している。さらに，国民の価値観の多様化に従って，行政に求められる役割も多様化し，行政運営を支える官僚組織に必要な専門知識もより多様なもの，より高度なものが求められることとなる。

1980年代以降，各国における行政を席捲したNPM（New Public Management）に依拠した市場主義的（新自由主義的）な行政改革では，「小さな政府」が志向されるが，その改革は政府の直接的財政支出や政府が直接雇用する人員の削減を目指したものであっても公的役割の縮小を必ずしも意味するものではなかった。政策実施機能部分を政府部門から切り離したり，政策実施を企業等の民間主体に委ねたりといった行政運営の効率化を求めた諸改革においても，政策立案，実現の責任は行政にとどまり，そうした責任を担保するために専門知識の必要性が減ずることはなかった。さらに，21世紀を迎えるに至り，ICT化の進展等に伴って現代の国家はますます複雑化し，行政はさらに高度な専門化が必要となった。

しかしながら，人間が持ちうる専門知識には限界があり，個々の専門性を持つ多様な人材による官僚制組織が不可欠のものとなるのである。こうした現代社会への対応を進めていくうえで，官僚制組織内部の専門分化による細分化・分節化は避けられないものとなる。

2 我が国における行政の分節化

1 行政分担管理原則と行政の分節化

現代の行政が必要とする専門性ゆえに行政組織が個々に高度な専門性を持ち内部で細分化されることに加え，行政内部における分節化をさらに強固にする我が国独自の事情も存在する。我が国の行政運営においては，行政各部（各府省）がそれぞれの行政分野実施の責任を持つといういわゆる「分担管理の原則」が存在する。内閣法第3条第1項では「各大臣は，別に法律の定めるところにより，主任の大臣として，行政事務を分担管理する。」とされており，内閣が行う行政事務は各府省大臣の責任の下に分担して管理される。この原則において，行政各分野の執行の最終責任は内閣総理大臣ではなく各府省大臣にあり，行政における

様々な権限行使も各府省大臣の名のもとに行われることとなる。先に見たような行政組織内部の各部署において細分化された行政を統合する役割もその組織の長たる各大臣に期待される。

　では，各府省単位に分節化された問題を各府省の枠を超えた行政全体という視点で統合する役割は内閣の長たる内閣総理大臣が果たすのかというと，それは必ずしも容易ではない。内閣法第4条第1項では「内閣がその職権を行うのは，閣議によるものとする。」とされており，内閣は内閣総理大臣が自らの意思のみで運営できるのではなく，閣議という合議を経てその意思を決定することとされている。しかも，閣議においては伝統的に全会一致での決定が慣例とされており，それは時として閣議の構成員である各大臣の拒否権ともなりうる。こうして，分担管理原則の下で内閣を構成する行政各部，とりわけ各府省を単位とする分節化は強固なものとなる。

2　公務員人事管理と分節化

　我が国の行政運営の特徴である分担管理原則においては，各府省において政策を立案し，実行する職員の人事権も各府省大臣が持つ。我が国の国家公務員は人事院による国家公務員試験を経てその結果を元に各省での面接等を経て採用という形式をとっているが，実際の任用は各府省における人事権者である各大臣の名前でなされる。

　大臣による人事管理は新規採用時に限られるのではなく，各府省に採用された公務員は一生その府省の人事管理の下で働くこととなる。専門知識を持つ職員として採用された職員はその府省を中心に職業キャリアを重ねていく。時として最初に採用された府省以外の他府省や地方自治体へも異動することがあるが，これらも本質的な「移籍」ではなく一時的な「出向」として採用時の府省の人事管理の一環として実施され，数年後の異動で元の府省に戻ることが通例である。

　しかも，こうした人事管理は国家公務員としての在職中に限られるのではなく，公務員を退職した後も続く。公務員をめぐる人事慣行としてしばしば問題視される民間企業等への「天下り」も各府省の人事管理の下で実施され，採用時の府省による人事管理は一生涯に及ぶ。こうしたことから，採用時の府省を「本籍地」と呼ぶこともある。

こうした人事慣行の中で，各府省で働く公務員の行動や思考が「本籍地」たる各府省の組織的価値観に影響されることは想像に難くない。マス・メディアで幹部公務員の人事異動情報が報道される際に，経歴の1つとして「何年に何省へ入省したか」が掲載されることが多いが，まさにその情報が職員のアイデンティティの1つとして重要であるということの証拠と言えるであろう。他府省へ幹部職員が異動する際に，「片道切符」であることが強調されることが稀にあるが（例えば旧大蔵省から分離して金融庁が発足した時などに強調された。また，内閣府等への出向人事についてもこうしたことが語られることがある），これは，単にもう「本籍地」には戻らないという人事管理上の意味だけでなく，「本籍地」の意向とは関係なく「移籍先」に骨をうずめて移籍先の組織目標のために努力してほしい（もしくは努力するのだ）ということの対外的なアピールともなっているのであり，こうした事象が例外的であることの表れであるとも言えよう。

3　行政におけるセクショナリズムの発生

　このような分担管理原則及び各府省別人事管理体制があいまって，各府省の政策の分節化は固定，強化される。政策が府省単位で管理されるということは，それぞれの政策の判断基準も府省単位となることとなり，国家全体での有益性という観点は抜け落ちがちとなり，いわば部分最適状態に陥りやすくなる。

　さらには，自らの府省にとって負担となるような社会問題への対応に関して自らの所管領域ではないとして担当することを忌避する場合も発生する（消極的権限争い）。法による行政という現代国家の原則もこうした問題を助長するものとして影響する。行政運営が法律やそれに基づく諸法規等に従って行われるということは，諸法規に記載のないことは行政が行う（べき）ことではないとも解釈でき，社会に問題が発生していてもここに逃げ込むことで組織が陥る不利益を回避しようとする行動につながる。

　また，逆に法令に従って自らの所管の範囲だと認識されるものについては，他府省の関与を許さず，隣接領域と重なり合う部分についてはしばしば府省間で所管争いが発生する場合もある（積極的権限争い）。我が国の官僚組織においては，法令により与えられた許認可権や予算配分権が自らの権力の源泉となっており，ある社会問題に対応することが自らの府省の権限や予算の増加につながるような

場合には積極的にその領域を所管とするだけでなく，他府省にその領域を荒らされないよう全力を尽くすのである。

こうして発生する各府省間の政策の齟齬，欠落，重複といった問題が府省間の管轄争いや責任の押し付け合いとして表面化すると，セクショナリズムとして批判されるのである。こうしてセクショナリズムは我が国の行政運営における最大の問題であると認識される（今村 2006）。

3　政策調整・横断管理の改革の試み

以上のように，我が国の行政組織のあり方の帰結として現れる分節化，その表出としてのセクショナリズムへの批判は常に叫ばれる。しかしながら，こうした弊害への対応策は常に十分なものとはいえず，行政における改革構想として「総合調整」や「省間調整」が我が国の改革において目指すべきドクトリンとして成立してきたと指摘される（牧原 2009）ように，我が国の行政において，「調整」の必要性は常に目の前に置かれるものとなってきた。そこで，以下では我が国の調整の達成がどのように行われてきたかを概観したい。

1　内閣・内閣総理大臣による調整

内閣総理大臣の職務に関し，憲法第72条では「内閣を代表して議案を国会に提出し，一般国務及び外交関係について国会に報告し，並びに行政各部を指揮監督する」とされているが，これらは基本的に「内閣を代表して行う」ものであり，先ほども見たように内閣がその職権を行うには閣議により決定されることとされている。その閣議における内閣総理大臣の権限は，内閣法4条2項において「閣議は，内閣総理大臣がこれを主宰する。この場合において，内閣総理大臣は，内閣の重要政策に関する基本的な方針その他の案件を発議することができる。」と，閣議の主宰及び閣議案件の発議権が規定されるのみである。

後段の重要政策における発議権は2001年の改革で総理大臣の権限強化のため追加されたものであるが，その他には，内閣法第8条に「内閣総理大臣は，行政各部の処分又は命令を中止せしめ，内閣の処置を待つことができる。」として各大臣の決定を一時的に止めることが可能なのみで，内閣総理大臣自らが主任の大

臣とされている内閣府が分担する事務を除けば，各国務大臣に分担管理されている各省の行政事務に直接介入したり，各省間の紛争をさばいて政府横断的な課題を自ら調整したりする制度的な余地は少ない。

　もちろん，内閣総理大臣は大臣を自由に任免することが可能であり（憲法68条），自らが行う諸調整等に従わない大臣を罷免して新たな者に差し替えることは可能である。しかしながら，与党メンバーでもある大臣の罷免は罷免される当事者とその当事者に繋がる議員グループの自らへの支持を失うことになりかねず，自由に大臣を罷免することは現実には極めて困難である。こうしたことからも，内閣総理大臣が各政策分野において進む分節化を政府横断的な視点から調整する余地は少ないといえる。

2　行政改革と調整機能整備

　行政各部のセクショナリズムを内閣が解消するための制度整備が十分でないことは我が国の行政をめぐる環境において十分認識されており，戦後行われた数々の行政改革における主要テーマの1つはセクショナリズムの解消に対応する内閣機能の強化であった。そこでは，内閣機能強化の方策として内閣を補佐する組織を充実させることで，内閣及び内閣総理大臣によるセクショナリズムの解消を可能とすることが求められた。1964年の臨時行政調査会（第1臨調）における内閣府及び内閣補佐官の設置構想，1982年の臨時行政調査会（第2臨調）における総合企画庁及び総合管理庁の設置構想などはその代表的なものである。

　しかしながら，こうした構想が全体として実現することはなく，第2臨調の答申を受けて，内閣官房に設置されていた内閣審議室が内政，外政の2室に分割されて体制が整備されたこと，総理府の一部と行政管理庁とを統合して1984年に総務庁として設置することで内閣全体の組織・定員管理機能を強化する総合管理庁構想が実現したに過ぎなかった。

　その後の臨時行政改革推進審議会（行革審）等においても，内閣機能の強化は繰り返し求められ，第3次行革審では省庁の大括り再編成が求められるなどその問題への認識は示されるものの，解決への具体策は実現しないままであった。

3　橋本行革と内閣機能強化

1996年から97年にかけて設置された行政改革会議（行革会議）を舞台として議論され，それを継ぐ中央省庁等改革推進本部により法制化され，2001年に実際の姿となった中央省庁再編・内閣機能強化を中心とする大規模な行政改革の試み，いわゆる「橋本行革」は，戦後長らく続いてきた我が国の行政体制を初めて大幅に変革し，内閣機能の問題と各府省のあり方そのものに正面から取り組むものとなった。

1997年12月の行革会議「最終報告」は，分担管理原則の限界ないしは機能障害を指摘したうえで，その克服のために内閣機能の強化を訴える。その具体化策として「内閣の機能強化」「内閣総理大臣の指導性の明確化」「内閣及び内閣総理大臣の補佐・支援体制」が示される。それらを実現する具体的な組織改革が内閣官房及び内閣府の機能強化である。内閣がその機能を強化するためにはその補佐・支援機能の充実が必要であることはこれまでの改革議論等でもたびたび主張されてきたが，ここにおいて初めて大きな形で結実することとなった。

4　内閣官房・内閣府体制の整備

行革会議で強調された「内閣及び内閣総理大臣の補佐・支援体制」として，内閣を補佐する内閣官房は国政全般における「企画立案・総合調整を行う場」として，それを支援する組織として新設される内閣府は内閣官房の総合戦略機能を助ける「知恵の場」としてそれぞれ位置付けられ，それに見合う組織人材を集めることとされた。

さらに，「知恵の場」とされた内閣府には重要政策について検討する場として，経済財政諮問会議，総合科学技術会議，中央防災会議，男女共同参画会議がおかれ，経済財政諮問会議，総合科学技術会議，中央防災会議については総理大臣自らが，男女共同参画会議については内閣官房長官が議長となり，これらに関する議論の調整を行うこととなった。また，内閣府は旧総理府，旧経済企画庁，旧科学技術庁，旧国土庁，旧沖縄開発庁といった内閣における横断的調整を担ってきた組織・事務を受け継ぐとともに，これらの知恵の場として設けられた会議を支える体制が作られた。とりわけ，内閣府の内部部局として置かれた7人の政策統括官とそれに対応する下部組織は，それぞれ経済財政運営，経済社会システム，

経済財政分析，科学技術，防災，沖縄政策，共生社会政策の各分野を担当することとされ，4つの重要政策に関する会議を中心とする政策立案に対応するものとされた（2012年に原子力防災担当の政策統括官が増員されている）。

また，省庁再編前に総理府の外局としておかれていた機関等のうち，宮内庁，国家公安委員会，警察庁，金融庁，防衛庁（2007年1月防衛省に改組）が内閣府の外局等として置かれ，その後公正取引委員会（2004年4月総務省より移管），消費者庁（2009年9月内部部局の国民生活局を改組），特定個人情報保護委員会（2014年1月新設）等，各省からの独立が強く求められる組織が内閣府の外局として移管，新設された。

このように，政府横断的な政策調整を実現する体制として内閣官房・内閣府体制が整備されることとなった。

5　総務省の設置

2001年の中央省庁再編においては内閣機能強化策の1つとして総務省が新たに設置された。政府横断的な政策調整機能は前述のとおり内閣・内閣官房及び内閣府における調整に期待されることとなったが，政府横断的な共通管理機能は新設の総務省にまとめられることとなった。新たな総務省には，人事制度（公務員制度），行政管理（組織・定員管理），政策評価（政策評価の基準設定，各省が行う政策評価の評価）に対応する部局が置かれることとなった。また，総務省は各省の筆頭に位置づけられ，そうした権威づけをもって共通管理機能による政府の調整を図ることとなった。

これらの事務は旧総務庁が総理府の外局としてこれまで担ってきたものであり（「行政評価」の概念は省庁再編と同時に導入された概念であり，それまでは「行政監察」として実施されてきた），かつては総理府の下に置かれるいわゆる大臣庁（「庁」の名称を持つが，各省同様国務大臣が長となる組織）として総理大臣の権限，権威の下で調整するという仕組みがとられていたが，大臣庁による調整は大臣庁の大臣自らが各省の省令に相当する規則を発することができなかったり，大臣庁大臣が各省大臣より格下に見られたりしたこと等から，必ずしもうまく機能しているとは言えなかった。そこで，新たな調整体制においては，総務省を各省並びの大臣かつ各省の筆頭に置くことでその調整力を発揮させようとしたのであった。

6　省庁の再編

　橋本行革における政治的な1つの目玉は中央省庁数の削減にあったが（1996年の参議院選挙では中央省庁数の削減を各政党が選挙公約として謳っていた），そのことは必然的に関連する政策を所管する省庁の統合再編を招くこととなった。これは単に数の減少だけでなく，それまで省庁間対立として表出したセクショナリズムを省庁内部の対立へと変化させ，最終的に1人の大臣による調整に委ねることでその解消を図ろうというものである。具体的には，関連政策が複数省庁に跨る分野，例えば社会インフラ整備に関する建設省と運輸省，社会保障問題に関する労働省と厚生省といった関連分野ではあるが別々の省庁において担われていた政策を1つの省の中で立案・調整することとするものである。

　ただし，2001年の省庁再編は旧省庁の局を基本的単位として存続させたうえで再編，統合されたもので，局レベルの組織再編は極めて限られたものであった。各府省における組織管理機能を持つ大臣官房は1つに統合されたが，建設省の建設経済局と運輸省の運輸政策局が統合されて国土交通省総合政策局となったように総合的政策担当部局の誕生は見られたものの，それ以外の政策担当部局の旧省庁の枠を超えた統合は極めて少なく，例えば，厚生省の児童家庭局と労働省の女性局とが統合されて厚生労働省雇用均等・児童家庭局となった例のように限定的なものであった。

　省庁再編後の新規採用職員に関しては，採用を一体的に行い，その後の人事異動等を再編前のいずれかの省庁に偏ったキャリア形成がなされないように旧省庁の壁を越えて様々な部署へ異動させるといった試みも，一部の省においてはなされている。しかしながら，再編以前に各府省に採用された職員の人事は原則として旧府省庁単位で実施されている。統合された各省においては，職員人事を管理する大臣官房人事課（名称は府省により異なる）に人事課長の他に人事課担当参事官といった課長相当の職が置かれていることが多く，人事課長とは出身省庁を異にする職員がその任に充てられている。こうした職の存在は，旧府省庁別の人事管理がなお残存していることの証拠としても捉えられ，省庁が統合されたとしても「本籍地」は容易に統合されえないことも示している。

　また，幹部職員を出身省庁の枠を超えて配置する「人事交流」により組織の融和や政策の調整を図ろうとする試みも各省で見られる。とは言え，これらは形式

的な人事交流に過ぎなかったり，各府省における官僚のトップである事務次官についても，異なる出身省庁の者が交互に就任したり，事務次官とそれに次ぐ幹部ポストである「省名審議官」（「○○審議官」と役職名に府省名を冠したポスト）等の幹部職員が出身省庁を違えて配置するいわゆる「たすき掛け人事」が現在でも見られるように，人事による統合は容易なものではない。

そもそも，組織統合をしたからといってその効果が即座に十全に発揮されるものではなく，省庁再編から15年の現時点では省庁再編以降の新規採用職員もまだ幹部職員とはなっておらず，統合の効果を量ることは困難であろう。逆に，未だに採用を含めた人事管理に旧省庁の枠が色濃く残っている省も存在し，統合の効果を量るのはさらに長期的な視点が必要であると思われる。

4　内閣における調整の推進

1　調整の場としての内閣・内閣府

2001年1月の新省庁体制のスタートから程ない同年4月に誕生した小泉純一郎内閣は，内閣機能強化を支える新たな仕組み，とりわけ経済財政諮問会議を政府横断的な政策の調整におおいに活用した。

経済財政諮問会議は「経済全般の運営の基本方針，財政運営の基本，予算編成の基本方針その他の経済財政政策に関する重要事項について調査審議すること。」（内閣府設置法19条1項1号）とその役割を規定されたが，毎年の次年度予算編成に先立つ経済財政運営の基本方針（いわゆる「骨太の方針」）を審議し，実質的に決定した（決定そのものは閣議決定によりなされた）ほか，内閣が推進する諸改革の基本方針，小泉内閣においては，国と地方の改革（いわゆる「三位一体の改革」），政策金融改革，規制改革，社会保障改革，郵政民営化等の内閣の重要改革とされた議論のすべてが経済財政諮問会議においてなされ，改革の議論を推進するための役割を担った。

経済財政諮問会議には，議長を務める総理大臣以下，官房長官，総務大臣，財務大臣，経済産業大臣，経済財政政策担当大臣の各大臣に加え，日本銀行総裁及び4名の民間人（概ね経済界2名，学界2名の構成）が議員として加わっている。各省の分担管理とは無関係の構成員が参加していることは，この会議が分担管理

原則に完全に縛られることなく行動することに有益であったと言えよう。また，小泉内閣時には，経済財政諮問会議での議論を実質化するため，竹中平蔵経済財政担当大臣及び民間議員を助ける特命チームが各省職員や民間出身者により編成され，こうしたチームにより作成されたペーパーが民間議員の名で諮問会議の場に提出されることで会議の議論をリードしていった（大田 2006；竹中 2006）。

従来，内閣における調整は，様々な制約から各府省の出した政策を並べなおすことができるだけであるとその力の弱さが指摘されてきた（片岡 1982）。しかしながら，経済財政諮問会議を中心とする内閣周辺の組織は内閣における調整の場として従来のセクショナリズムと批判されるような問題を乗り越えて機能していく。こうして内閣による調整が実質的な力を持ちうるようになると，各府省においても自らの所管する政策を抱え込んで調整の場に出さないこと以上に，自らが関係する重要政策の調整を内閣に持ち込んで自らの有利な方向に向かわせないと結果的に自らの不利益となるとして，内閣における政府横断的な調整が積極的なものへと変化していく。

2　内閣関係組織の強化

内閣での調整が機能するようになると，政策調整機能はさらに内閣に集中することとなる。その具体的な表れの1つが内閣に置かれる様々な会議体の数の増加である。例えば，関係法令を以て内閣にその本部を置くと規定される「○○本部」と称する重要政策に関する調整体は内閣総理大臣を本部長，関係分野の国務大臣を副本部長，その他の国務大臣を構成員としてその政策の立案・調整の司令塔となるものであるが，こうした組織体が次々と内閣に置かれることとなる。2015年度時点では，高度情報通信ネットワーク社会推進戦略本部，都市再生本部，構造改革特別区域推進本部，知的財産戦略本部，地球温暖化対策推進本部，地域再生本部，郵政民営化推進本部，中心市街地活性化本部，道州制特別区域推進本部，総合海洋政策本部，宇宙開発戦略本部，総合特別区域推進本部，原子力防災会議，国土強靱化推進本部，社会保障制度改革推進本部，健康・医療戦略推進本部，社会保障制度改革推進会議，水環境政策本部，まち・ひと・しごと創生本部，サイバーセキュリティ戦略本部，東京オリンピック競技大会・東京パラリンピック競技大会推進本部と21の本部等が内閣に置かれている。

さらに，内閣総理大臣もしくは内閣官房長官を構成員とする主要会議がその他に70存在している。こちらには，例えばTPP政府対策本部や行政改革推進会議といった政府横断的な調整が必要となる政策分野や，「輝く女性応援会議」や「一億総活躍国民会議」といった時の内閣の目玉政策に関する会議体など様々なものが置かれている。さらには，障害者制度改革推進本部，教育再生実行会議等，一見すると各省が分担管理すべき政策であっても，関係各省との調整が必要な場合，調整が内閣に持ち込まれて調整組織が設立されることとなる。

　こうした組織の設置や体制整備に伴って，内閣官房及び内閣府の職員数も年々増加し，中央省庁再編当初の2001年度末定員で内閣官房377人，内閣府本府2245人であったものが，2015年度末定員では，内閣官房1007人，内閣府本府2677人（2009年に内閣府国民生活局が分離独立した現在の消費者庁312人の定員も合算している）と内閣官房を中心にかなりの人数に膨れ上がっている。政府全体として公務員の削減が進められている中での相当数の職員の増員は，内閣官房，内閣府の機能がそれだけ拡大していることの証拠ともなっている。しかも，内閣官房や内閣府においては，各省の職員を内閣官房，内閣府との兼任として発令してその一部は内閣官房，内閣府に常駐させ事実上自らの職員とすることで定員以上の職員を実質的に抱えている。内閣官房に常駐する者だけでも内閣官房の定員に相当する程度の職員がいるとされ（瀬戸山2015），実態は定員の増加以上に組織が肥大化していると言える。

5　近年の改革と調整・管理の変容

1　内閣と公務員人事

　先に述べたとおり，各府省における職員人事は原則として各府省単位で行われており，幹部職員の任免に関しても各府省が独立して行ってきた。しかも，法的には各府省大臣に人事権があるのにも拘わらず，「公務員の中立」の建前のもと公務員人事は各府省大臣も容易に関与できない聖域とされてきた。府省の政策立案や運営に影響を与える幹部人事さえも大臣や内閣の関与を原則として排除して省内の官僚の意向や時として有力OBの意向により実質的に人事が決定されることもあるとされる。

そもそも内閣総理大臣を中心とする内閣は個々の公務員に対する人事権を保持していない。通常の職員任命に関しては任命権を持つ各省大臣に委ねれば問題はないであろうが、幹部職員とりわけ高度に政治問題化している分野を担当する部署の幹部については、政府の意向に沿う行政運営を行えるような人事制度が政府にとって極めて重要となってくる。従来、各府省の幹部人事決定に際して閣議において事前承認する仕組みは取られていた。しかしながら、内閣自体に人事権も人事管理機構も存在しないため、各府省から上がってくる人事案を事実上そのまま承認することとなり、有効に機能しているとは言えなかった。

　2005年の小泉内閣の際に、郵政行政を所管する総務省の幹部職員（総務審議官及び郵政行政局長）が内閣の推進する郵政民営化に積極的でないとして、その更迭を総理大臣が総務大臣に指示し、そのとおり実現したことがマス・メディアで大きく報じられたが、こうしたことが大きく報じられるということは、逆に各府省の人事に総理大臣が介入することが極めて例外的であることの証拠であるともいえる。

2　内閣人事局の設置

　こうした問題に対処するため、従来の総務省人事・恩給局の人事行政部門及び行政管理局の機能のうち組織定員査定を担当する部門を内閣官房に移管して2014年5月に新たに内閣人事局が設置された。新設された内閣人事局は、「国家公務員の人事行政」「国の行政組織」「幹部職員人事の一元管理」をその任務とし、総務省から移管された事務に加えて従来から内閣が係わってきた幹部人事管理に関与することとなる。

　この幹部職員人事の一元管理においては、各府省大臣が持っている人事権そのものが内閣に移されたわけではないが、約600人ともされる各省審議官級以上の幹部人事の選考過程への内閣の関与が明確に位置付けられた。従来の局長級以上の幹部人事（約200人）への関与に際しては、「人事案作成」（任命権者：各府省大臣）→「閣議人事検討会議」（内閣官房長官、内閣官房副長官）→「承認」（閣議）といった単純なプロセスを経るだけであったが、新たな幹部人事については、「人事評価」（任命権者）→「適格性審査」（官房長官）→「幹部候補者名簿の作成」（官房長官）→「任用候補者の選抜」（任命権者）→「任免協議」（任命権者と

総理大臣及び官房長官との間）→「任命」（任命権者）という複雑なプロセスを経ることとなるとともに，官房長官及び総理大臣の関与が明確化され，幹部候補者となるものを内閣の側で選抜できるようになった。これによって「内閣の重要政策に対応する戦略的人材配置を実現し，縦割り行政の弊害を排して霞が関が一枚岩となって諸課題に迅速に解決できる体制を構築する」（2014年5月27日菅内閣官房長官記者会見）こととされた。

　この新たな内閣人事局においては，定数管理，組織管理といった組織横断的管理機能に加えて，幹部人事における具体的人選を中心としたまさに「人事」を通じた政策調整そのものが期待されている。現在の安倍内閣において，この「人事」を通じた「官邸」による各府省のコントロールが強められていることは度々報道されているところである。ただし，官僚のトップである内閣官房副長官を長く務めた古川貞二郎がこれまで各省で行われてきた幹部職員の長期的育成が内閣人事局で可能となるのかとの懸念を示しているように（古川2015），すべての幹部人事を内閣の関与のもとに動かすことは困難であり，政府全体の政策転換等高度の政治的要請が絡むような場面や各府省間における重要政策に関する政策対立の調整といった場面でのみ抜かれる伝家の宝刀として機能させることが重要であろう。

3　内閣官房及び内閣府のスリム化

　内閣人事局の設置で内閣における人事を通じた政策調整が制度的に整備された一方で，各政策分野の調整が内閣に持ち込まれることの弊害も発生していた。内閣官房及び内閣府の組織の拡大は一方で組織の肥大化でもあり，省庁再編で本来求められた時の課題への機動的な対応を阻害する可能性を大きくする。また，政府運営上，内閣官房及び内閣府の諸会議への出席に総理の時間が割かれることや国会における内閣委員会の審議のスケジュールが困難となっていること等が指摘されるに至り（2012年11月2日岡田副総理記者会見），内閣への調整機能集中がかえって内閣の調整機能を阻害する懸念があるとして内閣官房及び内閣府の事務分担の見直しが閣議決定されるに至った。本決定自体は2012年12月の自民党への政権交代により実現しなかったが，同様の問題は自民党においても検討され，連立与党公明党との協議を経て，「内閣官房及び内閣府の業務の見直し」（2015

年1月27日閣議決定）として内閣官房及び内閣府の機能整理が図られることとなった。

　まず，各政策の調整の司令塔として内閣に置かれている諸本部に関し，知的財産戦略推進本部，総合海洋政策本部の各事務局を内閣官房から内閣府に移管し，遺棄化学兵器処理対策室，道州制等特別区域担当，地域活性化（都市再生，構造改革特別区域，地域再生，中心市街地活性化，総合特別区域及び国家戦略特別区域）担当，宇宙開発戦略本部事務局については，内閣官房の機能を内閣府へ移管するといった整理を行った。

　行政改革会議及びそれに続く一連の改革においては，内閣及び内閣官房が「総合戦略機能の場」，内閣府は「知恵の場」とされていたが，内閣府に置かれた経済財政諮問会議が調整の場として機能してきたこともあり，両者の違いが不明確となっていた。今回の機能整理により，調整を行う「本部」は引き続き内閣に置かれ，それを助ける事務局（「知恵の場」）を担うのが内閣府という形にその機能分担が明確化されてきたと言えよう。

　また，各省大臣の調整機能が強化され，各省大臣が行政事務を分担管理するだけでなく，内閣の重要政策に関して内閣総理大臣を助けて総合調整を行うことができるようにして，各省の所管に密接に関係する政策分野についての政府全体にわたる調整が可能となった。これに伴い，犯罪被害者等施策（→国家公安委員会），消費者問題及び食品安全（総合調整事務）（→消費者庁），統計委員会の事務，情報公開・個人情報保護審査会の事務，官民競争入札等監理事務（→総務省），自殺対策，薬物乱用対策（→厚生労働省），食育推進（→厚生労働省），交通安全対策（→国家公安委員会及び国土交通省）の各事務を内閣府から各省等へ移管し，移管先において必要な調整を行うこととされた。また，これらに関する機構・定員，併任等の人員及び予算も移すこととされ，内閣府の組織のスリム化が図られることとなった。

6　諸外国の改革動向と今後の我が国のあり方

1　諸外国における改革の動向

　官僚制の組織原理から考えれば，我が国において見られる行政の分節化，セク

ショナリズム現象は諸外国の行政運営においても想定される現象である。諸外国とりわけ 1980 年代以降いわゆる NPM 改革を導入したアングロサクソン諸国においては，政府運営における分散管理が重視されてきた。例えば，英国では，エージェンシー制度の導入により一部の行政事務執行の責任が大臣からエージェンシーの長に移管されることにより，行政事務運営の効率化が目指された。一方，オーストラリアやニュージーランドでは，各省が分担する行政運営について組織の長である大臣に予算や人事に関する大きな裁量権が与えられ，効率的な政策目標の実現が目指された。我が国における橋本行革以降の諸改革も，独立行政法人制度に見られるように，こうした先行諸国の改革をモデルとして導入された部分も存在する。

　こうした NPM 改革は，個別分野での効率化を成し遂げはしたが，同時に管理の分散化は，政府としての一体的な政府運営の視点の欠落や，国民の側から見た場合の行政サービスのわかりにくさといった結果をも招いている。こうした問題に対して，英国やオーストラリアでは分散化した政策を統合・調整するための組織が設置されたり（Christensen 2012），'Joined-up Government' や 'Whole of Government' といった政府全体の視点を重視した改革が逆に提唱されたりといった状況も見られている（Bogdanor 2005）。

2　我が国における今後の行政のあり方

　1982 年の第 2 臨調答申においては，政府横断的な調整について「予算」「人事・組織」「計画」の 3 つの手段による調整が提示されたが，大蔵省（現財務省）を中心として連綿と実施されてきた予算による調整を除く残りの二者は必ずしも機能していたとは言えない。近年の改革で「計画による調整」機能を内閣に強くもたらしたのが経済財政諮問会議を中心とする調整システムであった。また，これまで「人事・組織」による管理は制度や定員といった外形的な管理にとどまり，政府横断的な政策調整を行うものではなかった。一方で，新設の内閣人事局においては具体的人事配置までも調整手段として手に入れることで「人事」による政策調整を強化した。そして，これらの調整機能は小泉内閣，現在の安倍内閣で活用されることで有効な政府運用を果たすに至っている。

　また，その背景は異なるものの，NPM 改革を実践した諸国においても行政運

営における分節化状況が見られており，我が国の行政運営に関して示唆となる部分が存在する。本章では行政運営のなかでも伝統的課題とされる政策立案の面を注視したが，行政の多様化の別の側面である行政サービス提供主体の多様化に関しても課題があることは言を俟たない。NPM 的改革による分散管理を批判し，政府全体を重視したアプローチを提唱する人々の中には，これらの問題克服をIT 技術に求めてデジタル化時代に対応した新たな行政運営を求める人たちも存在する（Dunleavy et al. 2005）。このように行政の多様化に関しては本質的に課題を伴うとともにその進展によって新たな課題を生むため，こうした課題にいかに対処して行政の統一性を確保するのかといった試みは常に続けられる必要があると言えよう。

【さらに理解を深めたい人のために】

今村都南雄（2006）『官庁セクショナリズム』東京大学出版会。
牧原出（2009）『行政改革と調整のシステム』東京大学出版会。

参 考 文 献

飯尾潤（2007）『日本の統治構造』中公新書。
五十嵐吉郎（2013）「内閣官房，内閣府の現在——中央省庁等改革から 13 年目を迎えて」『立法と調査』No.347, 54-79 頁。
出雲明子（2014）『公務員制度改革と政治主導』東海大学出版会。
今村都南雄（2006）『官庁セクショナリズム』東京大学出版会。
ウェーバー，マックス（世良晃志郎訳）（1970）『支配の諸類型』創文社。
大田弘子（2006）『経済財政諮問会議の戦い』東洋経済新報社。
片岡寛光（1982）『内閣の機能と補佐機構』成文堂。
行政改革会議（1997）「最終報告」http://www.kantei.go.jp/jp/gyokaku/report-final
三辺夏雄，荻野徹（2007）「中央省庁等改革の経緯（1）～（5）」『自治研究』第 83 巻第 2 号～ 6 号。
瀬戸山順一（2015）「内閣官房・内閣府の業務のスリム化——内閣の重要政策に関する総合調整等に関する機能の強化のための国家行政組織法等の一部を改正する法律案」『立法と調査』No.364, 3-11 頁。

竹中平蔵（2006）『構造改革の真実――竹中平蔵大臣日誌』日本経済新聞社。
古川貞次郎（2015）『私の履歴書』日本経済新聞出版社。
牧原出（2009）『行政改革と調整のシステム』東京大学出版会。
松下圭一（2009）『国会内閣制の基礎理論』岩波書店。
毛桂榮（1997）『日本の行政改革――制度改革の政治と行政』青木書店。
Bogdanor, Vernon, ed. (2005), *Joined-up Government*, British Academy.
Christensen, Tom (2012) 'Post-NPM and Changing Public Governance,' in *Meiji Journal of Political Science and Economics*, pp.1-11.
Dunleavy, Patrick, Helen Margetts, Simon Bastow and Jane Tinkler (2008) *Digital Era Government*, Oxford University Press.

第14章
独立行政法人制度
多様性のなかの行政組織

飯塚 俊太郎

【本章のねらい】本章は,「多様性」というキーワードを切り口に,独立行政法人(独法)制度について論じる。まず,独法制度が,行政改革を通じた行政サービス供給手段の多様化の一環として創設されたことを見る。次に,制度内外の多様なアクターに着目しながら,独法の運営過程とさらなる改革に向けた流れを捉える。そして,今次独法改革の成果の一つとして,政策・行政機能の多様性に応じた法人の類型化と,評価制度の変更を取り上げたい。すなわち,本章は,「多様性」を手掛かりにして,独法制度の創設,運営,さらなる改革に向けた過程とその帰結を,順にかつ包括的に考察することを意図している。

1 はじめに

本章は,組織制度としての独立行政法人(独法)に着目する。本書全体のモチーフであるダイバーシティ——多様性——を念頭に置いて,独法制度をめぐって,3つの異なる「多様性」を検討する試みである。

独法は,2015年4月時点で98法人あり,それぞれに特化した使命を担っている。その業務はそれこそ多様である(図14-1)。したがって,「独法と多様性」というキーワードからは,例えば政策類型論などの視座を通じながら,その業務の多様性に直接アプローチする方法もあり得よう。また,政策分野・省庁ごとに政策の多様性を見出す方法や,研究,金融といった業務類型に着目する術もあるだろう。

一方で,本章は,そうした諸法人が拠って立つ基盤としての独法制度をめぐる多様性に焦点を当てる。各法人が個々に帯びている多様性というよりも,独法制

図14-1　独立行政法人一覧（2015年4月1日現在）

内閣府所管 3
　国立公文書館
　北方領土問題対策協会
　☆日本医療研究開発機構

消費者庁所管 1
　国民生活センター

総務省所管 3
　☆情報通信研究機構
　○統計センター
　郵便貯金・簡易生命保険管理機構

外務省所管 2
　国際協力機構
　国際交流基金

財務省所管 3
　酒類総合研究所
　○造幣局
　○国立印刷局

文部科学省所管 23
　国立特別支援教育総合研究所
　大学入試センター
　国立青少年教育振興機構
　国立女性教育会館
　国立科学博物館
　☆物質・材料研究機構
　防災科学技術研究所
　☆放射線医学総合研究所
　国立美術館
　国立文化財機構
　教育研修センター
　☆科学技術振興機構
　日本学術振興会
　☆理化学研究所
　☆宇宙航空研究開発機構
　日本スポーツ振興センター
　日本芸術文化振興会
　日本学生支援機構
　☆海洋研究開発機構
　国立高等専門学校機構
　大学評価・学位授与機構
　国立大学財務・経営センター
　☆日本原子力研究開発機構

厚生労働省所管 18
　労働安全衛生総合研究所
　勤労者退職金共済機構
　高齢・障害・求職者雇用支援機構
　福祉医療機構
　国立重度知的障害者総合施設のぞみの園
　労働政策研究・研修機構
　労働者健康福祉機構
　国立病院機構
　医薬品医療機器総合機構
　☆医薬基盤・健康・栄養研究所
　地域医療機能推進機構
　年金積立金管理運用独立行政法人
　☆国立がん研究センター

　☆国立循環器病研究センター
　☆国立精神・神経医療研究センター
　☆国立国際医療研究センター
　☆国立成育医療研究センター
　☆国立長寿医療研究センター

農林水産省所管 13
　○農林水産消費安全技術センター
　種苗管理センター
　家畜改良センター
　水産大学校
　☆農業・食品産業技術総合研究機構
　☆農業生物資源研究所
　☆農業環境技術研究所
　☆国際農林水産業研究センター
　☆森林総合研究所
　☆水産総合研究センター
　農畜産業振興機構
　農業者年金基金
　農林漁業信用基金

経済産業省所管 10
　経済産業研究所
　工業所有権情報・研修館
　日本貿易保険
　☆産業技術総合研究所
　○製品評価技術基盤機構
　☆新エネルギー・産業技術総合開発機構
　日本貿易振興機構
　情報処理推進機構
　石油天然ガス・金属鉱物資源機構
　中小企業基盤整備機構

国土交通省所管 19
　☆土木研究所
　☆建築研究所
　交通安全環境研究所
　海上技術安全研究所
　☆港湾空港技術研究所
　電子航法研究所
　航海訓練所
　海技教育機構
　航空大学校
　自動車検査独立行政法人
　鉄道建設・運輸施設整備支援機構
　国際観光振興機構
　水資源機構
　自動車事故対策機構
　空港周辺整備機構
　都市再生機構
　奄美群島振興開発基金
　日本高速道路保有・債務返済機構
　住宅金融支援機構

環境省所管 2
　☆国立環境研究所
　環境再生保全機構

防衛省所管 1
　○駐留軍等労働者労務管理機構

（注1）○印の法人は，行政執行法人（役職員が国家公務員の身分を有するもの（7法人））
（注2）☆印の法人は，国立研究開発法人（31法人）
（注3）無印の法人は，中期目標管理法人（60法人）
（注4）法人の名称の冒頭の「独立行政法人」「国立研究開発法人」は省略

（出所）http://www.soumu.go.jp/main_content/000361564.pdf （最終アクセス 2016年2月13日）

度という行政組織制度をめぐる多様性を検討する試論である。

　まず，独法制度は，行政サービス供給方法の多様化という文脈の中で，その一形態として創設されたという経緯がある。第2節では，この観点を通じながら，独法制度を概観し，同制度の導入趣旨や背景となる諸概念について述べる。第3節では，制度を構成するアクターの多様性を観察し，さらに，制度の運営過程における関係アクターのさらなる多様化，そして政治化を見る。行政組織制度も，民主的な政治空間に存在している以上，それは，多様なアクターから構成される政治からの影響と切り離せない。独法制度はその創設自体が行政改革の申し子であったばかりか，制度創設後も，政治的決断に伴う度重なる改革を経験した。そして，第4節では，今次の独法改革の帰結の一部として，法人の類型化と評価制度の変更について議論する。

　これら3つの異なる観点の多様性は，独法制度の導入，過程，帰結という時系列的な関係に置かれている。すなわち，本章は，多様性という視座を通じて，独法の創設経緯，運営過程，そして更なる改革の結果という諸視点を，順にかつ包括的に見ることを意図している。

　独法制度は，2014年の独立行政法人通則法（以下，通則法という）改正を境に大きな変更がある。本章では，これを2014年改正とした上で，同改正前後の制度を，便宜的にそれぞれ「旧制度」，「新制度」と呼びたい。加えて，それまでに制度体系の変更を伴う通則法改正法案が2回提出された。その各法案を，それぞれ2008年法案と2012年法案と呼びたい。[1]

2　行政サービス供給の多様性と独立行政法人

1　行政サービス供給の多様化とグレーゾーン組織

　独法とは何か。この問いに対する1つの答え方は，行政サービス供給手段の多様化の1つの形態としてそれを捉える方法である。

　行政サービス供給の多様化とは，「これまで政府機関が自ら供給してきた財・

---

[1] この間，2010年に独法の不要資産の国庫への納付に関する通則法改正が行われたが，独法制度の体系に関わる改正ではないので，ここでは議論の範囲外としている。

サービスの供給につき，政府の役割を変更したり制限することにより民間事業者の関与を増やす形態への変化」のことであり，それは次の4段階に整理され得る（山本 2009：28f.）。まず，第1段階として，公的組織内部での供給形態の変更がある。独法（エージェンシー）はここに含まれ，政府との擬似的な契約を通じてサービスを供給する政府統制下の公的組織とされる。この段階には公企業も該当する。第2段階は，公的資金による民間事業者を含むサービス供給であり，官民競争入札（市場化テスト）や民間委託（アウトソーシング）が含まれる。第3段階は，民間資金が投入された供給方法であって，PFI（Public Financial Initiative）やPPP（Public Private Partnership）が該当する。そして，第4段階として民間企業への移管があり，（狭義の）民営化がこれにあたる。

　このように，独法はそれ自体，多様化する行政サービス供給形態の一類型として位置付けられる。そして，このような政府の外延組織は，官民の垣根のボーダーラインにあることから，グレーゾーン組織とも呼ばれる。行政機能の担い手は，内閣や中央省庁という狭義の行政機関に留まらず，こうした外郭団体にも及んでいるのである。こうした組織には，独法のほか，特殊法人，認可法人，そして公益法人などが含まれる（真渕 2009：第6章；曽我 2013：第14章）。

　法的な位置付けを見ると，独法は，「国民生活及び社会経済の安定等の公共上の見地から確実に実施されることが必要な事務及び事業であって，国が自ら主体となって直接に実施する必要のないもののうち，民間の主体に委ねた場合には必ずしも実施されないおそれがあるもの又は一の主体に独占して行わせることが必要であるもの（略）を効果的かつ効率的に行わせるため，（略）この法律及び個別法の定めるところにより設立される法人」（通則法第2条）と定義される。つまり，国が自ら実施する必要はないが民間には任せられない，というグレーゾーンにある業務を，組織的に担うための法人として，独法は設置されている。

　行政サービス供給の多様化は，この数十年来，日本を含め世界的に顕著に進展してきた現象である。ただし，日本では，グレーゾーン組織を通じた政策実施が，実は以前から広く行われてきたことは記しておくべきだろう。公務員数が抑制される状況の中で，グレーゾーン組織は公共政策を実施する上で欠かせない担い手となってきた（前田 2014）。

　こうしたグレーゾーン組織は，クワンゴ（Quango）とも呼ばれる。これは，

Quasi-(autonomous-)(non-)Governmental Organization の略語である。行政サービス供給主体の変更は、様々あるクワンゴのスペクトラム（連続体）の中での供給主体の移動と捉えることも可能である。これをクワンゴ・ドリフト（Quango drift）とも呼ぶ。

2　行政改革と独立行政法人創設の背景

このような行政サービス供給主体の変化は、行政改革を通じて生じることが常である。したがって、行政改革は、独法を論じる上で欠かせないキーワードである。

独法は、1990年代後半の行政改革を通じて創設された。それは、橋本龍太郎首相が先導した中央省庁等改革であり、橋本行革と称される。首相自身が会長を務めた「行政改革会議」の最終報告（1997年）と、それに基づく「中央省庁等改革基本法」に依拠して制度設計がなされた。1999年の独法通則法の制定後、各法人について定める各個別法の成立の後、2001年に制度運用がスタートした。当初は、国の内部組織から分離された57法人であった。

独法の創設は、当時の国際的な行政改革潮流と軌を一にしていた。それは、New Public Management（NPM：ニュー・パブリック・マネジメント）と呼ばれる考え方に基づく。NPMは、端的に言えば、民間企業における経営手法を公共組織にも導入し、それによって政策の効率性や有効性を高めようとする考え方である。1980年代以降のイギリスにおける行政改革が、NPM改革の典型とされる。

NPMに基づく新たなタイプの行政組織に、NPM型エージェンシーと呼ばれるものがある。それは国際的に波及したとされるもので、独法もその一つに該当すると言える。[2]その組織設計理念は、中央省庁から分離した組織に、省庁とエージェンシー間の擬似的な契約の下に、特定の政策実施を委任するというものである。この背景には、政策実施の現場に自律性や裁量を付与することで、その効率性や有効性が高まるという前提がある。従来型の官僚制が形式や手続きを重んじるのに対し、エージェンシー制度は、政策の執行現場をそれらから解放し、現場

---

[2]　独法の創設は、イギリスのエージェンシー（agency）を参考とし、行政改革会議の関係者は渡英して視察した（内山2005；田中・岡田編2001）。

に裁量を与え，その創意工夫を引き出すことで，効率的で質が高く柔軟な政策実施につながるという発想に立脚している。それは，NPMの構成要素の1つである「任せる」("let managers manage"の訳語（山本 2000））という考え方に基づく。このことから，NPM型エージェンシーは，準自律的組織（semi-autonomous agency）とも呼ばれる。

独法制度の目的は，各府省の行政活動から，政策の実施部門のうち一定の事務・事業を分離し，これを担う組織に独立の法人格を与えて，業務の質や効率性の改善，運営の自律性や透明性の向上を図ることである。事前管理から事後チェックへの転換という考え方のもとに，主務大臣の細かな事前関与を極力排して，擬似的契約の期間と範囲内における法人の裁量を認め，業務運営の柔軟性を確保することで，効率性やサービスの質の向上を意図する。

3 独立行政法人制度の特徴

このように，従来の官僚制とは異質な行政組織制度である独法制度の特徴は，法人の自主性や自律性にある。通則法第3条第3項は，「この法律及び個別法の運用に当たっては，（略）独立行政法人の業務運営における自主性は，十分配慮されなければならない」と定める。

通則法は，独法の組織，運営，管理に関する共通原則を規定する法律である。それは，各独法の名称，目的，業務の範囲等に関する事項を定める各個別法との二段構えで制度を構成する。

なお，通則法を定めた背景には，特殊法人の逆機能があった。特殊法人は，公社，公団，営団，事業団，公庫といった組織を総称した呼称であって，特殊法人という法人格があるわけではない。特殊法人には，事業運営の非効率性，硬直性，経営の不透明性などの問題点が指摘されてきたが，その要因として，共通の運営原則がないことが挙げられてきた。それを反面教師とし，独法制度では，通則法を通じて制度枠組みを規定することとしたのである。制度設計当時，このことは

---

3 NPMは，「させる」(make managers manage) と「任せる」(let managers manage) という原理から成る，相反する2つの内面性を抱える（山本 2000；久保木 2000；毎熊 2001）。

画期的であった（岡本 2008）。なお，後述のように，特殊法人自体は当初の独法化の範囲外だったが，結果として後に，特殊法人の多くは，独法に移行してゆく。

財政面で法人の自主性を支えているのが，その使途の裁量を独法が持つ運営費交付金である。国の内部機関のような細目指定はされず，予算の移流用も独法側の裁量で可能とされる。一般的な予算の単年度主義を超えて，一定のルールの下に翌年度への繰り越しも認められ，弾力的な財務運営を可能とすることを意図した。その使途の是非は，あくまでも事後評価で判断されるという原則である。

主務府省と独法とは，擬似的な契約と評価の関係で結ばれている。独法は，主務大臣から目標を与えられ，計画を立てた上で，所期の目標に照らして業績を事後的に評価される。両者は，本人と代理人（プリンシパルとエージェント）の関係にあるとも言える。一方では，現場のことは現場が一番よくわかっているからそこに任せた方が良いという考えがあり，他方では，代理人が本人の意図に反して行動してしまうエージェンシー・スラックを小さくするという判断から，事後的に評価が行われるのである。

次節では，独法の評価制度におけるこうした擬似的な契約と事後評価をめぐる多様なアクターの関係性について見たい。そして，さらなる独法改革を通じて，関係アクターが多様化した過程を見たい。

3 関係アクターの多様性

1 旧制度における評価の仕組みとアクター

本節では，独法制度に関係するアクターの多様性を見た上で，それが制度運営過程においてさらに多様化した様相を見たい。

最初に，創設時の制度設計の趣旨を捉えるために，敢えて旧制度における評価の仕組みを検討したい。旧制度はそれ自体，主務大臣，政策評価・独立行政法人評価委員会（政独委），各主務府省に置かれた独立行政法人評価委員会（府省委員会），そして各独法という多様なアクターによって構成される一つの体系であった。その中で，主務府省と独法間の擬似的契約とそれに基づいた評価の仕組みが構築された。

旧制度におけるその過程は以下の通りである。まず，独法は，主務大臣から

3〜5年の中期目標を提示される。それに基づき，中期計画を策定し，主務大臣の認可を受ける。さらに，年度計画を策定し，主務大臣に届け出る。そして，各事業年度及び中期目標期間終了時に，各主務府省の府省委員会による1次評価を受ける。加えて，総務省に設置された政独委が2次評価（メタ評価，評価の評価）を行う。政独委は，独法の中期目標期間終了時に，法人の主要な事務事業の見直しを主務大臣に勧告する。そして，主務大臣は政独委の評価を聞いて見直しを決定する。

こうした仕組みを採った第一義的な目的は，独法の自主性を尊重することにあった。目標，計画，そして評価の体系から構築される擬似的契約システムを軸として，事前統制から事後評価への移行が具現化された。独法は，原則として主務大臣の一般的指揮監督権に属さず，大臣の指揮監督権は，中期目標の指示，中期計画の認可，中期目標終了時の組織・業務全般の見直しの実施等に限定された。

他方で，府省委員会による1次評価と，政独委による2次評価という2段階の評価体系は，府省委員会が法人専門的視点から，政独委が制度横断的視点から評価を行う体制であった（縣 2014）。評価の適正さ・客観性を二重に確保するねらいも持ち，また，多様な業務を担う独法群を，制度として統一的な枠組みに維持する仕掛けでもあった。これらの委員会は，学識経験者や公認会計士といった有識者を委員とする第三者的機関であった。

2 さらなる改革と行政改革アクター

ところが，こうした通則法に規定されたアクターだけが実際の独法制度を取り巻くアクターであったわけではない。ほかにも多様なアクターが関与した。それを議論する上で重要な点は，独法の制度創設自体が行政改革の産物であったばかりではなく，その後も継続的にさらなる行政改革の対象となったことである。独法の歴史は，すなわち改革の歴史である。

さらなる改革のエポックは3つあったと言い得る。第1のエポックは，特殊法人等の独法化である。第2は，2008年12月に閣議決定された「独立行政法人整理合理化計画」であり，第3は，通則法改正に向けた動きである。

特殊法人等整理合理化計画　第1のエポックは，特殊法人等の独法化である。独法制度の運営開始後まもない2001年12月，小泉純一郎政権下で策定された「特殊

法人等整理合理化計画」によって，2003年以降，特殊法人等から独法へと組織変更する法人が誕生した。従前より既に特殊法人等として外部化されていた諸組織の独法化である。一種のクワンゴ・ドリフトが生じたと言える。

橋本行革期の行政改革会議では，特殊法人自体を見直すことはしなかった（稲継 2006）。また，独法制度の設計作業時は，当初独法化が予定されていた国の組織からの移行グループが念頭に置かれていた（岡本 2008）。

もともと政治性の高い特殊法人等の独法化は，内閣レベルにて独法を事実上監督するアクターが設置されるエポックとなった。2004年，行政改革本部長決定にて，「独立行政法人に関する有識者会議」が内閣レベルに設置され，これは2006年に「行政減量・効率化有識者会議」に改組された。これら会議が設置された背景には，経済財政諮問会議の「骨太の方針」の影響があった。こうした会議体は，独法に，中期目標期間終了を待たずに前倒しで見直しを受けることを相次いで求めた。これは，特殊法人から移行した独法が順次，中期目標期間の終了を迎えることに起因する措置であったと言える（西山 2009）。有識者会議による「指摘事項」は，政独委が示す「勧告の方向性」にも反映されている。さらに，こうした行政改革アクターを通じて，法人の統廃合，事務事業の廃止，総人件費改革といった改革項目が断行されていった。

独立行政法人整理合理化計画　第2のエポックは，2008年12月に閣議決定された「独立行政法人整理合理化計画」であった。この策定は，ある独法の官製談合事件という不祥事が引き金となった。これを契機に，「独立行政法人」という人々には「耳慣れない」言葉が，報道に飛び交った（田中 2007）。そもそも，当時，独法は，一部の人々が関心を寄せていたに過ぎなかった。その創設時に立ち返っても，橋本行革に対する世論の関心は，むしろ1府22省庁から1府12省庁への中央省庁再編や内閣機能の強化に向けられていた。しかし，不祥事や行政の無駄遣いの原因とされるに従って，独法は，国民からネガティブな注目を浴びるようになった。[4]

---

[4] 野村総合研究所（2010）のアンケート調査結果によると，独法の多くは国民の認知度が低く，好感度・信頼感も高くない。特に法人名や事業の認知度の低い独法において，その傾向が顕著であるという。

こうした世論に政治は敏感で，それが整理合理化計画の策定につながった。同計画には，法人の廃止，民営化，統合などが盛り込まれたが，その策定プロセスは，内閣レベルでの折衝と決断が大きかった。こうした過程の中で，内閣レベルでの見直しと，府省委員会や政独委による公式制度上の評価とが混在するようになった（西山 2009；飯塚 2012）。

通則法改正 第3に，通則法改正に向けた動きである。独法整理合理化計画では，法人個々の統廃合のみならず，制度全般に関する見直し事項も示された。それを実現するために，2008年，通則法改正法案が提出された（2008年法案）。しかし，これは，当時の国会情勢もあって，廃案となった。

2009年，歴史的な政権交代により政権を握った民主党は，かねてより独法を大胆に改革すべき対象と見定め，独法制度の「ゼロベースでの見直し」を謳った。その中心的アクターは，内閣府に設置された「行政刷新会議」であった。同年12月に閣議決定された「独立行政法人の抜本的な見直しについて」では，独法整理合理化計画を当面凍結した上で，独法制度の根本的な見直しと制度のあり方の刷新が謳われた。さらに，民主党政権の目玉となった「事業仕分け」では，その第2弾にて，独法が集中的に対象とされた。公開の場で，外部の仕分け人が事業一つ一つを手早く仕分けていくこのプロジェクトは，当然ながら公式評価制度の外に位置付けられるものであった。野田佳彦政権期には，「独立行政法人改革に関する分科会」が設置され，通則法改正への議論が進められた。それをもとに，2012年に再び通則法改正法案が提出されるも，再び廃案となった（2012年法案）。

そして，自民党が政権を再び獲り発足した第2次安倍晋三政権下にて，行政改革推進本部と行政改革推進会議，そして独立行政法人改革等に関する分科会（2013年設置）の下に，通則法改正への議論が改めて進められた。そして，2014年，3度目の通則法改正法案が提出され，ついに成立を見た（2014年改正）。長年懸案であった独法改革は，「三度目の正直」として，こうして暫時決着したのであった。

3 関係アクターの多様化

ここまで見てきたように，まず，通則法上，そもそも多様な評価アクターが設定された。主務府省と独法の擬似的契約関係，そして2段階の評価委員会による

手厚い業績評価システムが構築され，それだけでも独法制度は多数の関係アクターを抱えた体系であった。評価制度に関わった人数を見ても，例えば，政独委と全府省委員会の委員数は，臨時委員・専門委員を含めると，一時点において，延べ450名を超えた。その有識者の構成も，学識経験者を中心としつつ多様であった。

これに加えて，独法をめぐる実態は，公式の評価制度アクターだけでなく，内閣レベルでの行政改革アクターが関与する，さらに多様で複雑な構造を呈した。まず，中期目標終了時の見直しの前倒しなどに伴って，内閣レベルでの行政改革アクターの意向が強く働いた。府省委員会や政独委は，専門的・客観的評価にあたる第三者機関でありつつも，こうした行政改革アクターでの議論や意向を察知しながら，評価にあたっていた面がある。こうした内閣レベルでの改革プロセスが長年継続したことは，独法制度のいわば「内枠」における政治化とも言える状況にあった。言い換えると，関係アクターの多様化は，政治化をも含意したと言い得よう。こうした状況は，「業績評価の結果とは別の観点において，すなわち，業績評価の結果如何に必ずしも立脚しない形で，ある意味で政治的な判断に基づいて，独立行政法人の業務・組織の見直しが実施されている」（福井・横澤 2008：116）といった見方にもつながった。

この制度運用の「内枠」における政治化を介して，さらに議論は，独法制度全体という「外枠」の見直しへと移行していった。それには内閣レベルの行政改革アクターの意向が強く働き，長年，政治イシューとなった。その帰結が，通則法改正への動きであった。これも様々な政治情勢に翻弄された結果，3度目にしてようやく成立を見ることとなった。

4　アカウンタビリティの多様化

独法が，公式の評価アクター以外からも評価される立場になったことは，アカウンタビリティ（いわゆる説明責任）の多様化とも捉え得る。本来，公式の独法制度において，独法の答責相手は，主務大臣及び2段階の評価委員会であった。

5　2013年4月1日時点。狭義の独法のみ。政策評価・独立行政法人評価委員会（2013）による。

しかも，主務大臣にも，独法に対する無限の統制手段が与えられていたわけではない。また，評価委員会に対して本来，独法が果たすべきアカウンタビリティは，事前の擬似的契約をめぐるものである。その評価も，業績や成果に対してなされることになっていた。その視点は，個別政策固有の専門性と，組織の財政や管理をめぐる専門性であるといえる。それは，NPM の哲学の投影でもあった。しかしながら，評価の実態は必ずしも業績や成果をめぐるものばかりではなかった。また，実際に法人がアカウンタブルにならねばならなかった相手はそれに留まらず，内閣レベルで設置された行革アクターにも及んだ。

山本（2013：171f.）は以下のように述べる。

> NPM（新公共管理）的なアカウンタビリティ環境では，委託者は成果志向で統制し，受託者はそれに責任を負うことで対応し，投入や過程は自律的な管理に委ねられるのが原則である。しかし，その概念は正しく認識されることは少なく，国民及び政治家は成果志向の場合でも投入や過程についても関心をもち，また，NPM のような成果志向を標榜しても現行法制度の多くは投入や手続きに関する規定が多く，しかもその多くは改訂されない。行政が成果志向で業務運営を行っても，国民や政治家は投入や過程に関心をも（つ）（中略）。結果的に成果のアカウンタビリティの認識ギャップを生じ，その徹底が困難になることもある。

制度の背景にある哲学と公式制度を超えたところにも，独法がアカウンタブルにならねばならなかった対象があった。すなわち，独法の置かれた政治行政空間は，NPM の想定するような範囲では完結せず，さらに拡大・多様化したのである。

その中で，独法が自主性や裁量を十分に発揮できたとは考えにくい。このように裁量よりも統制の側面が際立った要因の一つには，特殊法人等から独法へのクワンゴ・ドリフトが挙げられる。特殊法人等から独法へと移行した法人（移行独法）については，本来，独法が現場に「任せる」原理に立脚している法人制度で

---

6 アカウンタビリティについては，山本（2013）参照。同書ではアカウンタビリティを，「自己の行為を説明し，正当化する義務であり，説明者は懲罰を受ける可能性を持つもの」と定義している（49頁）。

ありながら，逆に，統制を強めようとする（政治的）意図を（暗に）持っていた面がある。特殊法人の自由な振る舞いを統制しようとするのが特殊法人等改革の意図の1つだったからである。それが，国の内部組織から切り出された先行独法を含む独法制度全体に及んだと言えるだろう。

さらに，政府部門全体の財政制約も働いた。運営費交付金という渡し切り金の自主財源を得つつも，実際に行使できた裁量は限定的だった。また，財政制約は，年約1％の効率化係数の名の下に，独法への予算を毎年減じさせた。これらもまた，通則法の枠組みとは異なる形で，独法への制約として働いた。

4 新制度における多様性への対応
―― 法人の類型化と評価制度の変更

1 法人の類型化

前節に見たような運営過程と改革の道程を経て，独法制度はいかなる方向へと変容したのか。本節では，新制度における特徴として，法人の類型化と評価制度の変更を取り上げたい。

そもそも，独法制度設計時のモチーフは，1つの枠組みへの統一化ないし収斂であった（図14-2）。既述のように，国の内部組織を外部に法人化しようとした際，制度設計者が念頭に置いた反面教師は，統一的な運営原理を持たない特殊法人であった。そこで，独法の設計にあたっては，統一的な一枠組みの中に多数の法人を位置付けるという方向性が定められ，通則法が設けられた。

本来，独法の仕事は，法人名を一瞥するだけでも極めて多様であり（図14-1），業務の性質によって，組織のガバナンスの理想的な形態も異なる。例えば，地道な取り組みを要する研究開発においては，より長期的な視点からの評価軸が必要となる。それに伴い，組織のガバナンスのあるべき姿も異なってくる。だが，旧制度は，それぞれの業務の多様性よりも，むしろ共通の運営原則を規定することを優先していたと言える。

さらに，既述の通り，特殊法人等整理合理化計画を通じて，特殊法人等自身も独法化した（移行独法）。ところが，移行独法は，先行独法とは業務属性や収入構成などの面で，異なる属性を持っていた。政治的な着目のされ方も大きい。

図 14-2 独法制度への収斂とその中での多様化

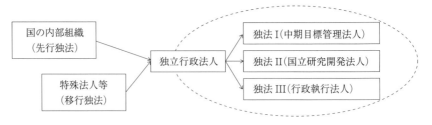

　このように，当初の文脈は，1制度への収斂であったが，制度運営が進展し，さらに多様な法人が独法制度に包含されていく中で，全法人を1つの制度で抱え切ることに伴う齟齬も生じるようになり，独法の多様性に配慮する必要に直面することとなった。

　法人を類型化して捉えようとする試みは，各種会議体（政独委，府省委員会，行革関係の会議）において見られ，しばしば，法人を便宜上機能別に類型化した資料の配布が行われている。

　この流れは，通則法改正の動きに反映された。民主党政権期の2012年法案では，行政執行法人と中期目標行政法人（閣議決定時の呼称は成果目標達成法人）の2類型に大別する構想であった。さらに後者には，研究開発型，文化振興型，大学連携型，金融業務型，国際業務型，人材育成型，行政事業型といった小分類が設けられ，それぞれに適したガバナンスのあり方が採られるとした。

　結果的に，今般の2014年通則法改正では，「中期目標管理法人」，「国立研究開発法人」，「行政執行法人」への3類型化がなされた（図14-1，14-2参照）。2012年法案と比べると，小分類まで含めた全体としては，類型構造が浅くなったものの，研究開発型が1つの大類型へと明確に分けられた。国立研究開発法人については，その名称も，2015年度より，「独立行政法人○○」から，「国立研究開発法人○○」へと変更された。

　なお，興味深いこととして，多くの研究開発法人を所管する文部科学省サイドにて，研究開発系の法人を独法制度自体から分離しようとする動きがあった。文部科学省と総合科学技術会議は，2013年9月より11月にかけて，「新たな研究開発法人制度創設に関する有識者懇談会」を設置し，この件について議論を積み

重ねた。様々な折衝を経て，結果的には，研究開発関係の法人はそのまま独法制度内に収められることとなり，その枠組み内において，国立研究開発法人として類型化されることとなった。ただし，別法にて特定国立研究開発法人となる余地を残している。

2　評価制度の変更

　新制度では，独法評価の仕組みも見直された。大きな変更点の1つは，第三者委員会による評価から，主務大臣自身による評価へと改められたことである。各府省に設置されていた府省委員会は廃止された。政独委も廃止され，それに代わって，総務省に「独立行政法人評価制度委員会」が設置された。その委員は，内閣総理大臣による任命である。同委員会は，内閣総理大臣への意見具申権を有する。同委員会は，独法の毎年度の評価自体には関与しない。

　こうした変更の趣旨は，主務大臣が法人の目標策定，評価，業務改善に責任を持つことで，「主務大臣のグリップを効かせる」ことである。これは，主務大臣によるアカウンタビリティ（ministerial accountability）を高めるものと言える。旧制度よりも，独法の政治的な応答性（responsiveness）を高め，現実の政治化に対応するものと解し得る。

　加えて，独法は，総務省の行政評価・監視対象に追加された。また，監事の機能の明確化・強化によって，内部統制も強化されることになった。

　一方で，もう1つの変更点として，類型ごとに異なる評価システムが採られることとなったことが挙げられる。まず，中期目標管理法人は，一定の自主的・自律的裁量を特徴とする。目標管理期間は3～5年である。旧制度の独法に最も近い形である。

　行政執行法人は，単年度管理型の法人である。主務大臣により単年度ごとに目標設定，評価がなされる。主務大臣は，監督上必要な命令をすることができる。また，役職員には，公務員身分が付与される（旧制度において，役職員に公務員身分を付与していた特定独法は，国立病院機構を除き，すべて行政執行法人となった）。

　一方，国立研究開発法人の目的は，研究開発成果の最大化とされた。目標管理期間は，中長期とされ，最大で7年にできる。役職員身分は非公務員である。目

標・評価等に関して主務大臣は，研究開発に関する審議会（国立研究開発法人審議会）を設置して，その意見を聴取することとされた。また，研究開発の事務・事業の目標・評価については，内閣府に置かれる「重要政策に関する会議」の一つである総合科学技術・イノベーション会議が指針案を作成し，総務大臣の作成する指針に反映させる。このように，研究開発型の法人を明確に別建てとし，評価制度にも研究開発独自の考慮を加えたことは，その専門性や独特な業務属性に留意した措置であると言える。

3　多様性と画一性——構造と機能

　独法改革の論点の1つは，独法の担っている行政・政策機能の多様性に対応するために，どういった構造をあてがうかという点であった。すなわち，法人業務の多様性に何らかの策を打つべきではある一方，構造としての独法制度という1つの枠組みは維持したい——この2つの命題を解く一つの解として，今次改革にて，独法内での3類型化が生じたと言える。

　かつて，多様な法人をアドホックに創設し，特殊法人「群」とのみしたことは，様々な逆機能を生んだ。それを防ごうと，外郭団体の統一的な体系として独法制度が作られた。しかし一方で，独法制度は，その画一性ゆえの課題を孕んだ。

　この両極の経験をもとに，今次改革では，独法という制度内において多様化・類型化が図られることとなった。専門的な多様性に配慮しつつも，一方で，主務大臣による直接の評価体系を通じて政治的なアカウンタビリティを高めたという点に，今次改革の特徴が認められる。

5　おわりに

1　3つの「多様性」

　本章は，独法制度をめぐる3つの「多様性」をめぐって議論を展開した。まず，第2節にて，そもそも，行政サービス供給が多様化する背景には，広義・狭義の行政が担う業務の多様性があることを指摘した。それが，供給方法の多様性を求め，あるいは可能とする。例えば，かつての国鉄や電電公社のように，民営化に適すると判断された事業は民間企業に転換される。公共工事など契約ベースで民

間に委ねるべきと考えられるものは調達を通じて購入される。そして，民間には委ね難いが政府が直接実施する必要のないものは独法化への道を歩む。こういった政策や事業の多様性が，行政サービス供給方法の多様性をもたらす。

　独法制度は，行政サービス供給の多様化の一形態として，1990年代後半の行政改革の過程の中で創設された。この時期の行政改革の背景には，国際的な行政改革潮流としてのNPMという概念（ドクトリン）があった。独法制度の創設もその流れに位置付けられる。その創設理念は，一定の業務を別の法人として切り出し，その組織に業務を「任せる」というものであり，擬似的な契約関係と事後的な業績評価が特徴である。

　第3節では，評価制度を中心に，独法を取り巻く様々なアクターについて議論した。そもそも独法制度が多様なアクターによって構成されていたことを見た上で，運営過程において，関係アクターが，内閣レベルの行政改革アクターの関与を中心に，政治空間の中でより多元化したことを述べた。すなわち，独法に要請されたアカウンタビリティは，NPMの委任関係や成果志向が想定したものを超えて，内閣レベルへの政治行政空間へと拡大した。この点で，関係アクターの多様化は，法人制度の政治化でもあった。それは，制度の外枠のさらなる改革への議論を誘引した。

　そもそも独法は，独法制度の一員としてのアカウンタビリティのみを求められているのではない。それぞれの属する「部分社会」の要請する専門的アカウンタビリティにも応えねばならない。例えば，医療を担う法人やその職員には，独法の組織・職員としてのアカウンタビリティのみならず，医療従事者としてのそれも課せられる。研究開発法人には，研究者コミュニティ内でのアカウンタビリティも求められる。金融にせよ，文化施設にせよ，同様にそれぞれ，各業務属性にまつわるアカウンタビリティやそれに応じたガバナンスを必要とする。

　こうした多様性の存在が，第4節で取り上げた2014年通則法改正における法人の類型化や評価制度の変更の背景にあった。そもそも独法制度は，かつて至極個別的に設立された特殊法人の反省に立って，通則法を通じた包括的枠組みとして創設されたものであるが，その一方で，運用過程では，多様な業務を担う法人群を1制度で運営する難しさを伴った。

　今次の改革における法人の類型化は，その業務の個性にある程度対応しようと

する制度的措置と言える。研究開発系の法人を中心として，各法人が，それぞれの関係する「部分社会」における多様な価値観を反映させやすくなることが期待されよう。これは，効率性を中心的基準とした価値体系からの脱皮とも受け取れる。こういった独法制度上の多様性への配慮を通じて，社会の多様なニーズを，行政サービス供給に適切に反映できるようになることが望まれる。

　他方で，新制度における主務大臣自身による評価システムは，旧制度よりも政治的な応答性を高めるものと言える。旧制度の評価主体は，個別の政策領域ないし政策評価・財務会計といった横断的事項に識見を持つ有識者で構成された委員会であった。それに対し，新制度における評価制度は，主務大臣によるアカウンタビリティを高めるものである。それは独法をめぐる政治的な空間が，今後，これまでとは異質な形で構築され，あるいは多様化し得ることを含意する。

2　NPMとNPG

　ごく純粋なNPM的アカウンタビリティ関係が現実性を帯びてなかったことが2014年改正につながったとするならば，それは，NPMモデルの現実的妥当性の限界を提示しているとも考え得る。既に数多くのポストNPMモデルが提示されているが，本章の議論において有効なのは，New Political Governance（NPG）というモデルであろう（Aucoin 2012）[7]。それは，ウェストミンスター諸国において，首相への権力の集中や，公務員人事の政治化などが進み，政治主導が高まるにつれ，既存の枠組みでは政治現象をよく説明できなくなったという認識のもとに生み出された概念である。

　すなわち，NPGモデルは，端的に言えば，NPMに政治という要素が不足していることを指摘する。NPMは行政経営のモデルであって，民主性や政治的応答性が十分に考慮された概念とは言い難い。しかもNPMは，当初は分析概念であったが，その後，改革を主導する概念へと転換するに至った。独法制度の関係アクターが結果的にさらに多様化し，そして政治化した所以の1つは，このNPMにおける前提としての政治性・民主性の欠如にあったようにも思われる。

---

[7]　ポストNPMモデルとしては，New Public Governanceの略語としてのNPGもあるが，ここで扱うのは，New Political Governanceの方である。

独法制度の政治化は，近年の日本政治全体における官邸主導や政治主導の高まり（竹中 2006；待鳥 2012）の1つとして捉えることもできよう。そうした視点からの考察は，NPM と NPG の関係の考察とともに，今後の研究課題と言える。

3　結　び

　独法は，長年にわたって，未完の行政改革対象であった。「行政改革によって行政改革なきを期す」（片岡 1983：11）ことに行政改革の目的があるとする命題の一方で，独法という存在は，偶然か必然か，その創設後も連続的に改革の対象とされた。

　長年の改革を経て，制度そのものの政策循環（PDCA サイクル）は一周回り，今次，改革は一旦終着を見た。独法制度は，評価制度を通じて，あるいは政治的決断を経て，法人に業務改善を促したばかりでなく，制度枠組みそれ自身を更新させたのである。この制度改善に向けた過程はそれ自体，評価されて良いだろう。

　加えて，独法化が，グレーゾーン組織の透明性を格段に高めたことは特筆すべきである。いまや独法に関するあらゆる情報は，制度のことから各法人の業務のことまで，ウェブ上で公開されている。

　その一方で，制度上の評価とは必ずしもリンクしない時々の政治判断や，間断なく続く改革に，改革疲れを訴える声も多く見られた。本来の制度趣旨である独法の自主性や自律性が十分に発揮されてきたとも言い難い。行政における改善方法には，行政改革だけでなく行政管理もある（西尾 2001）。通則法の改正を見た今，さらなる改革への欲望を一旦抑制して新制度の運用を見守る時期，すなわち行政改革ではなく行政管理を通じた改善に徹する時期も必要であるように思われる。

【さらに理解を深めたい人のために】

田中一昭・岡田彰編著（2000）『中央省庁改革――橋本行革が目指した「この国のかたち」』日本評論社．

宮川公男・山本清編著（2009）『行政サービス供給の多様化』多賀出版．

山本清（2013）『アカウンタビリティを考える――どうして「説明責任」になったのか』NTT出版．

参考文献

縣公一郎（2014）「独立行政法人制度とその評価制度の展望」『会計検査研究』第49号，5-10頁．

飯塚俊太郎（2012）「NPMにおける裁量志向の理念と現実――独立行政法人制度を事例として」『季刊行政管理研究』第139号，38-54頁．

稲継裕昭（2006）「独立行政法人の創設とその成果」『年報行政研究』第41号，42-59頁．

内山融（2005）「政策アイディアの伝播と制度――行政組織改革の日英比較を題材として」『公共政策研究』第5号，119-129頁．

岡本義朗（2008）『独立行政法人の制度設計と理論』中央大学出版部．

片岡寛光（1983）「臨調後の行政改革――行政改革の内在化のすすめ」『季刊行政管理研究』第22号，3-14頁．

久保木匡介（2000）「イギリスにおけるNPM改革の連続と断絶」『早稲田政治公法研究』第64号，167-193頁．

政策評価・独立行政法人評価委員会（2013）『独立行政法人評価年報（平成24年度版）』．

曽我謙悟（2013）『行政学』有斐閣．

竹中治堅（2006）『首相支配――日本政治の変貌』中央公論新社．

田中一昭（2007）「独立行政法人制度は，ここが問題」『改革者』2007年8月号，30-33頁．

田中一昭・岡田彰編著（2000）『中央省庁改革――橋本行革が目指した「この国のかたち」』日本評論社．

独立行政法人制度研究会（2015）『独立行政法人制度の解説　第3版』第一法規．

西尾勝（2001）『行政学　新版』有斐閣．

西山慶司（2009）「独立行政法人制度にみる NPM 型改革の影響——独立行政法人評価の実際と独立行政法人整理合理化計画を踏まえて」『日本評価研究』第 9 巻第 3 号，55-67 頁。

野村総合研究所（2010）「国民に愛される『エクセレント独法』をめざして——独立行政法人についての国民の意識調査結果と改革に向けた提案」。

毎熊浩一（2001）「NPM のパラドックス？——『規制国家』現象と『触媒政府』の本質」『年報行政研究』第 36 号，177-196 頁。

前田健太郎（2014）『市民を雇わない国家——日本が公務員の少ない国へと至った道』東京大学出版会。

待鳥聡史（2012）『首相政治の制度分析——現代日本政治の権力基盤形成』千倉書房。

真渕勝（2009）『行政学』有斐閣。

福井健太郎・横澤良子（2008）「独立行政法人における『経営』（マネジメント）の必要性」『季刊政策・経営研究』2008 年 4 月号，112-136 頁。

山本清（2000）『自治体経営と政策評価』公人の友社。

山本清（2009）「行政サービス供給の多様化の背景と課題」宮川公男・山本清編著『行政サービス供給の多様化』多賀出版，27-57 頁。

山本清（2013）『アカウンタビリティを考える——どうして「説明責任」になったのか』NTT 出版。

Aucoin, Peter（2012）'New Political Governance in Westminster Systems: Impartial Public Administration and Management Performance at Risk,' *Governance* 25(2), pp.177-199.

※本書のテキストブックという特性及び紙幅の都合から，文中の注は網羅的ではない。参考文献は邦語文献を中心に構成した。また，独立行政法人制度については，独立行政法人制度研究会（2015）及び総務省ウェブサイト等を参照したが，煩雑を避けるために，逐一注を施していない。

第15章
大都市制度
地方政府の政府間関係の分析を通じた新たな視座の提供

上崎　哉

【本章のねらい】わが国には，都区制度と指定都市制度という2つの大都市制度が存在してきたが，昨今，特に指定都市制度について，見直しの議論が活発化している。最近の議論の特徴として，指定都市全体を対象とするのではなく，個々の大都市の状況に対応しようとする傾向が強いことが挙げられる。それぞれの大都市の多様性に対応した，言うなればオーダーメイドの改革が目指されているのである。その最たるものが，大阪「都」構想であろう。

本章のねらいは，大阪「都」構想を批判的に取り上げながら，今後も続けられるであろう大都市制度改革に関する議論に，少しでも貢献することである。まず，拠点性や一体性という概念を手掛かりに，大都市制度が必要とされる理由について論じたのち，政府間関係のモデルを使って，わが国の大都市制度を整理してみたい。最後に，今後大都市制度に関する議論を進めていく上で，欠かすことのできない視座を確認してみたい。

1　指定都市には様々な呼び方があるが，ここでは地方自治法の表記に従うことにする。
2　この構想の根拠法となった「大都市地域における特別区の設置に関する法律」（以下，「特別区設置法」という）では，関係市町村が廃止されて特別区が設置され，特別区を包括する道府県が都とみなされるだけである。実際に「大阪都」が設置されるわけではないので，こうした表現を用いることとした。また，断り書きなしでこの表現を用いる場合，その具体的内容は，2015年5月に実施された住民投票の対象となったものとする。

1 現代社会における大都市の意義と特殊性

1 大都市制度の議論の必要性の高まり

大阪「都」構想　2015年11月22日に実施された大阪府知事及び大阪市長選挙において，大阪維新の会が擁立する候補が同時に当選を果たした。この結果，大阪では再び大阪「都」構想が政治課題として浮上するものと考えられる。

こうした状況下にあって，大阪「都」構想を改めて評価することも，社会的意義があるのかもしれない。しかし，大阪「都」構想については，すでに数多くの批判が蓄積されている。そこで本章では，大阪「都」構想を批判的に取り上げながら，将来，大都市制度が議論される時に備えて，必要な視座を提供することとしたい。なぜかと言えば，指定都市が多様化している状況にあって，望ましい大都市制度のあり方を1つに絞ることは困難だからである。モデルとなるような制度を提示するのではなく，大都市制度についての議論に向けた備えをしておくことにする。

ただし，将来における大都市制度の議論に備えるにせよ，本章が大阪「都」構想を巡る議論から強く影響を受けていることは確かである。多分に問題をはらんでいる大阪「都」構想だが，次のような変化を引き起こしたことは評価できよう。

第1は，大都市制度改革を政治課題に載せたという点である。東京一極集中の度合いが深化し，地方の疲弊が進んでいる状況にあって，東京以外の大都市に寄せられる期待は大きい。核となる大都市までもが疲弊してしまえば，その地方全体が地盤沈下してしまうからである。大阪「都」構想により，これらの大都市にどのような役割を期待するか，そのためにはどのような制度を構築する必要があるか，こうした議論が広く社会的になされたことは評価に値しよう。

第2は，個々の大都市の状況に応じた議論の可能性を切り拓いたことである。指定都市は，「かつてのように……『人口一〇〇万以上の大都市』という単純なイメージをもつことは，もはや不可能である」（北村 2013）と評される状況にある。こうした状況にあって，大阪「都」構想は，一律・横並びではない，個々の大都市に応じた問題解決の可能性を示したとも評価できよう。

本章は，大阪「都」構想によってもたらされた大都市制度の議論の必要性の高

まりを受けて，大都市制度を論じる際に欠かすことのできない視座を提供することとしたい。大都市制度についてはそれなりに議論の蓄積がなされてきたが，ともすれば，わが国の地方制度の基本構造にとらわれ過ぎてきた嫌いがないわけではない。大都市制度に関して確認すべきことを確認した上で，重要な論点について注意喚起を試みたい。

2 大都市の戦略的地位

一国経済と大都市　大都市制度を議論するにあたり，まず確認しておくべきことは，この問題が，大都市とその周辺地域だけに関係するものではなく，広く地方全体，場合によっては国全体に関わるものだという点である。大都市制度は，単に大都市圏の問題として扱うのではなく，より広域的な視点からアプローチすることが必要である。

　なぜこのように扱うことが必要かと言えば，大都市には，「安心安全な生活空間を形成することにより，第三次産業を中心に経済をけん引していくことが期待されている」（第30次地方制度調査会 2013）からである。大都市には，イノベーションの場として，あるいは他の地域で生じた経済成長を更なる成長へとつなげる場としての役割が期待されている。

　大都市がイノベーションの場として期待されるのは，いわゆる交流の利益が生じやすいからである。「異なる者同士の交流によって，新製品，デザイン，技術の開発がなされ，それらが容易に伝播される」（佐々木・文 2000）ことで，新たな成長が生み出されることになる。

　また，イノベーションの舞台とはならなくとも，他の地域の経済成長を取り込むことで，更なる発展の推進役になることが大都市には期待されている。例えば，ある地域の住民の所得が向上したとして，その地域が消費地として十分に成熟していなければ，その波及効果は他の地域が吸収することになる。とりわけ，高次のニーズの充足という形で大都市へと波及効果が及び，それが更なる成長へとつながることが期待される。

東京と大阪との二極構造の是非　現代社会においては，大都市の経済的パフォーマンスが，一国の経済を大きく左右することになる。このため，経済政策の手段として，大都市を対象とした施策が講じられることもある。政策の志向という点で

は，大阪「都」構想も同一線上に位置付けることができる。「日本を引っ張るエンジンとして，日本の東西二極の一極を担」(橋下・堺屋 2011) えるようにするというのが，大阪「都」構想の一つのねらいだからである。このねらいを実現させるためには，「地域全体としてのインパクトのある大きな政策」(大阪維新の会(政調会) 2012) が必要であり，そのために府と市とを統合して財布を一つにしなければならないというのである。

だが，仮に，ここでいう「二極」が，東京と同等の都市機能を大阪も備えるという意味だとすれば，その実現は相当に困難であると言わざるを得ない。集積が集積を呼ぶという大都市の構造を鑑みれば，ここまで東京との差がついてしまった状況にあって，大阪を東京に比肩する大都市に成長させることは困難であろう。仮に東京に肩を並べようとしてスケールの大きな投資をしてしまえば，これまでの失敗を繰り返す結果になりかねない。必要なのは，大都市としての大阪が，東京にはない強みを生かしていくことであろう。

各地の強みを活用した大都市政策の必要　また，そもそも東京は，他の大都市がお手本にすべき都市なのであろうか。経済的な発展では，他の大都市を凌駕していることは確かである。しかし，国全体という視点に立てば，特に，日本の人口構造を鑑みれば，東京は決してお手本にすべきものではない。平成 26 年の東京都の合計特殊出生率は 1.15 であり，全都道府県の中で最も低いからである。[3]

合計特殊出生率がこのように低いにもかかわらず，東京都の人口が依然として増加しているのは，社会増が大きいからである。平成 26 年の 9 万 5545 人の人口増加のうち，自然増は 1814 人に過ぎず，残りは 7 万 3385 人の社会増と 2 万 1873 人のその他の増である。[4] 他の道府県からの人口移動と外国人登録人口などの増加が，東京の人口を支えているのである。地方の犠牲の上に，東京の繁栄が成り立っているとも言える。

---

[3] 厚生労働省「平成 26 年 (2014) 人口動態統計（確定数）の概況」http://www.mhlw.go.jp/tokei/saikin/hw/jinkou/kakutei14/（最終アクセス 2016 年 3 月 26 日）
[4] 「区市町村，変動要因別人口（総数）」(東京都「人口の動き（平成 26 年中）」http://www.toukei.metro.tokyo.jp/jugoki/2014/ju14q10000.htm）（最終アクセス 2016 年 3 月 26 日）。なお，これ以外に 1527 人の都内間の移動減が含まれるため，合計値は一致しない。

こうした東京の状況を鑑みれば，他の大都市は，東京とは異なるあり方を模索すべきであろう。確かに，東京以外の大都市も，合計特殊出生率が高いわけでは決してない。平成26年の大阪府の値は1.31であり，褒められる状況ではない。また，少子化は，大都市が単独で処理できる問題でもないかもしれない。しかし，仮に地域の取り組みの余地が残されているとすれば，現在の日本の大都市には，人口減少問題に対処しながら，経済の活性化にも取り組むという困難な課題が課せられているのである。地域の強みなどを見極めたうえで，各大都市がこうした課題に取り組むことが求められている。

3　大都市の特殊性と多様性

大都市の拠点性　地域の強みを生かした政策の必要性という点では，大都市も一般の都市も相違するものではない。しかし，大都市には一般の都市にはない特殊性が見られるのであり，ここに，大都市制度の必要性がある。

では，大都市と一般の都市はどのような点で相違するのであろうか。それは，大都市における集積度の高さである。そもそも，都市とは，人口や都市機関などが集積している地域のことを指すが，一般の都市には立地し得ないような施設や機関が集積しているのが大都市の特徴である。

このため，大都市には，一般の都市では満たすことができないニーズの充足を求めて，多くの人が集まることになる。周辺地域の住民のニーズも充足することを母都市機能と呼ぶが，こうした機能が高く，拠点性を有するのが大都市の特徴である。そしてその結果として，大都市自治体は，市域外の住民をも対象として，行政活動を行うことが必要となる。

拠点性が低く，市域外からの流入の少ない都市であれば，行政活動の主な対象はその地域の住民である。ところが，拠点性が高くなればなるほど，行政活動の対象となる市域外の住民の数は増えることになる。一般の市であれば，住民の負担で，住民が必要とするサービスを供給するという図式が成立しやすいのに対し，大都市の場合には，こうした受益と負担の一致が成立しないのである。

なるほど，大都市では経済活動も活発であり，一般の都市よりも多くの税収を上げる余地はあるのかもしれない。だが，受益と負担の関係については，一般の都市と大都市とでは構造的な相違がある。ここに大都市制度が必要とされる理由

の1つがある。

大都市の一体性　大都市の特殊性の第2に挙げられるのが，一体性である。一体性とは，十分な広さを備えた地域を細分化せずに，一体の地域として全体を勘案しながら物事を処理することが望ましいという性質のことである。もし，地域を細分化すると適切な事業の実施などが困難となる場合には，その地域全体を，一つの自治体，あるいは単独の計画の領域として設定するのが望ましいということである。更に，一体化される地域は，市街化が進んだ地域だけでなく，緑地などが残された地域も含むことが望ましい。

なぜかと言えば，市街地だけでは住民のニーズに十分に応えきれないことが多いからである。例えば，都心の住民が屋外運動場を望んだとしても，自治体の領域が都心部だけに限られていれば，単独での問題解決は困難であろう。逆に，郊外まで自治体の領域が広がっていれば，用地を確保できる可能性は格段に高まることになる。

また，大都市の人口が増加している局面では，それに対応した種々の開発事業が必要となるが，自治体の領域が限定されていれば，適地の確保に苦労することも十分に考えられる。これに対し，一体化した領域が十分に広がっていれば，市街化を推進すべき地域，農用地として保存したり自然風景を維持したりすべき地域など，総合的な土地利用計画を策定した上で，開発事業を実施することが可能となる。

こうした一体性は，都市計画区域が「一体の都市として総合的に整備し，開発し，及び保全する必要がある区域」（都市計画法5条1項）と定義されるように，一般の都市にも求められる。だが，大都市の場合には，集積度の高さから，大都市特有の一体性が求められるのである。

このことを認めているのが，都と特別区の役割分担に関する地方自治法（以下「法」とすることがある）の規定である。地方自治法281条の2では，

> 都は，特別区の存する区域において，特別区を包括する広域の地方公共団体として……〔第2〕条第3項において市町村が処理するものとされている事務のうち，人口が高度に集中する大都市地域における行政の一体性及び統一性の確保の観点から当該区域を通じて都が一体的に処理することが必要であると認められる事務を処理するものとする（傍点著者）

と規定されている。本来であれば市町村の処理すべき事務であったとしても，人口が高度に集中する大都市の場合には，都が一体的に処理することが望ましいものもあるということである。なお，この規定に基づいて都が処理する事務は大都市事務と呼ばれている。

大阪市の市域拡張　これまで論じてきたように，大都市には拠点性と一体性という特殊性が存するが，これらの問題に対する解決策として，かつて大阪市で推進されたのが市域拡張であった。

現在でこそ，市域の狭い大都市の代表例とされる大阪市だが，かつては，都市の発展に伴って市域を拡張してきた。1889 年に東西南北の 4 区からスタートした大阪市は，1897 年に第 1 次市域拡張，1925 年に第 2 次市域拡張を行ってきたのであり，その後も，市域拡張を目指した取り組みは続けられてきた。

戦前から戦後にかけての大都市制度については，特別市制運動が取り上げられることが多いが，歴代の大阪市長の中には，市域拡張を特別市制導入の要件として位置付けていた者もいた。広いエリアを対象に，一体的で総合的な施策を推進するには，市域拡張が必要だと認識していたのである。

例えば関一は，千里丘陵まで大阪市域拡張を考えていたとされる（黒田 2001b）。こうした考え方は，内務官僚であった潮恵之輔によって「一望千里」と皮肉られたと伝えられるが，関は，田園が広がっている地域まで市域を拡張しなければ，望ましい都市経営は困難だと認識していたのである。

また，戦後市長を務めた中馬馨も，市域拡張を積極的に推進しようとした人物であった。「市域の拡張をやらねば特別市は無意味になる。市域拡張が先だ，こういう都心部だけしかない姿で特別市制をやるのは，むしろ社会経済的に矛盾をきたす」（黒田 1996）との信念を抱いていたからであった。

1949 年に策定された市域編入基本計画の草案では，「隣接市では豊中・吹田・守口・布施・八尾の五市，同じく町村では豊能郡庄内町，中河内郡の長吉・瓜破・矢田・加美の四村と巽町，北河内郡の大和田・二島の二村と庭窪・茨田・門真の三町の一一町村」（黒田 2001a）が対象とされていた。

仮にこの計画が実現していれば，現在の大阪の姿もまた異なったものとなっていたことであろう。ところが，戦後大阪府が完全自治体となり，知事が公選となると，市域拡張は円滑には進まなくなり，1955 年に第 3 次市域拡張が行われた

のが最後となった。

大都市と戦略性　一体的な大都市経営を重視するのであれば，大都市自治体が単独でそれに当たることが望ましい。だが，特に大阪については，かつて計画されていたようなエリアまで市域を拡張するのは，現時点においてもはや困難である。

このため，大都市圏が市町村の境界を越えて広がっている状況に応じた議論が必要となる。一体性の求められる大都市において，単独ではなく複数の自治体が，それぞれの多様性を尊重しながら，どのような取り組みを行えるかを検討しなければならない。

この点について全般的な議論を行うのは容易ではないが，多様性の尊重は，観光面における活性化と親和性の高いものである。現在，大阪には多くの外国人観光客が訪問し，地域経済にプラスの効果を与えている。外国人観光客の大阪での訪問先の中では，大阪城と道頓堀が他を引き離している状況（大阪観光局 2015）だが，再訪を求めるには，多様な大阪のアピールも必要であろう。更に，エリアを広げれば，近畿には京都，大阪，神戸と，それぞれに個性的な魅力を備えた大都市がある。また，大都市だけでなく，魅力的な地域も数多く存在している。大阪や近畿として一くくりにするのではなく，多様性を生かす方が望ましい。

ただその一方で，個々の自治体があまりにも分立的に活動していたのでは，期待される成果が得られないことも十分に考えられる。各自治体の取り組みを上手く融合させるためには，自治体間連携の仕組みなどの検討も必要となるであろう。その際，地域の核である大都市が中心となって，戦略的に方針を示すことも必要になってこよう。「一人の指揮官」にするのではなく，多様性を尊重しながら，大都市圏の各自治体と民間の主体とが共有できるような将来像や未来像が，地域の戦略として打ち出されることが求められている。

2　大都市における政府間関係

1　二層制と大都市制度

基本構造としての二層制　大都市の特質について確認したところで，次は，わが国の現行の大都市制度を整理しておきたい。

わが国の大都市制度は，大都市のみを対象とした独立性の高い制度として構築

されているのではなく，地方制度の特例として位置付けられている。大都市法のような個別の法律があるのではなく，地方自治法という大枠の中に，大都市制度が位置付けられている。

　そこで，まずは地方自治法に基づいて地方制度の基本構造を見てみたい。同法では，1条の2において，地方公共団体と国の基本的役割が示されている。その上で，1条の3において，地方公共団体が普通地方公共団体と特別地方公共団体とに区別され，さらに，普通地方公共団体が都道府県と市町村とに区別されている。すなわち，第1段階で国と地方公共団体との役割を区別し，第2段階で地方公共団体の役割を都道府県と市町村とに区別するという図式になっている。

　都道府県と市町村との関係については，2条5項で都道府県の役割が規定され，市町村の役割は「第5項において都道府県が処理するものとされているものを除き，一般的に，前項の事務を処理するものとする」（法2条3項）とされている。要するに，地方公共団体の役割を大枠として設定した上で，その役割を都道府県と市町村とで分担しあう構造となっている。

基本構造における大都市制度　そして，大都市制度はまさに上述の構造を前提とした上で，その特例として設けられている。金井利之の表現を借りれば，「〔大都市制度は〕道府県・市町村という普遍的な二層制自治制度を引照基準として特例制度と理解されてきた」（金井2007）のである。

　そこで，我々もまた，こうした基本構造を前提とした上で，都区制度，指定都市制度，そして大阪「都」構想について概説してみたい。

　まず，指定都市制度であるが，この制度の根本となる規定は「政令で指定する人口五十万以上の市（以下「指定都市」という）は，次に掲げる事務のうち都道府県が法律又はこれに基づく政令の定めるところにより処理することとされているものの全部又は一部で政令で定めるものを，政令で定めるところにより，処理することができる」（法252条の19，傍点引用者）というものである。都道府県・市町村という基本構造において，指定都市に都道府県の事務の一部を与えて他の市町村よりも多くの役割を担わせるというのが，指定都市制度の基本的な仕組みである。

　次に都区制度であるが，地方自治法において，

　　特別区は，基礎的な地方公共団体として，前項において特別区の存する区域

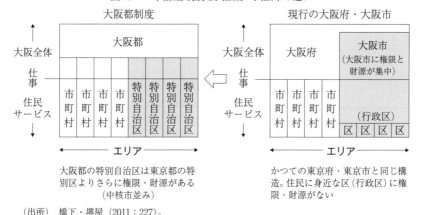

図 15-1　大阪都制度と大阪府・大阪市の違い

（出所）橋下・堺屋（2011：227）。

を通じて都が一体的に処理するものとされているものを除き，一般的に，第2条第3項において市町村が処理するものとされている事務を処理するものとする（法281条の2第2項）

と規定されている。

特別区は，基本的に「基礎的な地方公共団体」として市町村と同等に位置付けられているものの，いわゆる大都市事務は都が担当するというのがこの制度の基本である。

最後に大阪「都」構想であるが，これもまた，完全にこうした図式の中に納まるものである。それを端的に示すのが，図15-1であろう。まさに金井がいう「『府県』事務と『市町村』事務の総量一定のもとでのゼロ・サム・ゲーム」（金井2007）に納まる形で，指定都市制度，大阪「都」構想，そして一般市制度が説明されている。

2　大都市における地方政府間関係

政府間関係の分析モデル　このように，わが国の大都市制度は，基本的な二層構造を前提とした上で，基礎自治体と広域自治体との政府間関係の問題として扱うことができる。そこで，ここでは，マルチレベルの行政を分析するためのツールである曽我謙悟のモデルを用いて，これらの政府間関係を定性的に分析してみたい。

なぜ，曽我のモデルを用いるかと言えば，分析モデルとして汎用性が高いことに加えて，天川晃や西尾勝のモデルの持つ欠点の解消に成功しているからである。

わが国の中央地方関係は，分権・集権，分離・融合という2つの軸を用いて分類されることが多かった。だが，このモデルには，2つの軸を用いることで4つの象限が生じるにもかかわらず，中央地方関係が大陸型とアングロサクソン型の2つにしか分類されていないという問題点があった。分権型に分類される国は同時に分離型の特徴を示し，集権型に分類される国は同時に融合型の特徴を示すのである。分権・集権と分離・融合という2つの軸の間には一定の相関があるのであり，完全に独立した次元にはなっていない。

この問題に対して曽我は，そもそも「〔分権・集権〕の概念は，地方政府の自律性という質的な側面と活動範囲という量的な側面の双方を捉えようとしている。その双方が大事であるからこそ，2つの要素を含み込む概念となっているのだが，それは混乱の原因」（曽我 2013）だとし，分権・集権を，量的な側面と質的な側面とに分けることを提案する。

その上で，量的な側面は，地方政府の抱える資源の大小で捉えられるものとし，大きければ分散，小さければ集中とされる。一方，質的な側面は，地方政府が自立的に意思決定を行っているかどうか，すなわち，中央政府の関与の度合いで捉えられるものとし，中央政府の関与が少なければ分離，多ければ融合とされる。さらに，分散又は分離と分権との間，集中又は融合と集権との間には連関が存在する。すなわち，分散又は分離のどちらか一方でもその度合いが高くなれば分権の程度が高まり，集中又は融合のどちらか一方でもその度合いが高くなれば集権の程度も高まることになる。

指定都市制度の位置付け　曽我モデルを簡単に説明したところで，これを用いて大都市制度を整理してみたいが，それに先立って2つのことに触れておきたい。

第1は，このモデルはあくまでも各制度を相対的に位置付けるものであり，絶対的な参照基準を提供するものではないということである。ただ，わが国の地方制度には，都道府県・市町村という基本構造がある。そこでここでは，都道府県と一般市[5]との関係を基準として，これとの比較において，各制度を位置付けてみたい。

次に指標だが，本稿では，関与の度合いと事務量を用いることにする。曽我に

倣って財政指標を用いることも考えられるが，ここでは定性的な把握にとどめることにする。

さて，最初に指定都市制度について，道府県と指定都市との関係を2つの軸について分析してみたい。まず，分離・融合だが，これについては都道府県の指定都市に対する関与の特例を挙げることができよう。いわゆる法252条の19第2項の関与の特例がそれである。一般市の場合に必要となる都道府県の関与が，指定都市の場合には不要となる。国の関与は残るにしても，都道府県の関与は受けないのであり，一般市との比較において分離の度合いは高くなる。

次に，集中・分散だが，道府県と指定都市との関係は，一般市との関係と比してより分散的である。というのも，一般市の処理する事務に道府県の事務をプラスするのが指定都市制度の基本的な仕組みであり，事務量において指定都市が一般市を下回ることはないからである。

都区制度と大阪「都」構想の位置付け　次に都区制度について，2つの軸を用いて整理することにしよう。まず，分離・融合だが，都と特別区の間にのみ認められている関与として，「都知事は，特別区に対し，都と特別区及び特別区相互の間の調整上，特別区の事務の処理について，その処理の基準を示す等必要な助言又は勧告をすることができる」（法281条の6）との規定を挙げることができる。この規定は，「一般の都道府県と市町村との関係では律しきれないような都と特別区に特有の関係の中で」（松本2015）適用されるものとされている。特別区に対しては，一般市とは異なる関与をなし得るのであり，都と特別区の関係は，一般市と比較すればより融合度が高いといえる。

次に，集中・分散だが，先述のように，大都市事務は特別区ではなく都が処理することとされており，特別区の活動量は一般市よりも小さくなる。このため，都と特別区の関係は，一般市と比較すると，より集中の度合いが高くなる。

最後に，大阪「都」構想の地方政府間関係である。先述のように，指定都市などを廃止して特別区を設置し，道府県を「都とみなす」というのが，特別区設置法の基本的な仕組みである。よって，基本的には都区制度と同じであるが，大阪

5　ここで一般市とは，地方自治法第12章などの特例が適用されていない市を指すこととする。

維新の会などの主張に従えば、モデル上での位置付けは多少異なる。

どこが異なるかといえば、「特別自治区」には中核市並みの権限を与えるとされており、特別区よりも事務量は多くなるからである。「特別自治区」は、特別区が処理するとされている事務に加えて、中核市と指定都市が担っている事務のうち「住民に身近な事務……を担う」（大阪府・大阪市特別区設置協議会 2015）とされており、特別区よりも事務量は多くなる。

また、一般市と比較すると、事務量を指標とする限りでは、一般市よりも分散の度合いは高くなる。ただし、市町村の税源の一部を都の税源とする特別区財政調整交付金の制度が適用される以上、財政面で分散の度合いが果たして高くなるかどうかは疑問である。事務量では分散の度合いが高いのに対し、財政支出では集中の度合いが高く、制度としての歪さは否定できない。

一方、融合・分離についてだが、法28条の6の規定は同様に適用されることから、ここでは都と特別区と同じとしておきたい。

最後に、これまで位置付けてきたものをまとめると図15-2のようになる。

3　大阪府市関係と大阪「都」構想

二元行政　図15-2に示すように、政府間関係では、道府県と指定都市との関係が最も分権的である。だが、これは、この関係が最も好ましいことを意味するわけではない。特に大阪の課題とされてきた問題が、この分権的な関係から生じているからである。

上述のように、大阪府と大阪市の関係は、今回整理した4つの制度の中では分離と分散の度合いが最も高い位置にある。すなわち、大阪市から見れば、大阪府の関与をそれほど受けずに、多くの活動を担えるということになる。大阪市は大阪市、大阪府は大阪府、それぞれが自律的に活動するという二元行政が生じたのは、こうした政府間関係を前提としてのことである。仮に、大阪府と大阪市の間で明確に役割分担がなされており、両者の調整の必要性が小さければ、それぞれが自らの判断に基づいて責務を果たせばよく、深刻な問題は生じなかったかもしれない。

ところが、指定都市制度の場合には、道府県と指定都市とで明確に役割が区別されているわけではない。例えば、大阪府と大阪市の機構図を比較すれば、大阪

図15-2 地方政府の政府間関係の集中・分散と融合・分離の程度

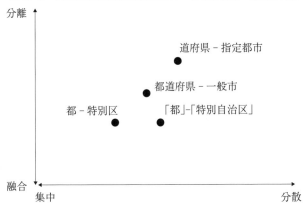

府に成長産業振興室があるのに対し，大阪市には産業振興部が置かれており，政策領域に重なりが見られる。このように棲み分けが不十分な状況で互いに自律的な活動がなされてしまうと，場合によっては，互いの活動が競合する事態にもなりかねない。

そして，大阪では，こうした問題をいわゆる内野外野論で処理してきたのである。内野たる大阪市域については大阪市，外野たる大阪市域外については大阪府，このように地域を2つに分けることで，競合の問題が解決されてきたのである。その結果，「府市ともに，政令指定都市制度を『特別市』的に運用してきた結果，『市は市域，府は市域外』というお互いの縄張り意識が固定化し」（大阪府自治制度研究会 2011），二元行政と呼べる状況に陥ったのである。

仮に，先述のように，市域拡張がなされた上で「特別市」的な運用がなされてきたのであれば，一体的な大都市経営が可能だったかもしれない。しかし，ほぼ全域が都市化している大阪府域でこうした運用がなされてきた結果，弊害が生じたのである。

大阪「都」構想の評価　このように，二元行政という面では，大阪府と大阪市の関係に問題があることは確かである。では，大阪「都」構想がこの問題に対する解決になるのであろうか。[6]

再び先のモデルに戻って議論すれば，図15-2に示される通り，大阪「都」の

導入により融合も集中もその度合いは高まることになる。よって，二元行政の解決という観点だけに立てば，一定の評価をすることはできよう。

ただし，他方において，大阪市の一体性が破壊されてしまうことについては注意が必要である。特別区設置法を根拠とする限り，大阪市が廃止されて特別区が設置されるのであり，大阪市の一体性は破壊されることになる。新たに設置される「都」が大都市事務は担当するが，もともと大阪市が担ってきた権限の全てを処理するわけではない。一体性が損なわれる事務も当然ながら現われることになる。

更に，大阪「都」構想では，既存の24区を5区に再編するという案がまとめられたが，市域のこうした細分化には大きな弊害が予想される。まず，大阪市を廃止して特別区を設置するとなれば，従来の府と市との二者間の関係が，「都」と「特別自治区」との1対5，あるいは「特別自治区」と「特別自治区」との5対5という関係へと変化することになる。大阪市域の一体性は著しく損なわれ，より調整が困難となることは目に見えている。

また，東京と大阪とでは，区の成り立ちが異なることにも注意が必要である。東京の特別区の「境界は，かつては川であった例が多い」（高橋裕 1988）とされているのに対し，大阪市では，「『区ノ区域ト警察署管轄区域ノ合致』」（竹村 1996）が優先された結果，拠点を分断するかたちで区の境界が設定されている箇所が少なくない。

例えば，大阪の繁華街の1つであるなんばは，中央区と浪速区とにまたがっており，その境界線は南海なんば駅の真上を通っている。また，あべのハルカス周辺にしても，JR天王寺駅が天王寺区であるのに対し，道路を一つ挟んだ近鉄阿部野橋駅は阿倍野区に位置している。特にあべのハルカス周辺は，大阪「都」構想の区割りでは中央区と南区とに分断されることになっていた。大阪の中でも重視すべき拠点を，複数の区に分断するのは得策ではなかろう。

実効的な調整システムの導入　このように，大阪「都」構想により一体性を損なう

6　大阪維新の会などは，主に住民に対するアピールの度合いの高さから，「二重行政の解消」というフレーズを多用してきたが，二元行政についても全く触れていないわけではない。よって，大阪「都」構想を二元行政との関連で議論することも問題ないといえる。

のが得策ではないとすれば，二元行政を解決する別の方途が必要となる。そもそも，大阪市と大阪府が余りにも没交渉だったことが問題だとすれば，調整制度の導入は検討に値する。実際，大阪府自治制度研究会は，「これまでの仕組みを超えた実効性のある協議の場を作ることが必要である」（大阪府自治制度研究会2011）と提言している。また，2015年5月の住民投票で大阪「都」構想が否決された後には，大阪府下のもう1つの指定都市である堺市も含めた大阪戦略調整会議が設置されている。

ただ，この会議については，2015年10月末までに2回の本会議が開催されたものの，実質的に何も決まることはなく，「ポンコツ会議」との評価を受け，橋下陣営に再び大阪「都」構想を掲げる口実を与えてしまった。

では，調整を通じた問題解決に可能性はないのであろうか。その1つとして考えられるのが実効性のある調整を促す仕組みの導入であろう。我々の用いてきたモデルに従えば，より融合の度合いを高める，あるいはより集中の度合いを高めることで，過度の分権状況は改善できる。ただし，集中の度合いを高めるには，市が有してきた財源や事務を府に移すことが必要であり，時代の流れには逆行することになる。とすると，融合の度合いを高めることで，実効的な調整を促すというのが解決の方向となろう。

融合の度合いを高める方策としては，都と特別区のような関係ではなく，対等性により配慮した制度が望ましい。府と市の事務の一部を融合させることや，予算の一部を府と市の共管にするということが考えられよう。大規模開発などの余力の残っていない大阪にあって，府と市の財布を一部共有にして本当に必要な事業を行うことも，検討する価値があるのではないだろうか。

また，大阪市域を越える地域を対象とした公的計画の策定も検討に値するであろう。現在大阪府下には，北部大阪都市計画区域，東部大阪都市計画区域，南部大阪都市計画区域，そして大阪都市計画区域の4つの都市計画区域が設定されている。これらのうち大阪都市計画区域は大阪市域と合致しており，残る3つが大阪市域以外の大阪府域を対象としている。だが，地図で境界を確認しない限り，どこまでが大阪市域か判別し得ないほどに市街地が連続している状況にあっては，大阪市域を越える計画区域の設定も考えられてよいのではなかろうか。

3 大都市制度の将来的な論議に向けて

1 普遍的な二層制を前提とした大都市制度論の限界

大都市地域における国の役割　これまで論じてきたように，わが国の大都市制度は，都道府県・市町村といった基本構造に対する特例制度として位置付けられてきた。

　ただ，ここで我々が一つ確認しなければならないのは，大都市の発展に資するような事務や事業は，地方自治体のみが行ってきたわけではないということである。確かに，東京にしても大阪にしても，インフラストラクチャーの整備や都市計画の決定などの多くは，地方自治体によって推進されてきた。しかし，特に，東京や大阪といった大都市の整備では，国の役割も無視することができない。

　例えば，国際空港は大都市に欠かすことのできない施設の1つだが，空港法4条1項の規定では，国際航空輸送網又は国内航空輸送網の拠点となる空港は「国土交通大臣が設置し，及び管理する」とされている。また，東京オリンピック開催などに向けて建て替えが決まった新国立競技場は，まさに国の責任において整備されるものである。オリンピック憲章によれば，五輪は都市が開催するものと規定されているが，開催に必要な施設の全てを東京都が整備するのではない。[7]

　なるほど，国としても，全国的な視点などから，こうした事業を実施することが必要な場合もあるであろう。だが，大都市自治体が自らの権限として処理することを望むのであれば，国からの権限移譲も議論の射程に入れる必要があろう。大都市制度を，都道府県と大都市自治体の間の事務配分というゼロ・サムの問題として議論するのではなく，国の権限の大都市自治体への移譲といったポジティブ・サムも視野に入れた議論が必要である。

2 大都市における地域自治の可能性

　大阪「都」構想に対しては，住民自治を拡充しようとする姿勢を評価する見解

---

[7] 東京都が五輪に立候補することに疑義を呈している文献として次を参照のこと。大森彌「『大阪都』構想のモデルにならない都区制度」宮本憲一他（2011）『「大阪都構想」を越えて――問われる日本の民主主義と地方自治』公人の友社。

がある。例えば，新川達郎は，「今回の大阪都構想で目指されている特別自治区や地域自治区的なものが，ほんとうに住民自治を実現しようということであれば，それはそれとして非常に大きな意味があるのではないか」（堺都市政策研究所 2012）と評価している。なるほど，「基礎自治体として大き過ぎる」（橋下・堺屋 2011）という指摘は，それなりに説得力のあるものである。ただ，先にも論じたように，住民自治の拡充のために大都市における一体性を放棄するのは，得策ではなかろう。

では，特別区の設置とは異なる方法で，住民自治の充実はできないのであろうか。新たに地方自治体を設置しないのであれば，行政区を活用した住民自治の促進が選択肢の1つとして挙げられるであろう。

ただし，現行の行政区の区割りには，先に述べたような問題点が存在している。かといって，新たに線を引き直すのも相当な困難が伴うことである。また，団体自治や住民自治の拡充の仕方によっては，先に述べた1対5もしくは5対5問題が生じる恐れがあるだけでなく，事実上の三層制になる可能性も考えられる。行政区もまた，住民自治の単位として種々の欠点を有している。

では，他の方策はと問われれば，どの単位で住民自治を拡充するかについては，地域によって多様性を認めるという選択肢を挙げることができる。確かに大都市自治体を単位とした住民自治には困難があることは確かである。だからといって，大都市自治体を細分化することにも問題がある。とするならば，地方自治体より小さな単位での住民自治，すなわち，近隣政府を重視するのも1つの選択肢である。

大都市地域における近隣政府のあり方について詳細な議論を展開する余裕はないが，多様な大都市制度を認めようとする流れにあって，どのレベルで実質的な住民自治を実現するかについても，多様なあり方があり得るのではなかろうか。

3　4層を視野に入れた議論の必要性

大阪「都」構想に関する議論では，大阪府と大阪市という二者の関係に議論が終始している嫌いがある。なるほど，大阪「都」構想が実現した暁には，次の展開として道州制が目指されていたのかもしれない。また，「府市合わせ」と呼ばれ続けてきた大阪にあって，府と市との関係に議論が集中してしまうことも故な

きことなのかもしれない。

　だが，大都市の整備などで国が果たしてきた役割を鑑みれば，国の権限も含めた議論が必要であろう。国が有している権限の大都市自治体への移譲や，国と大都市自治体との関係のあり方についても議論の俎上に載せることが必要であろう。

　他方，大都市における住民自治の拡充も必要だが，指定都市，特別区，行政区，いずれもその単位として一長一短がある。そもそも，住民自治の単位として指定都市は大き過ぎる，だから分割しなければならないというのは，住民自治の単位と地方自治体の単位は合致していなければならないという前提に立つ議論である。仮にこの前提を放棄できれば，他の選択肢の可能性も出てこよう。

　確かに，数百万人にも達する単位での住民自治は難しいかもしれないが，大都市自治体を細分化してしまうと，かえって種々の弊害が生じることにもなりかねない。こうした診断が妥当だとすれば，他の手段を用いた住民自治の充実を視野に入れることも必要となる。住民自治は必ず地方自治体を単位として充実させなければならないものではない。近隣政府という選択肢もある。

　これらのことがらをまとめれば，大都市制度の望ましいあり方を議論するには，広域自治体と基礎自治体という二層の問題に議論を限定してはならない。国と近隣政府の二層を加え，四層を視野に入れた議論が必要なのである。

【さらに理解を深めたい人のために】
金井利之（2007）『自治制度』東京大学出版会。
北村亘（2013）『政令指定都市』中央公論新社。
曽我謙悟（2013）『行政学』有斐閣。

参考文献
礒崎初仁（2003）「政令指定都市制度の現状と改革」自治体学会編『自治体のかたち』第一法規，53-73頁。
大阪維新の会（政調会）（2012）『［図解］大阪維新——チーム橋下の戦略と作戦』PHP研究所。
大阪観光局（2015）「平成26年度　関西国際空港　外国人動向調査結果」。
大阪府・大阪市特別区設置協議会（2015）「特別区設置協定書」。

大阪府自治制度研究会（2011）「大阪にふさわしい新たな大都市制度を目指して――大阪再編に向けた論点整理」。

金井利之（2007）『自治制度』東京大学出版会。

北村亘（2013）『政令指定都市』中央公論新社。

黒田隆幸（1996）『それは西淀川から始まった――大阪都市産業公害外史 【行政編】関一と中馬馨の大阪都市経営』同友館。

黒田隆幸（2001a）『月の石――都市復権にかけた中馬馨 命の軌跡［上巻］』同友館。

黒田隆幸（2001b）『月の石――都市復権にかけた中馬馨 命の軌跡［下巻］』同友館。

堺都市政策研究所（2012）「堺市にふさわしい大都市制度について」。

佐々木公明・文世一（2000）『都市経済学の基礎』有斐閣。

砂原庸介（2012）『大阪――大都市は国家を超えるか』中央公論新社。

曽我謙悟（2013）『行政学』有斐閣。

高橋裕（1988）『都市と水』岩波書店。

竹村保治（1996）『大都市行政区再編成の研究』清文堂。

第30次地方制度調査会（2013）「大都市制度の改革及び基礎自治体の行政サービス提供体制に関する答申」。

橋下徹・堺屋太一（2011）『体制維新――大阪都』文藝春秋。

松本英昭（2015）『新版 逐条地方自治法［第8次改訂版］』学陽書房。

真渕勝（2009）『行政学』有斐閣。

第16章
地方分権
分権改革のこれまでとこれから

久邇 良子

【本章のねらい】本章は，1990年代初頭から実施された地方分権化政策について，これまでの経緯と成果，さらに残された課題について理解し，政策の今後の行方について展望することを目的とする。戦後の中央集権体制の下では，国が地方行政に深く関与することで，経済成長による地域間格差の拡大が抑えられ，日本全国で一律の行政サービス提供が可能になった。地方が国への依存を強める中，地方が持つ多様性や個性は重要視されず，地域の発展のため地方が独自に取り組む動機は弱められ，地方自治は阻害された。国内外の社会・経済的環境の変化に伴い，制度疲労を起こした中央集権体制の抜本的転換を志向する試みは，国と地方の役割分担を見直し，権限移譲や規制緩和により国の地方への関与を弱めてきた。一連の地方分権化政策により，地方は自主性・自立性を強化し，地方自治をどこまで確立できたのか。道半ばにある今，地方の多様性や個性にあわせた改革のあるべき姿を考える。

1 憲法上の「地方自治」と中央・地方政府間関係

1 日本国憲法における「地方自治」

日本における地方自治は，1947年に制定された日本国憲法により保障されてきた。明治憲法下の地方制度は憲法上の根拠を持たず，法律の規定，中央省庁の行政解釈に依拠する存在だったのに対して，日本国憲法では，「地方自治」の規定が新規に設けられた他，「地方自治法」が制定された。1947年5月3日，日本国憲法と地方自治法が共に施行された。

日本国憲法92条が「地方公共団体の組織および運営に関する事項は，地方自治の本旨に基づいて，法律でこれを定める」と規定している。ここでの地方公共

団体には具体的な規定がなく，地方自治法1条3項に規定されている「普通地方公共団体（都道府県，市町村）」と「特別地方公共団体（特別区，地方公共団体の組合，財産区，地方開発事業団）」の2つどちらをも指しているのか，一部のみを指すのかは不明確であるとされてきた。通説では，市町村と都道府県から成る地方政府の二層制度は憲法により保障されているが，市町村の上位にある地方公共団体に関しては，広域行政の必要性に対応できるよう，「地方自治の本旨」に反しない範囲内で立法に委ねるとされる（那須 2006：5）。

憲法92条にある「地方自治の本旨」とは，住民自治（住民の意思と責任に基づいて地方行政を行うこと）と団体自治（一定の地域を基礎とする国から独立した地域団体を設け，当団体の権限と責任をもって当該地域の行政を行うこと）の2つの内容を持つと理解されている（芦部 2002：337）。住民自治の原則は，憲法93条（地方公共団体の機関とその直接選挙に関する規定）で，団体自治の原則は憲法94条（地方公共団体の権能に関する規定）で具体化されている。

2 中央集権体制の制度疲労と地方分権改革

憲法に地方自治の保障条項が盛り込まれ，地方自治法が制定されたが，国などの事務が国の下部機構としての地方公共団体の長などに委任される機関委任事務制度は戦後も継続した。この事務は地方公共団体の事務ではなく国の事務であり，地方公共団体の長は国の機関として国の指揮監督を受けた。地方行政に対する国の指導・調整等による関与が強化された背景には，戦後の高度経済成長期に拡大する傾向にあった地域間経済格差を抑制する必要があったこと，全国一律の基準により実施すべき事務が増大したこと，さらには地方から都市への人口流入により，過疎地域となった地方が行財政能力を欠き，中央への依存を強めざるを得なかったことなどがあった。

戦後の高度成長期時代に機能した中央集権体制は，次第に制度疲労の様相を呈するようになる。明治以来の中央集権体制は，全国一律の行政サービスの提供において有効に機能した。その一方で，地域の多様性や個性は重視されず，国が地方に対して補助金や地方交付税を通して関与し続けた結果，地方が独自に地域の発展に取り組む意欲をそがれ，国・地方の効率的な行財政運営が阻害されていった。

1970年代以降経済が低迷する中，国・地方ともに財政難となり，グローバリゼーションや少子高齢化の進展といった国内外の環境の変化に対応するのに，従来の中央集権体制ではたちゆかなくなっていった。変動の激しい国際社会への対応に迫られ，国内社会にかかわる国の負担を軽減し，国の役割を外交・防衛などに特化し，強化する必要性が高まった。一方，高齢化，少子化社会の課題に取り組むためには，住民に身近な基礎自治体の機能強化が不可欠となっていった。人口のみならず，産業，金融，情報，文化などが首都圏に一極集中し，地方が過疎化し，地域経済が空洞化する状況に歯止めをかけ，地域を発展させる人材を地方で育成し，地域社会を再活性化していくには，画一的な行政運営よりも，各地域の多様な実情に応じた自治体の運営を実現していくための制度改革が求められるようになっていった。1994年9月には，地方六団体（全国知事会，全国市長会，全国町村会の執行3団体と全国都道府県議会議長会，全国市議会議長会，全国町村議会議長会の議会3団体）が地方自治法に基づく意見書提出の権利を行使して，「地方分権」の必要性を訴えた「地方分権の推進に関する意見書──新時代の地方自治」を提出した。

　戦後はじめて国と地方政府間関係の根本的な改造を意図した地方制度改革は，1993年6月の衆参両院による以下の「地方分権の推進に関する決議」からスタートした。

　　今日，さまざまな問題を発生させている東京への一極集中を排除して，国土の均衡ある発展を図るとともに，国民が待望するゆとりと豊かさを実感できる社会をつくり上げていくために，地方公共団体の果たすべき役割に国民の強い期待が寄せられており，中央集権的行政のあり方を問い直し，地方分権のより一層の推進を望む声は大きな流れとなっている。このような国民の期待に応え，国と地方との役割を見直し，国から地方への権限移譲，地方税財源の充実強化等，地方公共団体の自主性，自律性の強化を図り，二十一世紀に向けた時代にふさわしい地方自治を確立することが現下の急務である。したがって，地方分権を積極的に推進するための法制定をはじめ，抜本的な施策を総力をあげて断行していくべきである。

2　地方分権改革

1　分権改革の基本方針と分権推進体制

　1994年12月に閣議決定された「地方分権の推進に関する大綱方針」も先の決議と同様，地方分権推進に関する基本方針として，国と地方との役割分担の見直し，国から地方公共団体への権限移譲等の推進，地方公共団体の財政基盤の整備を挙げた。

　1995年5月に制定された「地方分権推進法」により，同年7月に地方分権推進委員会が設置され，戦後はじめて地方分権を推進していくための体制が本格的に発足した。本委員会は，地方分権推進を目的とした調査・審議を行い，政府が策定する地方分権推進計画の具体的指針を内閣総理大臣に勧告する他，この計画に沿って実施される施策の履行状況を監視し，その結果を内閣総理大臣に意見具申する任務を負った。

　地方分権推進委員会は，6年間（1995～2001年）の活動期間中（2000年5月に成立した改正地方分権推進法により，当初予定より1年延長）に5回にわたって勧告を行った。これらの勧告を受けて，1998年5月に地方分権推進計画が，続いて1999年3月に第2次地方分権推進計画が閣議決定され，同年7月に「地方分権の推進を図るための関係法律の整備等に関する法律」（地方分権推進一括法）が成立した。

　その後も地方分権推進委員会は，地方分権推進計画ならびに第2次地方分権推進計画に沿った地方分権改革の履行状況を監視し続け，2000年8月と11月の2回にわたって，内閣総理大臣にその結果について意見具申を行い，2001年6月に最終報告を提出し，同年7月に解散した。同委員会の勧告に基づいて実施された地方制度改革は，第1次地方分権改革と称される。

　地方分権推進委員会から出された最終報告には，第1章に第1次分権改革に関する主な成果がまとめられていたほか，今後の改革課題として，第4章に以下の6項目が挙げられていた。①地方財政制度の再構築，②義務付け・枠付けの緩和，③地方自治の新たな仕組み作りに向けた検討，④事務権限の移譲，⑤住民自治の拡充，⑥憲法に規定された「地方自治の本旨」の具体化。

第1次地方分権改革を引き継ぐべく，地方分権改革推進会議が内閣総理大臣の諮問機関として2001年7月3日に設置された（2003年までの時限措置）。当会議は，第1次地方分権改革の成果が，地方分権推進委員会が各府省と合意した事項のみに限定されたことをふまえ，「聖域なき見直し」を掲げて「国と地方公共団体の役割分担に応じた事務および事業のあり方ならびに税財源の配分のあり方，地方公共団体の行財政改革の推進等行政体制の整備その他の地方制度に関する重要事項」について調査・審議することとなった（地方分権改革推進会議 2001：1）。
　その後地方分権推進体制は，第1次安倍政権の下，2006年12月8日に成立した地方分権改革推進法に基づいて設置された地方分権改革推進委員会に引き継がれた。同委員会は，「地方が主役の国づくり」をスローガンに，地方自治体を自治行政権・自治立法権・自治財政権を備えた完全自治体にしていくとともに，住民意思に基づく政治が行われる「地方政府」にしていくことを，地方分権改革の最終的なゴールにすえた（地方分権改革推進委員会 2007：2）。
　同委員会から4回にわたって出された勧告に従って，第1次から第5次までの「地域の自主性及び自立性を高めるための改革の推進を図るための関係法律の整備に関する法律」（第1次一括法　2011年4月成立，第2次　2011年8月，第3次　2013年6月，第4次　2014年5月，第5次　2015年6月）が民主党政権（2009年9月～2012年12月），第2次安倍政権（2012年12月～）にかけて制定され，第2次地方分権改革が実施されていった。
　現在の改革推進体制は，当該政策を検討・決定する場として，地域主権戦略会議に代わって新たに内閣に設置された地方分権改革推進本部の主導の下，2013年3月にスタートした。同本部は，本部長を務める内閣総理大臣ならびに全閣僚から構成される。推進本部における検討内容のたたき台は，内閣府特命担当大臣（地方分権改革担当）の下に2013年4月におかれた地方分権改革有識者会議により審議される。さらに，この有識者会議の下には，個別事項に関する客観的な評価や検討を行う場として，提案募集検討専門部会，農地・農村部会などがおかれた。

2　分権改革の成果

　以下にこれまで実施された地方分権改革について，1994年の「地方分権の推

進に関する大綱方針」に示された基本方針に沿って検証する。
1）国と地方の役割分担の明確化

　国と地方が対等・協力関係の下各々の役割を果たすには、双方の行政で重複している部分を排除し、国と地方の役割分担を明確にする必要がある。しかし、日本の中央と地方の対等・協力関係の実態は、中央と地方が同一の事務事業に相互に多層的にかかわる「融合」関係でありながら、他方で地方の事務事業が中央の各行政機関所管に合わせて縦割りに区切られて執行される「分立」関係でもある（宮脇 2010：184-185）。この「融合・分立」関係からの脱皮をはかり「融合・統合」関係へと変革させるためには、同じ事務事業に中央と地方が関与するための明確な基準と、地方が中央の府省による縦割り所管を越えて、政策・制度の企画立案から意思決定、そしてそれに基づく執行ができる仕組みの構築が必要になる。

　地方分権一括法を受けて地方自治法が全面的に改正され、同法 1 条 2 項で国と地方の役割分担の原則が規定された。同条 2 項 1 号で、地方公共団体の役割を「住民の福祉の増進を図ること」、「地域における行政を自主的かつ総合的に実施する役割」としている。続く 2 号で、国が本来実施するべき事務として、まず「国際社会における国家としての存立に係わる事務」、次に「全国的に統一的に定めることが望ましい国民の諸活動もしくは地方自治に関する基本的な準則に関する事務」、そして「全国的な規模で、もしくは全国的な視点に立って行わなければならない施策および事業の実施」が挙げられている。さらに、国には「住民に身近な行政はできる限り地方公共団体に委ねることを基本として、地方公共団体との間で適切に役割を分担するとともに、地方公共団体に関する制度の策定および施策の実施にあたって、地方公共団体の自主性および自立性が十分に発揮されるようにすること」が求められている。

2）国から地方への権限移譲

①　機関委任事務制度の廃止

　第 1 次地方分権改革における最大の成果は、機関委任事務制度の廃止だった。機関委任事務制度は、地方政府の首長である都道府県の知事および市町村の長を国の下部機構と位置づけて、国の事務権限を委任して執行させる仕組みであった。地方を国の包括的な指揮監督下に置くこの機関委任事務制度は、国と地方との「上下・主従関係」を象徴するものであった。さらに、住民から直接選出される

地方政府の代表たる首長が、国の一機関として機関委任事務を執行すること、また地方議会が機関委任事務に関して条例を制定することができないなど議会の関与が限定されていたことなどが、地方自治の観点から問題視されてきた。

地方分権一括法によって、地方公共団体の処理する事務は「法定受託事務」と「自治事務」に分類された。法定受託事務とは、地方自治法2条9項1号において、「法律又はこれに基づく政令により都道府県、市町村又は特別区が処理することとされる事務のうち、国が本来果たすべき役割に係るものであって、国においてその適正な処理を特に確保する必要があるものとして法律又はこれに基づく政令に特に定めるもの」と規定されている。原則として、自治体の事務であって法定受託事務ではない事務すべてが、自治事務とされた（地方自治法2条8項）。

② 国の関与および必置規制の整理等
・国の関与に関する新ルールの確立

機関委任事務制度の廃止により主務大臣の包括的指揮監督権も廃止され、国の関与の新しいルールが地方自治法に設定された。国または都道府県の普通地方公共団体に対する関与は、法律またはこれに基づく政令の根拠を要するという「関与の法定主義」が地方自治法245条2項に規定された。さらに同法245条3項では、普通地方公共団体の事務処理における国または都道府県からの関与は必要最小限度のものとすること、また当該地方公共団体の自主性および自立性への配慮が必要とされるという関与の基本原則が示された。その上で、国の行政機関または都道府県による普通地方公共団体に対する関与行為として、地方自治法245条1項に挙げられている行為（助言・勧告、資料の提出の要求、是正の要求、同意、認可・許可・承認、指示、代執行、協議）について、関与の基本原則、事務処理基準、関与の手続き方法が、同法245条3項から250条6項にかけて規定された。

また、国または都道府県の地方に対する関与をめぐって国と地方間で係争が起きた場合に、その法的解釈の妥当性を公正・中立の立場で審査する機関として、国・地方係争処理委員会が総務省に2000年に設置された。同委員会は、両議院の同意を得て総務大臣によって任命される5名の委員により構成される。委員の任期は3年で、委員長が委員の互選により選任される。国からの是正の要求、許可の拒否、その他の処分や公権力の行使について不服がある場合には、不服のある地方公共団体の長等からの審査の申出に基づいて審査が行われ、国の関与が違

法等であると認定された場合には，国の関係機関に対して必要な措置を行う旨の勧告等が行われる。申出を行った地方政府側が審査の結果に不服がある場合には，国の行政機関の長を相手に訴訟を起こすことができる。最近では，沖縄県のアメリカ軍普天間飛行場を名護市辺野古沿岸部へ移設する件で，沖縄県知事による移設先の埋め立て承認取り消し処分をめぐって，国土交通大臣が埋め立て承認の取り消し処分の一時的な執行停止を決定したことへの対抗策として，2015年11月2日付けで沖縄県側が国・地方係争処理委員会に審査を申し出たが，同年12月24日に却下された（総務省 2016）。

・必置規制の整理

必置規制とは，地方の事務処理を担う組織体制に関する国の関与であり，一定の事務の実施を自治体に委ねる場合に，国民に対する一律の行政サービスの質量を確保する目的で，国が定めた基準に基づき，人員，施設，資格保有者などを置くことを義務付けるものである。資格を有する職員の配置に関するもの，行政機関・組織・施設に関するもの，審議会など附属機関の設置を求めるものの3つに大別できる。

必置規制の緩和は，この規制が自治体の自治組織権，定数管理権，人事管理権を制約しているとして，地方が各地域に適した行政サービスを提供するために，地方自らの判断で柔軟に組織を形成・活用することを目的とし，規制は必要最小限とし，規制を設ける場合には，新たに法律またはこれに基づく政令を根拠にすることが原則とされた。

③　権限移譲と規制緩和（義務付け・枠付けの見直し）

一連の地方分権改革で実施された権限移譲と規制緩和は，地方政府による自主的かつ総合的な地方行政を主眼とし，地方政府の中でも特に住民に最も身近な行政主体である市町村を優先する形で実施されてきた（総務省 2015：194）。

・権限移譲

国から地方公共団体への事務・権限の移譲等については，第4次一括法および第5次一括法により実施された。たとえば，看護師など各種資格者（25法律に関係する32資格）の養成施設などの指定・監督等の国（地方厚生局）の事務・権限が都道府県に移譲されたほか，商工会議所の定款変更の認可に関する国（経済産業局）の事務・権限を届出制にした上で，都道府県および指定都市に移譲，また

自家用有償旅客運送の登録・監査等に関する国（地方運輸局）の事務・権限を，希望する市町村に移譲（希望しない市町村の区域については，希望する都道府県にも移譲）された。結果として勧告で検討対象とされた96事項に対し，69％にあたる66事項が見直された（地方分権改革有識者会議2015：31）。

　都道府県から基礎自治体への事務・権限の移譲等については，第2次および第3次一括法等により，勧告事項である82事項に地方からの提案などを含めた105項目に対して，69％にあたる72項目の移譲が実施された（地方分権改革有識者会議2015：31）。移譲された事務・権限には，未熟児訪問指導，未熟児養育医療の給付，農地などの権利移動の許可，家庭用品販売業者に対する指導監督，都市計画の決定，特定非営利法人の設立認証などが含まれる。

　また都道府県から指定都市への事務・権限の移譲等については，国から地方への事務・権限の移譲等とあわせて，第4次，第5次地方分権一括法等により市町村立中学校等に係る県費負担教職員給与等の負担，定数の決定および学級編成基準の決定の権限，さらには病床数20床以上の病院の開設許可等，火薬類の製造許可，高圧ガスの製造許可などに関する事務・権限が都道府県から指定都市へ移譲された。全体として，見直し対象となった64項目のうち64％にあたる41項目の移譲が実施された（地方分権改革有識者会議2015：31）。

・義務付け・枠付けの見直し

　第1次，第2次，第3次，第5次一括法などの成立により，義務付け・枠付けの見直しと条例制定権の拡充がはかられた。この改革は，従来国が決定し地方公共団体に義務付け・枠付けてきた基準，施策などを，地方自らが条例などにより決定し，実施できるようにするものである。改革推進委員会によれば，義務付けとは，「一定の課題に対処すべく地方自治体に一定種類の活動を義務付けること。一定種類の活動に係る計画策定の義務付けを含む」とされ，枠付けは，「地方自治体の活動について組織・手続き・判断基準などの枠付けを行うこと」とされている。

　勧告で示された4076項目のうち，見直すべきとされた1316項目の74％にあたる975項目が見直された（地方分権改革有識者会議2015：30）。見直しの対象となったのは「施設・公物の設置管理の基準」，「協議，同意，許可・認可・承認」，そして「計画の策定およびその手続き」だった。これまで法令により定められて

いた，道路の構造に関する基準や公営住宅の入居・整備基準など，施設・公物設置管理の基準を条例に委任したり，国への協議や通知・届出・報告義務を廃止するなどの見直しが行われた。また，様々な計画の作成および修正に係る大臣協議・知事協議の事後届出化，計画決定時の大臣や知事の同意や認可を要する協議の廃止，様々な計画，基本構想の策定およびその手続きに係る規定が廃止，削減，大枠化または努力義務化された。

3） 地方財政の基盤強化——三位一体の改革

　平成25年度決算では，国税と地方税の租税総額85.9兆円の約4割にあたる34.7兆円を地方税が占め，国と自治体の歳出純計（165.8兆円）における地方の歳出の割合は約6割にあたる96.6兆円であった（総務省2015：Ⅰ）。この地方財政の歳入と歳出の間のギャップを長年埋めてきたのが，一般財源（地方が自由に使用できる財政収入）である地方交付税（地域の経済発展度合いの差から生じる地方団体間の財源不均衡を調整し，すべての地方団体が標準的な行政サービスを供給できるように，国税の一部を地方に交付する。所得税・法人税の33.1%，酒税の50%，消費税の19.5%，地方法人税の全額から構成される）と，特定財源（使用目的が特定されている財政収入）である国庫補助負担金や地方債である（総務省 2015：13-14）。

　地方分権を進めるにあたっては，地方公共団体が自主的・自立的に事務事業を行えるように，事務配分に応じた税源を地方が安定的に確保する必要がある。その一方で，補助金，交付金などについては，事務事業の内容などを勘案して一般財源化するとともに，国と地方それぞれの役割分担を見直すことによって重複や無駄を取り除くなど，さらに徹底した整理合理化を進めなくてはならない。

　2002年6月に出された「骨太の方針2002」では，国庫補助負担金，交付税，税源移譲を含む税源配分のあるべき姿を三項目一体的に検討し，改革の具体的工程を含めた改革プランを1年以内にとりまとめることが政府の方針とされた。この方針を受けて，「三位一体の改革」とよばれるようになった行財政改革の起案が，当時の小泉首相から推進会議に要請された。しかし，国庫補助負担金による事業の廃止・縮減をめぐって推進会議の意見がまとまらず審議が混乱したため，この課題に関する具体案作成が地方六団体に委ねられ，国と地方がその内容を経済財政諮問会議で直接協議する方法が採られた。

結果として，2004年から06年にかけて，国庫補助負担金が約4.7兆円，地方交付税が約5.1兆円それぞれ削減され，国から地方への約3兆円の税源移譲が実施された。国庫補助負担金の改革は，地方で行われる事業に対する国の関与を廃止・縮小し，税源移譲につなげるものであった。しかし，補助金削減分がそのまま地方に税源として移譲されたわけではなかった。三位一体改革の目的が財政再建でもあったため，特定の事業を奨励することを目的とした補助金や公共事業関連の補助金がからむ事業自体を廃止するような場合には，削減分が地方に税源移譲するための財源とはされなかった。

　税源移譲については，一般財源の拡充と地方税収の偏在の改善を目的として，所得税（国税）から個人住民税（地方税）へ移し替える方法で実施され，個人住民税の税率は10％の比例税率に改められた。一方地方交付税については，総額の抑制と算定方法の見直しがなされただけで，抜本的な改革には至らなかった（宮脇 2010：59-60）。

　そもそも三位一体の改革の目的は，国庫補助負担金改革により地方の自由度を拡大し，税源移譲によって地方の自主財源を強化することを通して，地方の自立を促進することだった。しかし，地方交付税の削減が財政力の脆弱な地方自治体に対して与えた影響は小さくなく，さらに税源移譲を生み出すための原資となるはずだった国庫補助負担金の廃止がほとんど見送られたほか，地方に対する国の関与をそのまま残しながら国の補助負担率を引き下げることになったため，地方の自由度や裁量は必ずしも拡大しなかった。結局，三位一体の改革は，国が財政統制を通じて地方行政に関与してきた構造を転換することがいかに難しいかを改めて示すことになった。国庫補助負担金改革が権限移譲や関与の見直しと一体化されることで強まる各府省の抵抗，地方交付税の削減を要求する財務省と地方税財源の充実を求める総務省間の対立，さらには地方自治体間の税収格差の拡大などが，抜本的改革を阻むことになった。

4） 自立的な地方行政体制の整備——市町村合併の推進

　「地方分権推進に関する大綱方針」に示された基本方針では，国から地方への権限移譲や地方の財政基盤の強化とあわせて，市町村の自主的な合併を支援し，地方の事務事業・組織・機構を見直し，自主的な地方行政体制を整備・確立することも挙げられていた。

戦後の市町村合併については，1953 年に町村合併法が施行され「昭和の大合併」が始まり，当時 9868 あった市町村数は，新市町村建設促進法（1956 年）を経て 1965 年には 3392 になった。さらに 1965 年合併特例法が 10 年間の時限立法として制定され，75 年，85 年，95 年と 10 年の時限立法が繰り返し延長され，1995 年 4 月の段階で，市町村数は 3234 となった（総務省 2010：1）。この間，市町村を取り巻く環境は様変わりした。地方分権に伴って市町村の役割が変化すると共に，人口減少や少子高齢化が進展し，地方の財政状況が悪化した。行政サービスの複雑化・多様化から市町村の行財政基盤強化の必要性は高まるばかりで，合併推進論が勢いを増していく。

　第 1 次地方分権改革時の地方分権推進委員会は，当初地方分権を改革の最優先事項とし，市町村合併も含め行政体制を変える「受け皿」論議は当面棚上げするとしていたが，その方針を転換せざるを得なくなった。同委員会が 1997 年 7 月に出した第 2 次勧告には，市町村合併はあくまで自主的でなければならないとしながらも，政府は早急に市町村合併の積極的な促進方策を講ずるべきであるとの勧告が盛り込まれた。

　1999 年の地方分権一括法を受けて，「市町村の合併の特例に関する法律」（旧合併特例法）が改正され，合併する市町村に対する財政上の特例措置が拡充された。たとえば，合併特例債（合併した市町村の新たな計画に基づいて実施される公的施設の整備事業や市町村振興のために行う基金の積み立てに対して，発行が認められる地方債）の創設や，合併算定替（合併した後最長 10 年間にわたって合併する前の旧市町村毎に算定される額の合算額を下回らないよう普通交付税を算定する）の特例期間の延長などである。さらに地域審議会が設置され，市となるための要件が緩和されるなど，市町村合併促進に向けた環境作りが整えられた（総務省 2010：3）。

　2005 年 3 月 31 日に失効した旧合併特例法に代わり，同年 4 月 1 日に「新合併特例法」が施行された。この法律により，合併市町村に対してそれまで措置されてきた財政上の優遇策が大幅に縮減された。合併特例債および合併準備補助金は廃止，合併算定替の特例期間も段階的に短縮されることになった（総務省 2010：4）。1999 年 4 月 1 日の旧合併特例法の施行から新合併特例法の期限とされた 2010 年 3 月 31 日までの期間に実施された全国的な市町村合併は，通称「平成の

合併」とよばれる。

　旧合併特例法による財政優遇策が2005年春までの期限付きであり，かつ同時期に進められた地方交付税制度の見直しによる地方交付税の削減もあって，財政力を欠く小規模市町村は合併に追い込まれた。総務省のデータによると，「平成の合併」の対象期間に実施された642件の合併のうち539件が，旧合併特例法の期限が切れる直前の2004年度および05年度に集中した（総務省2010：5）。

　総務省の発表では，2014年4月の段階で市町村数は1718であり，1999年5月のそれと比較すると1516減少した。平均人口は3万6387から6万8947に，平均面積も114.8 km^{2}から215 km^{2}にほぼ倍増した。しかし一方で，地方自治法上の市の人口要件である5万人に達していない市町村が全体の約7割を占め，人口1万未満の市町村数も，1537から大幅に減少したものの，特に市町村合併の進捗率が低い都道府県を中心に未だ459存在する（総務省2010：6）。

　「平成の合併」は，合併市町村の支出削減にある程度の効果をもたらし，多くの基礎自治体の行財政基盤強化に貢献した。しかし，その真の成果が問われるのはこれからである。2004年度，05年度に駆け込む形で合併した多くの市町村の合併算定替の特例期間が2014年度，15年度に終了し，段階的な削減期間に入った。さらには合併特例債の償還も生じ，合併市町村の中には，歳出削減や重複する公共施設の統廃合など行財政の効率化が進んでおらず，今後の財政運営に不安を抱えるところも少なくない。また，合併しないまま取り残された小規模自治体と，大規模化した市町村間の格差問題も顕在化している。

　「平成の合併」に関して全国町村会がまとめた報告書，「平成の合併をめぐる実態と評価」（2008年10月）には，合併がもたらしたプラスの成果とならび，マイナスの成果として，「行政と住民相互の連帯の弱まり」，「財政の逼迫」，「周辺部の衰退」が挙げられている。合併後の市町村では，地方議員や職員の人件費が削減されることにより財政面での合理化が進んだ。しかし合併により行政規模は拡大したものの，役場や支所など末端の行政機関の職員数が削減したことにより，行政の目が行き届かなくなった結果，行政と住民相互に従来あった連帯感が喪失し，行政と住民との地域作りを目標とした協働作業に支障が出ている例もあるという。さらに，合併が集中した時期と地方交付税の大幅削減がなされた時期が重複したことにより，財政が逼迫し，合併時に立てた財政計画の抜本的見直しを迫

表 16-1 地方分権改革の経緯

第 1 次地方分権改革	
1993 年 6 月	地方分権の推進に関する決議（衆参両院）
1994 年 12 月	地方分権の推進に関する大綱方針（閣議決定）
1995 年 5 月	地方分権推進法成立
1995 年 7 月～2001 年 7 月	地方分権推進委員会→第 1 次勧告から第 5 次勧告まで
1998 年 5 月	地方分権推進計画（閣議決定）
1999 年 7 月	地方分権一括法成立 →機関委任事務制度の廃止，地方に対する国の関与の見直し
三位一体の改革	
2001 年 7 月～2004 年 7 月	地方分権改革推進会議
2002 年～2005 年	骨太の方針（閣議決定）（毎年）
2005 年 7 月	政府・与党合意 →国庫補助負担金改革，税源移譲，地方交付税改革
第 2 次地方分権改革	
2006 年 7 月	骨太の方針（閣議決定）
2006 年 12 月	地方分権改革推進法成立
2007 年 4 月～2010 年 3 月	地方分権改革推進委員会→第 1 次勧告から第 4 次勧告まで
2009 年 12 月	地方分権改革推進計画（閣議決定）
2011 年 4 月	第 1 次一括法成立→義務付け・枠付けの見直し 国と地方の協議の場法成立
2011 年 8 月	第 2 次一括法成立→都道府県から市町村への事務・権限の移譲及び義務付け・枠付けの見直し
2013 年 3 月	地方分権改革推進本部発足
2013 年 4 月	地方分権改革有識者会議発足
2013 年 6 月	第 3 次一括法成立→都道府県から市町村への事務・権限の移譲及び義務付け・枠付けの見直し
2013 年 12 月	事務・権限の移譲等に関する見直し方針について（閣議決定）
2014 年 5 月	第 4 次一括法成立→国から地方公共団体または都道府県から指定都市への事務・権限の移譲
2015 年 6 月	第 5 次一括法成立→国から地方公共団体または都道府県から指定都市への事務・権限の移譲

（出所）　内閣府 HP「地方分権アーカイブ」より筆者作成。

られる市町村が出てきた他，本庁舎から遠く離れた周辺部の地域経済が，役場という経済的遠心力を失って衰退し，過疎地の中に二重に過疎地が生じてしまった例も指摘された（全国町村会 2008：3-4）。

人口減少・少子高齢化が進展し，行財政運営が厳しさを増していく中，都道府県から市町村への権限移譲，義務付け・枠付けの見直しなどによって高度化・専門化が進む市町村行政には，一層の効率化が求められる。今後の市町村行政のあるべき姿を考えるにあたっては，専ら合併という手段を使って行財政基盤強化をはかるという既定路線からの転換が必要となろう。市町村が抱える課題や事情の多様性を前提に，各市町村が置かれた現状や今後の動向をふまえ，それぞれの課題に適切にかつ柔軟に対処できるような行政運営を可能にする体制の構築が期待される。すなわち，協議会，一部事務組合，広域連合に代表される共同処理制度や，国や都道府県による補完制度など複数の選択肢の中から，各市町村がその市町村にとって最適な仕組みを自主的に選択できるような制度の拡充が求められる。

3 これからの地方分権改革

第4次一括法の成立をもって，地方分権改革推進委員会から出された勧告の内容は概ね検討・対処がなされたとの了解の下，過去20年間の地方分権改革を総括した上で今後の改革の方針を決定するべく，地方分権改革有識者会議の審議を経て，内閣府で2014年6月にとりまとめられたのが，「個性を活かし自立した地方をつくる〜地方分権改革の総括と展望〜」であった。この報告書には，これまで実施されてきた分権改革の成果として，機関委任事務制度の廃止や国の関与に係る基本ルールの確立がなされたこと，さらには地方への事務権限の移譲や規制緩和が実施されたことにより，地方全体に共通する基盤的制度が確立されたことが挙げられていた。その上で，地方の自立に向けて，今後はそれぞれの地方の実情に即した分権改革が求められるとし，国が改革を主導するこれまでの全国一律的な改革路線から，各地方が抱える多様な事情や課題に応答的な改革路線への転換が肝要とされた。改革の推進にあたって，「提案募集方式」や「手挙げ方式」など新たな手法の導入が提言された一方で，今後の改革の優先課題として，さらなる権限移譲や規制緩和，地方の財政的な自主自立性の確立，住民自治の拡充な

ど，従来の改革で取組が不十分だった項目が改めて示された（内閣府 2014：2-3, 12-23）。

1　改革の新たな手法
1）提案募集方式

　提案募集方式は，2014年4月30日に地方分権改革推進本部が決定した「地方分権改革に関する提案募集の実施方針」により導入が決定された。権限移譲や規制緩和に関する地方からの提案は，地方分権改革有識者会議提案募集検討専門部会において審議・検討・調整され，2015年1月30日に政府の提案に対する対応方針が閣議決定された。この対応方針のうち法律改正が必要とされるものについては，第5次一括法案としてまとめられ，2015年6月に成立，施行された。

　この新方式によって実現した事例として，福島，愛知，大阪，和歌山，鳥取，広島と中国地方知事会から提案された，都道府県内で水利調整が完結する水道事業などに関する認可権限などの国から都道府県への移譲，岐阜県から提案された道の駅における電気自動車の充電設備整備に関する道路占用許可基準の明確化，富山県からの提案に基づく医薬品製造販売等に対する地方承認権限の範囲拡大，東京都による消費者安全法に基づく事業者に対する報告徴収・立入調査などの対象区域の拡大などが挙げられる（内閣府 2015：2-3）。

　2015年度も同様に，3月から6月までの期間に提案募集がかけられ，地方から出された334件の提案への対応は，以下の過程を経て2015年12月に対応方針が決定された。① 関係府省での検討，② 提案募集検討専門部会で関係府省と地方三団体のヒアリング実施，③ 関係府省での再検討，④ 提案募集検討専門部会にて2回目の関係府省ヒアリング，⑤ 関係府省との調整，⑥ 地方分権改革有識者会議と提案募集検討専門部会との合同会議での対応方針の了承，⑦ 地方分権改革推進本部の対応方針決定を経て閣議決定（内閣府 2014：40-41）。

2）手挙げ方式

　制度を変更していくにあたって，地方公共団体の規模や行政能力および抱える問題がそれぞれ大きく異なることから，それぞれの地方の発意に応じた選択的な権限移譲を可能にする方式として推奨されたのが手挙げ方式である。この方式は，これまで基本的には全国同一の基準に従って行われてきた権限移譲について，地

方の地域特性や事務処理能力により全国一律の対応にそぐわない場合への対応策として導入された。手挙げ方式によるある地域への権限移譲が他の地域にも拡大し，一定程度普及した場合には，事務・権限に応じて，全国一律に移譲する形へ途中移行することもあり得る。

　第4次一括法による自家用有償旅客運送の登録等に関する事務・権限移譲は，手挙げ方式で実施された移譲の先駆けとなった。過疎地域における移動手段，介護等福祉分野での利用が見込まれる輸送など，地域の住民の生活に不可欠な当該事務・権限は，基本的には希望する市町村へ国から移譲され，移譲を希望しない市町村区域については，希望する都道府県にも移譲することとされた。移動手段を確保するためのそれぞれの地域に合った新しいアイディアの創出や，関係者の合意取り付けから登録までにかかる期間の短縮などが期待されたが，反響は乏しかった。国土交通省が自家用有償旅客運送を実施している1281の市町村に対して行ったアンケート調査（回答は1149市町村）によれば，当該事務・権限の移譲を希望する市町村は，約6％（69市町村）にとどまった。その背景には，移譲により予想される業務量の増大や，マンパワー不足による職員の疲弊，移譲に伴い必要となる専門知識・事務量・要員が不明であることなどの理由から，二の足を踏む市町村の不安や懸念があるとされている（国土交通省 2014：3）。

　この方式に従って実施される権限移譲が，移譲される事務・権限の受け入れ可能な自治体とそうではない地方とを差別化し，各地方公共団体間に生じる改革の進捗状況の差を固定化することのないよう，国には，支援体制の整備が求められる。すなわち，財源措置を充実させ，地方の要望をきめ細かく把握した上で移譲希望を募るとともに，事務処理に関する知見・ノウハウの共有をはかるためのマニュアルの作成，技術的助言を行う職員の派遣，あるいは研修の実施などが必要とされる。

2　地方財政の強化

　一連の地方分権改革で実施されてきた国から地方への権限移譲が十分な財源の移譲を伴わなかったために，地方の財政自主権の確立までの道のりは未だ遠い。地方分権改革推進委員会はその第4次勧告で，地方の事務・責任にみあった財源を確保するため，地方の財源（地方税，国庫補助負担金，地方交付税，地方債）を

一体的に再検討することを，中長期的課題として挙げた（地方分権改革推進委員会 2009：6-8）。

　地方税制改革においては，国と地方との関係が対等・協力関係へと転換されたにもかかわらず，歳出面（国対地方の歳出比率が4対6）と税源面（国対地方の税源配分比率が6対4）とが逆転した関係となっていることが問題とされた。税源配分比率を目標とされた対等（5対5）に近づけていくためには，税源移譲を偏在性の低い消費税から行い，地方における消費税収を増加させなければならない。

　国庫補助負担金については，地方の自由度をさらに高めるため，対象事業の整理合理化や補助条件の見直しの徹底が求められる。すでに目的を達成した事務事業，または社会・経済状況の変化により当初の意義を失った事務事業を対象とする補助金は廃止，または一般財源である地方税や地方交付税による財源措置に切り替えるなどの対応が必要とされる。

　さらに地方交付税については，2つの機能，財源保障機能（すべての地方自治体が一定の行政水準を維持し得るよう財源を保障する）と財政調整機能（地方自治体間の財源の不均衡を調整する）が適切に発揮されるよう，所要の総額を安定的に確保しなければならない。国・地方ともに厳しい行財政運営を強いられている昨今，臨時財政対策債（地方財政収支の不足額を補てんするため，各地方公共団体が特例として起こしてきた地方債）の発行が10年以上続いている（総務省 2015：29）。法定率を引き上げ，臨時財政対策債に依存し続けなければならない現状から脱却する方法を模索することが急務とされる。

3　住民自治の拡充

　従来の地方分権改革では，団体自治の強化が住民自治の拡充よりも優先されてきた（内閣府 2014：22）。その結果，これまでの権限移譲や規制緩和により，地方公共団体の自己決定権やそれに伴う自己責任は拡大した。今後は，各地域の実情に合った地方への権限移譲や規制緩和をさらに進めるだけではなく，自治の本来の担い手である住民を地域の政策過程に積極的にかつ主体的に関与させることで，住民自治を拡充していくことが求められる。

　前述した改革提案の新方式として導入された「提案募集方式」でみたように，今後地方公共団体は，行政運営の効果や効率性を向上させるための各主体間の役

割分担，ならびに地方の自主性・自立性を向上させるための権限移譲・規制緩和のあり方などについて，過去の改革の成果やそれぞれの地方の実情をふまえて，国に対して自ら問題を積極的に提起していかねばならない。地方公共団体がここで有効な提案を行うためには，体制の整備のみならず，地方の実態に精通し，かつ専門的な知識や技術を有する人材を育成し，政策履行にあたって必要とされる人材の能力強化をはかっていくことが必要となる。一方で，地方議会も住民自治の確立・拡充のために，住民の意見を集約・代弁し，行政を監視・評価し，住民への説明責任を果たす他，住民との対話の機会の増大や議会のネット中継などを通して，情報発信の充実に向けた取り組みをさらに進めていかねばならない。

　さらに地域住民が政策過程全般へ関与する環境作りも求められる。すなわち政策形成過程への住民参画，政策実行過程での住民と行政との協働，政策評価過程における住民による事業や政策に対するチェックが可能となる体制を確立し，発展させていかなければならない。内閣府地方分権改革推進室がまとめた「地方分権改革事例30――個性を活かし自立した地方をつくる」によれば，分権意識の高まりが生んだ地方独自の取組の例として，鹿児島県長島町の「町民協働による景観づくり」，千葉県千葉市の「ちば市民協働レポート実証実験」，新潟県新潟市の「公開プレゼンによる市民参加型の事業採択」などが成功例として挙げられている（内閣府地方分権改革推進室 2014：4）。自治会に代表される各地域に根ざしたグループによる活動を支援するなど，住民の生活に身近なところから住民自治を強化するための地道な取組が期待される。

　またこれまでと同様，地方六団体，特に執行機関を代表する全国知事会，全国市長会，全国町村会が，地方をとりまとめ，改革論議を主導し続けていくことに加え，2011年4月に法制化された「国と地方の協議の場」（2015年10月14日の会議まで5回の臨時会合を含め19回開催）が形骸化しないように，地方の声を国政に届ける場を有効活用する工夫がさらに求められよう。地方自治に関連する国の政策の企画・立案ならびに実施に，地方が当事者として国と対等に協議できるように制度化された意義は大きい。

【さらに理解を深めたい人のために】
　市川喜崇（2012）『日本の中央―地方関係――現代型集権体制の起源と福祉国家

法律文化社。
柴田直子・松井望編（2012）『地方自治論入門』ミネルヴァ書房。
真山達志編（2012）『ローカル・ガバメント論――地方行政のルネサンス』ミネルヴァ書房。

参考文献

芦部信喜著，高橋和之（2002）補訂『憲法［第3版］』岩波書店。
岩崎忠（2012）『「地域主権」改革――第3次一括法までの全容と自治体の対応』学陽書房。
国土交通省（2014）「自家用有償旅客運送の事務・権限の地方公共団体への移譲等のあり方に関する検討会　最終とりまとめ」。
全国町村会（2008）「「平成の合併」をめぐる実態と評価」。
総務省（2010）「「平成の合併」について」。
総務省編（2015）『平成27年版　地方財政白書』。
総務省（2016）報道資料「国地方係争処理委員会に係る決定と通知」。
地方自治制度調査会編（2015）『地方分権20年の歩み』。
地方分権推進委員会（2001）「地方分権推進委員会最終報告――分権型社会の創造：その道筋」。
地方分権改革推進委員会（2007）「地方分権改革推進にあたっての基本的な考え方――地方が主役の国づくり」。
地方分権改革推進委員会（2009）「第4次勧告――自治財政権の強化による「地方政府」の実現へ」。
地方分権改革推進会議（2001）「中間論点整理」。
地方分権改革推進会議（2003）「三位一体の改革についての意見」。
内閣府（2014）「個性を活かし自立した地方をつくる～地方分権改革の総括と展望～」。
内閣府（2015）「地方分権改革の推進について」。
内閣府地方分権改革推進室（2014）「地方分権改革事例30――個性を活かし自立した地方をつくる」。
那須俊貴（2006）「地方自治の論点」『シリーズ憲法の論点10』国立国会図書館調査及び立法考査局，1-20頁。

西尾勝（2007）『地方分権改革』東京大学出版会。
宮脇淳（2010）『創造的政策としての地方分権――第2次分権改革と持続的発展』岩波書店。

おわりに

　本論文集は，これが編まれた次第についてはすでに「はじめに」の冒頭で編者である縣公一郎教授が述べているように，16 名の執筆者がおよそこの 2 年間，春・夏・冬季の大学休業期や 5 月，10 月の学会開催時期に日程を調整して数次にわたって実施した研究会の共同成果である。執筆者全員が大学や研究機関で研究職に携わり，その活動拠点は文字通り全国に散らばっているため，一堂に会する機会をつくることはなかなか容易ではなかった。この短い期間で，本務が多忙な中，渾身の秀作の論攷を書き上げられた執筆者各位には，あらためて衷心より感謝の念を捧げるとともに，素直に畏敬の気持ちを表したい。この 16 名の執筆者からなる研究会の日程調整から，研究進捗の進行管理，内容調整，全体構成の統括まで，文字通り総合管理の役を担った宇野二朗教授には，深く心より感謝の気持ちを伝えたいと思う（後半期の 2015 年度，彼は 1 年間ドイツに在外研究で留学していたのだが，作業量とパフォーマンスは全く変わらなかった）。そしてなによりも，この度，本論文集の出版をお引き受けいただいた早稲田大学出版部に対しては，典型的な教科書仕様の出版企画ならまだしも，採算の見込みが薄い学術書仕様の本書出版企画に快諾され，惜しみなく支援を与え続けてくださったことに感謝したい。とりわけ本書編集担当の武田文彦氏には，尋常を超えた寛容と忍耐の精神をもってエディターシップを発揮して本書上梓まで導いていただいた。篤く御礼を申し上げたい。

　本論文集の 16 名の執筆者はすべて早稲田大学大学院政治学研究科に在籍し，行政学を専攻し博士後期課程を修学した同学同門の朋輩である。縣教授と私は，今からかれこれ 40 年程前に，片岡寛光先生の学燈のもと机を並べて学んだ同士であるが，今回の共同執筆者の幾人かは，年次に隔たりやバラツキはあるものの片岡先生に師事した弟子仲間でもある。そのほかの執筆者は，縣教授と私が大学院で行政学の研究指導を担当して，それぞれの研究室で学び，研究・教育の世界に進路を進めた諸君である。実は本書は，これら早稲田大学で行政学を学んだ同門諸兄姉が，2014 年 3 月 4 日に私が，2015 年 1 月 30 日に縣教授がそれぞれ還暦

を迎えることとなったのをきっかけとして本論文集を編纂し，われわれ二人に贈ってくれた贈り物としての意が込められている。縣兄はこのたびの企てにとってまぎれもなく 'deserved' であるのに対し，私はわが身を顧みると，同門の先任者としても同学の先達としても 'undeserved' であるとの思いが拭いがたく，またそうであるからこそ，このプレゼントは望外のもので，本当に有難く16人の諸兄姉に伝えるべき感謝の言葉も見当たらない。

　本論文集の出版企画が発案された当初の頃であったが，書名をどうするかという問題が研究会で話し合われた。先にも言ったが，共同研究の統括役を務めてくれていた宇野教授と出版部との間で方向づけがある程度進められており，『ダイバーシティ時代の行政学』という題案が提示された。席上，その提案に対して真っ先に異議を唱えたのが，今となっては不明を恥じ入るばかりだが，私であった。「ダイバーシティ」を，もっぱら企業や行政など事業体における人的資源の再配置の文脈から矮小に概念把握していなかった所以であるが，あらためて執筆者の諸兄姉の先見の慧眼に叩首するばかりである。想えば，いまから23年前に，恩師片岡先生が還暦を迎えられたのを記念して教え子たち一同で論集を刊行した（片岡寛光編『現代行政国家と政策過程』早稲田大学出版部，1994年）。同書で「エピローグ―行政国家再歴訪―」を執筆された片岡先生は，そのなかで弟子たちに向けて「諸君の若いエネルギーが新しい世紀を迎える鬨の声とならんことを切に祈っている」（同書426頁）と述べられている。すでに21世紀を迎え，そのセカンド・ディケードのただなかにいる今，この度の本論文集はあれから20有余年を経て片岡先生が投げかけられたメッセージの先にいる世代の声を集成したものである。

　2005年3月に片岡先生が早稲田の学窓教壇から退かれることになり，その際研究室の蔵書整理の手伝いに伺った折に，先生から会津八一の書「秋艸堂学規」を托された。額装して書斎に掛け，毎日目に入り，その都度ごとに黙読するのが常となっている。

　　　学規
　一　ふかくこの生を愛すべし
　一　かえりみて己を知るべし

一　学藝を以て性を養ふべし
　一　日々新面目あるべし

　この「学規」は，会津八一が坪内逍遥の推挽をえて早稲田中学教諭（早稲田大学英文科講師兼務）として務めた頃（1914年，34歳），自宅に同郷の越後から受験のために上京してきた3人の書生を住まわせ，彼らの居室の床の間の壁に，四か条を自筆で書いて貼っておいたものである。後に会津八一はこの学規について，結局この4か条は自身のために自分で作り，自分を警めるためのものになったと述懐し，「それから四十年にも近く，今の老境にはいっても，いつも親しくなつかしい気持ちで，この四か条が思ひ出される」と述べている（会津八一「学規」複製原稿「秋艸堂学規」収録）。会津八一にとっては「いつも親しくなつかしい」警めが，還暦を迎えた私にとっては日々頂門を打つ一針になっている。
　縣教授との共同編集の成果としては，今から10年前の2007年に『コレーク政策研究』，『コレーク行政学』（成文堂）を上梓刊行しており，本書はそれに続く共編書となる。前2書では，分担執筆者のほとんどが，大学や研究機関に就職して間もない，あるいは博士後期課程に在籍する若手研究者であった。その執筆陣の多くが今回の共同研究に参加し，行政学という共有地で理論，政策，制度にわたる多様な視角から研究成果，実り多い収穫をあげている。『ダイバーシティ時代の行政学』と題される本論文集が，行政学というディシプリンでの知的作業の多様な発展と深化の方向性をあらためて示すマイルストーンたりえるものと確信している。

　　2016年9月

　　　　　　　　　　　　　　　　　　　　　　　　　　　　藤井　浩司

索　引

ゴチック体はその語句の定義または基礎的な説明を掲載した頁数を示す。

◆アルファベット

AKNZ　130
BBK　124,**128-132**,140,142
GMLZ　124,**131-132**,134-136,138,140,142
IMK　**129-130**,142
in の知識　23-24
LUKEX　131
LVwA　124,**133-135**,142-143
NPG　284-285
NPM　208-209,214,219-221,223-224,250,264-265
　──型行政統制　214-215,221-222
of の知識　23-24
THW　**128**,134
VUCA　7,12-13

◆あ行

アカウンタビリティ　236,239,241,**277-278**,281-284
アクター　14-16,24-28,34-39,45-46,48,50,62-63,72,74-75,83,124-125,134,141-143,150,208-210,220,267,269,273-278,283-284
アスベスト（石綿）対策　160
新しい公共　228
アドボカシー　228,230-232,239,242
天下り　15,251
アーレント，ハンナ　3,9
アングロサクソン型　298
安全規制　148-163
安全文化　154

安定給水　174-175,179-181,184
移行独法　278-279
一体性　169,288,**293-295**,302,305
一般行政部門　198,200-202
移動権　117-120
イノベーション　2,**7-10**,13,15-17,290
医療介護総合確保推進法　93
　──案　93
医療保険制度改革関連法　86
イングラム，ヘレン　55
イングランドの教育ガバナンス改革　211-214
インクリメンタリズム　37-38
ウェーバー，マックス　**10-11**,249
運営費交付金　273,279
エージェンシー　218,264,**270-273**
エスピン-アンデルセン，イエスタ　53
演繹的な思考　27
エンパワーメント　36,230,236
応答性　281,284
大阪「都」構想　288-289,291,296-297,299-305

◆か行

外在的統制　215,224-225
解釈の多様性　22,24,27-31,35,37,39
外部評価　208,210-211,213,217-218,222-223
革新都政　175,178
　──期　175-176,178
革新都知事　176-178
各府省別人事管理体制　252
学力テスト　212-213,217,219-221

過疎化　66-67,310
片岡寛光　43
学校査察　213,215,218
学校自己評価　210,215,217-218,221,223
学校設置基準　221
学校選択制　77,212,216,219-222
学校統廃合　62-63,66-69,71-77,79-80,221
学校評価　209-211,217-224
　——ガイドライン　222-223
合併算定替　319-320
合併特例債　80,319-320
活用性　22,24,34-37
ガバナンス　13-15,47,98,208-209,213,217,
　224,235,240,279-280,283
　——ネットワーク　13-17
ガバメント　13-15,208
関西広域連合　137-138
完全自治体　294,312
カント，エマヌエル　8,16
官僚制　2,10-13,15,22,207,209,236,248-250,
　263,271-272
機関委任事務制度　309,313-314,322
企業経営主義　170,184-185
企業性の強化　181
規制科学（regulatory science）　160
規制緩和　103,110,308,315,322-323,325-326
基礎自治体　83-84,297,305-306,310,316,320
機能志向　185
規範的な考察　22,27-29
義務付け　311,315-316,322
牛海綿状脳症（BSE）問題　157
教育委員会　62-63,72-76,78-80,220
教育基本法　70,222
教育水準局　213-215
教育バウチャー　220-222
行政改革会議　255,263,271,275
行政区　305-306
行政国家　250

行政サービス供給の多様化　269-270,283
行政執行法人　280-281
行政統制　207-210,213,224-225
拠点性　288,292,294
近隣政府　305-306
具体的でない知識（nonpositive knowledge）
　35
具体的な知識（positive knowledge）　35
国・地方係争処理委員会　314-315
国と地方の協議の場　326
グレーゾーン組織　269-270,285
クワンゴ（Quango）　270-271,275,278
経営基盤の強化　181
経営効率化　181-183
経済財政諮問会議　106,220-222,255,258-259,
　263-264,275,317
経済産業政策局　105-106
形式論理　29
経路依存性　51
ゲームのルール　45-46
権限移譲　304,308,310-311,313,315-317,
　322-326
原子力安全・保安院（保安院）　153
原子力ムラ　15
現代的学校評価システム　209-211,213,
　219-224
広域化　170-171,182,184
広域自治体　297,306
合意形成　25,44,46,95
公益のヴェール　39
公共交通の利用円滑化に関する懇談会
　111-112,114,117
合計特殊出生率　291-292
公設民営学校　212,216
交通基本計画　116,120
交通基本法　103-104,108,115-121
　——検討会　116-118,120
交通政策審議会　112-114,117-120

合理的選択論　48
交流の利益　290
国民皆保険　84-85
国民健康保険　52,85
国立研究開発法人　280-281
国会事故調報告書　153-154,156,158,160-161
国庫補助負担金　317-318,324-325
ゴールドプラン　86

◆さ行

再公営化　185
再任用職員　194-195,198-199
サイモン,ハーバート　11
採用試験の見直し　204
佐藤滋　54
参加型政策分析（participatory policy analysis）　36
三重惨禍　127,136
三位一体の改革　258,317-318,321
市域拡張　294,301
資格任用制（メリット・システム）　249
事業行政　119
自己資本造成費　176,180-181
資産維持費　182
自治事務　314
自治体間連携　295
市町村合併　80,196,318-322
市町村経営原則　170,172
実証的な分析　22,27-29
実体資本維持　176
――説　179
指定都市制度　288,296-301
児童手当　51
社会監査　241-242
社会資本整備審議会　112,117-118,120
社会選択　22,24-26
社会増　291
社会的入院　88

社会保障制度改革国民会議　90-92
社会保障制度改革推進法　90
社会保障制度改革プログラム法　91-93
社会保障と税の一体改革　83,86,90,92
シャットシュナイダー,エルマー・エリック　45,47
集合的営為　44-45,47
集中改革プラン　196,198-199,202
集中・分散　299,301
住民自治　304-306,309,311,322,325-326
需給調整規制　110-111
熟議　39
シュナイダー,アン　55
準市場　212-213,216,219-221,225,239
小委員会　112,117-120
小官房型　110
消極的権限争い　252
少子化　62-63,67,72-73,80,91,292,310
小中一貫教育　62-63,69-71,73-76
小中一貫校　62-63,69-76,80,220
少人数教育　69,79
消滅可能性自治体　88,98
昭和の大合併　66,319
（職員）定数　199-200,203
女性職員の登用　204
新ゴールドプラン　86
人事権　153,212,216,251,260-261
人事交流　155,257-258
新自由主義　207,209,250
新制度論　45-46
水道条例　171-172
水道法　172,182
スコッチポル,シーダ　50-51
スコットランドの教育ガバナンス改革　215
税源移譲　317-318,325
政策管理　121
政策情報　22-23,27,34
政策統括官　109-110,121-122,255-256

政策評価・独立行政法人評価委員会　273
政策分析　22-24,26-31,34-39
　──者　35-36
政治化　269,277,281,283-285
政治主導　116,120,207,284-285
制度的同型化　232-233,236,241
政府間関係　288,295-303
セクショナリズム　252-254,257,259
積極的権限争い　252
セーレン,キャスリーン　48
セン,アマルティア　4
先行独法　279
選好の変容　38-39
全国知事会　137,139,310,326
選別主義　54-55,216
総合外交政策局　104-106
総合環境政策局　105,107
総合制学校　216
総合政策局　105,108-112,114-118,120-121,257
相互理解　26,34,38
創発　7-8,10,13,17
総務省　62,72,141,182,191-193,196,256,261,263,281,314,318,320
ソーシャル・マーケティング　35-36
ソース,ジョー　54

◆た行

第1次地方分権改革　311-313,321
大都市事務　294,297,299,302
大都市制度　288-306
第2次地方分権改革　312,321
ダイバーシティ　2,4-8,10-13,15-16,43,55-56,83,100,248,267
　──ガバナンス　2,9-10
　──マネジメント　2,4-6,204
タイミング　48
大陸型　298

対話　2,8-10,13-17,97,119,219,240-241,326
ダウンズ,アンソニー　45
タウンミーティング　117
たすき掛け人事　258
単一制国家　124
団体自治　305,309,325
地域公共交通活性化・再生法　103,113,115,117-118,121
地域公共交通活性化政策　104,108,110-115
地域公共交通連携計画　113
地域政策共同体　212-213,216-217,219
地域包括ケアシステム　83,89-100
地域力再生プラットフォーム　6
知識活用（knowledge utilization）　35-36
地方教育当局　211-212,216-217,219
地方公営企業法　172-173,176,179
地方公共団体　90,137,173-174,185,193,196,198,293,296-297,308-317,323-326
地方交付税　309,317-318,320,324-325
地方債　317,319,324-325
地方自治　97,99,171,196,308-310,313-314,326
　──法　172,199,288,293,296,299,308-310,313-314,320
地方分権一括法　313-314,316,319
地方分権改革推進委員会　312,322,324
地方分権改革推進会議　312
地方分権改革推進本部　312,323
地方分権改革有識者会議　312,322-323
地方分権推進委員会　311-312,319
地方分権推進一括法　311
地方六団体　310,317,326
中央地方関係　124,142,298
中間支援組織　237-238,242-243
中期目標管理法人　280-281
直営企業　173-174
直営主義　185
通商政策局　105-107

手挙げ方式　322-324
提案募集方式　323,325
定員適正化計画　196
デマケーション　106,108,121
東京一極集中　289
東京電力福島原子力発電所事故調査委員会　153
東京電力福島第一原子力発電所事故（福島原発事故）　127,148,153-158,160,162-163
トゥールミン・モデル　22,29-31,34,37-38
特殊法人　270,272-275,278-279,282-283
　──等整理合理化計画　274-275,279
都区制度　288,296-297,299
特別区　195,288,293,296-297,299-300,302-303,305-306,309,314
　──財政調整交付金　300
特別市制運動　294
特別地方公共団体　296,309
独立行政法人（独法）　264,267,269,271-272,275-277,280
独立行政法人整理合理化計画　274-275
独立行政法人通則法　269
独立行政法人評価制度委員会　281
独立採算制　173,177
都市インフラストラクチャー　168-170,185
都市計画区域　293,303
都市専門官僚　174-176,178-181,183-184
　──制　168-170,178,183-185
土地利用計画　293
ドラッカー，ピーター　7
トランス・サイエンス（trans science）　149,162

◆な行

内閣官房　255-256,260-263
内閣機能強化　254-256,258
内閣人事局　261-262,264
内閣府　52,136,153,155,159,219-223,252,255-256,258,260,262-263,276,282,312,322,326
内在的統制　224-225
二元行政　300-303
二重行政　303
2013年大洪水　126,131-133,139-141
二層制　295-296,304,309
ニーチェ，フリートリヒ　8-9
日本医師会　52
任期付職員　190-191,193-194,196,198,203
任期の定めのない常勤職員　191,198
農協（農業協同組合）　53
ノース，ダグラス　45-46

◆は行

配列　48-49
橋本行革　255,257,264,271,275
ハッカー，ジェイコブ　45
パートナーシップ　211-212,217,219,235,239
ハーバーマス，ユルゲン　9,17
パブリックコメント　118-119
パラダイム　2,7-10,16-17
阪神・淡路大震災　126,128,135,137-138
ピアソン，ポール　43,45-47,49
比較歴史分析　48
東日本大震災　124-125,127-128,135,137,139-142,194
被災者生活支援チーム　136,139
被災者生活支援特別対策本部　136
非常勤職員　191-192,199,202-203
必置規制　314-315
不確実性　22,25-30,34,37-38,46,149-150,152,159
福祉国家　4,53-54,207
フーコー，ミシェル　3-4,13
普通地方公共団体　296,309,314
復興庁　124,134,136,139-140,142
普遍主義　53-54

古市将人　54
フルコスト・リカバリー　237-239
ブローデル，フェルナン　48
分散管理　264-265
分担管理の原則　250
分離・融合　298-299
平成の大合併　80,133,319-320
ベビーブーム　64-65
法定受託事務　314
ポジティブ・アクション　205
母都市機能　292
骨太の方針　89,222,258,275,317
本籍地　251-252,257

◆ま行

マインツ，レナーテ　12
マートン，ロバート　12
マホニー，ジェイムズ　48
マルチレベルの行政　297
民営化　168,170,181-183,185,208,220,270,276,282
メタガバナンス　16
モード横断型　121

文部科学省　64,70,76-77,79,155,220,223,280
文部省　66-67,220-221

◆や-わ行

ユーザー指向（user orientation）　22,35-37
用途の両義性（dual use）　149
幼保一元化　72-74
横割り政策局　103-108,110,121-122
予防原則（precautionary principle）　161-162
リスク管理　158-159
リスク評価　158-159
領域志向　185
量的充足　174
臨時財政対策債　325
臨時職員　191-192,197-199
倫理的・法的・社会的課題（ELSI）　148-149,162
歴史的制度論　48
連邦制国家　124,129,132,143
ロートステイン，ボー　44
論理性　22,24,27-31,34,36-37
枠付け　311,315-316,322

執筆者（掲載順。＊は編者）

＊縣　公一郎（あがた　こういちろう）　早稲田大学政治経済学術院教授
　風間　規男（かざま　のりお）　同志社大学政策学部教授
　松田　憲忠（まつだ　のりただ）　青山学院大学法学部教授
　西岡　晋（にしおか　すすむ）　東北大学大学院法学研究科教授
　橋本　将志（はしもと　まさし）　川崎市市民オンブズマン事務局専門調査員
　堀田　学（ほった　まなぶ）　新島学園短期大学キャリアデザイン学科専任講師
　松岡　清志（まつおか　きよし）　行政情報システム研究所研究員
　寺迫　剛（てらさこ　ごう）　淑徳大学非常勤講師・行政管理研究センター研究員
　大藪　俊志（おおやぶ　としゆき）　佛教大学社会学部准教授
　宇野　二朗（うの　じろう）　札幌大学地域共創学群法・政治学系教授
　大谷　基道（おおたに　もとみち）　獨協大学法学部教授
　久保木　匡介（くぼき　きょうすけ）　長野大学環境ツーリズム学部教授
　廣川　嘉裕（ひろかわ　よしひろ）　関西大学法学部教授
　武藤　桂一（むとう　けいいち）　行政管理研究センター主任研究員
　飯塚　俊太郎（いいづか　しゅんたろう）　メルボルン大学大学院博士課程
　上﨑　哉（うえさき　はじめ）　近畿大学法学部教授
　久邇　良子（くに　よしこ）　東京学芸大学人文社会科学系教授
＊藤井　浩司（ふじい　こうじ）　早稲田大学政治経済学術院教授

ダイバーシティ時代の行政学
――多様化社会における政策・制度研究

2016 年 10 月 10 日　　初版第 1 刷発行

編　者	縣　公一郎
	藤井　浩司
発行者	島田　陽一
発行所	株式会社　早稲田大学出版部
	169-0051　東京都新宿区西早稲田 1-9-12
	電話 03-3203-1551　　http://www.waseda-up.co.jp
装　丁	笠井　亞子
印刷・製本	精文堂印刷株式会社

©2016 Koichiro Agata, Koji Fujii. Printed in Japan　　ISBN978-4-657-16012-6
無断転載を禁じます。落丁・乱丁本はお取替えいたします。